●本の未来を考える＝出版メディアパル No.38

平成の出版が歩んだ道

激変する「出版業界の夢と冒険」30 年史

能勢 仁・八木壯一 共著

SMP
mediapal
出版メディアパル

平成の出版が歩んだ道

激変の「出版業界の夢と冒険」30年史

本書は、2013年に発行した『昭和の出版が歩んだ道』の続編である。

激動の昭和を振り返った出版史は、多くの読者の共感を呼び、ぜひ、続編をとのご要望を出版業界のたくさんの方々からいただいておりました。

時代がすでに「平成から令和」へと移り変わったことを契機に「平成の30年」を振り返ることは、今後の出版にとって意義あることだと思い、再び八木壮一さんとご相談し、『平成の出版が歩んだ道』を書いてみることになりました。

書き始めてみると、「激動の昭和」以上に「平成の出版」も激変・激動の荒波に覆われた出版史となりました。そして、それは「平成の出版」を振り返るだけでなく、「激動の昭和」を振り返り、明治・大正の黎明期の出版をも振り返る出版150年史をも含んだ「出版の歩んだ道」になりました。

第1章　平成30年間の出版業界を読み解く　（執筆担当　能勢　仁）

　　本章では、平成30年を「前期、中期、後期」の10年ごとの三期に分けて分析している。前期は、順風に推移したが、中期には、やや荒れ模様となった。そして後期になると、中堅取次の崩壊ともいえる状況が相次ぎ、出版業界は、激変の時代へと突入した。出版業界の生き残り策を求め、時代の変わり目の戦略を学ぶことが大切である。

第2章　平成の出版が歩んだ道　（執筆担当　能勢　仁）

　　本章は、出版社の平成時代の各論である。平成年間のトピックを中心に16の話題をまとめた。出版社の使命は本のプロダクトアウトである。出版された本がマーケットに出て、読者の手に渡るか否かは各出版社の販売戦略にかかわる。その戦略を各社のベストセラーの話題から探ってみた。

第3章　平成の取次・書店が歩んだ道　（執筆担当　能勢　仁）

　　本章は、取次、書店、アマゾンについて記した。平成後期は取次受難を通り越して「壊滅の歴史」であった。大阪屋・栗田が楽天ブックスネットワークと社名を変更したが、先行きは不透明である。現在残った二大取次も、

いま「運送問題」で危機に直面している。この問題は当事者だけでなく取協、雑協、書協、日書連など、業界全体で考えねばならない。

第4章　平成の出版十大ニュースを読み解く　（執筆担当　能勢　仁）

本章は、日本の出版業界の「昭和・平成の出版が歩んだ道」を考えるために2つのセクションに分けた構成になっている。前半には、出版業界紙「新文化」編集部が選んだ直近10年間の「出版業界十大ニュース」を基に、「激変する出版業界」の課題を分析し、「平成の出版が歩んだ道」を解説した。後半では、明治以降の「出版略年表」を作ってみた。この「出版略年表」でも十分に"出版の夢と冒険"に挑む、出版人の挑戦を感じることができ、若い方々が、先人の歩んだ道を学ぶことが出来るようにした。

第5章　昭和・平成の古書業界の歩んだ道　（執筆担当　八木壯一）

本章は、世界的に見ても貴重な存在である東京都千代田区神田神保町一角にある「古書業界」の歴史であるとともに、「本の街」神保町の歴史を収録している。第1節は、反町茂雄編『紙魚の昔がたり　昭和編』（八木書店、1987年）より転載、第2節は、『神保町が好きだ！　第13号』（2019年10月11日、本の街・神保町を元気にする会発行）から、要約版「神保町小史」を収録させていただきました。

第6章　再販制度と出版業界の歩み　（執筆担当　上野幹夫・鈴木藤男）

本章の第1節・第2節及び章末の「再販年表」は、出版業界紙『新文化』のWeb版コラム欄で連載された論文であるが、執筆者の上野幹夫氏はすでに彼岸に渡られているため、上野佐和子氏の許諾を得て再録、また第3節は、出版業界誌『出版ニュース』に掲載された鈴木藤男氏の論文であるが、著者の許諾を得て再録させていただいた。

＊　　　　＊　　　　＊

本書の執筆を終えて多くの発見があり、その発見を読者の皆さんと共有できれば幸いである。本書が、次の出版界を担う多くの若者たちに読まれることを祈念している。

2020年6月　執筆者代表　ノセ事務所　能勢　仁

平成の出版が歩んだ道　目 次

平成 30 年間の出版業界を読み解く
―失われた 30 年の軌跡―

ノセ事務所　能勢　仁

この章の概要

　第 1 章では、平成 30 年を「前期、中期、後期」の 10 年ごとの三期に分けて分析している。各期には特色があり、激動、激変の平成出版史であったことがわかる。1989 年から始まる平成前期の出版経済は好調であった。その反面、公正取引委員会（公取委）は、「再販制度の撤廃」を打ち出した。出版業界では「再販制度の重要性」を改めて認識され、読者の共感もあり、平成中期になって、公取委は「当面存続」と認めた。

　情報メディアの変化に出版業界は直面した。紙は近代読者、現代読者はデジタル出版に変わってしまった。電子出版が成長し、業界は「書籍、雑誌、電子出版」の三本柱になった。前期は「出版物がよく売れた時代」であった。1996 年（平成 8 年）の売上げ 2 兆 6980 億円は業界の金字塔である。

　明と暗がはっきりしていたのが、中期である。明は『ハリー・ポッター』の発刊である。暗は出版社、書店の倒産、閉店である。出版社 70 社以上、有名書店 30 店が姿を消した。後期は中堅総合取次 4 社の倒産、廃業の結末であった。その影響で中小の傘下書店が路頭に迷う姿は哀れであった。もう一つの暗は「出版物の輸送問題」が難局真っ只中にある」ことである。

1.1　平成前期の出版状況と主な出来事

　平成前期は、1989 年からの 10 年である。1989 年は時代の節目の年であった。
昭和天皇の崩御、手塚治虫、美空ひばりの死、天安門事件、「ベルリンの壁」崩
壊、参院選で社会党の躍進など、時代の節目を感じた（表 1 参照）。

　出版業界は当時上げ潮真っ只中であった。したがって、天皇崩御がマイナス
に作用することはなかった。歌舞音曲を慎み、哀悼の意を尽くした。出版業界
は書籍、雑誌、ビデオ、CD は全盛といっても過言ではない。

　表 2 は、昭和最後期の出版産業状況である。平成になる直前 10 年の出版デー
タである。前年を割った年は 1 回もない。高度成長時代の 2 桁成長ではないが、

表 1　平成の前期の社会年表

	GDP	総理大臣	世界・社会	ベストセラー	流行語
1989 年 平成元年	5.4%	竹下　登 宇野宗佑 海部俊樹	昭和天皇崩御。 明仁親王が新天皇に	『ＴＵＧＵＭＩ』	セクシャルハラスメント
1990 年 平成 2 年	5.6%	海部俊樹	ソ連に大統領制。初代ゴルバチョフ就任	『愛される理由』	ファジィ
1991 年 平成 3 年	3.3%	海部俊樹 宮沢喜一	多国籍軍がイラクへの空爆開始	『Santa Fe』	…じゃーしませんか
1992 年 平成 4 年	0.8%	宮澤喜一	世界のエイズ感染者約 45 万人	『それいけココロジー』（1 ～ 3）	はだかのおつきあい
1993 年 平成 5 年	0.2%	宮澤喜一 細川護熙	プロサッカー Ｊリーグ開幕	『人間革命』（12）	Ｊリーグ
1994 年 平成 6 年	0.9%	細川護熙 羽田　孜 村山富市	関西国際空港開港	『日本をダメにした九人の政治家』	同情するならカネをくれ
1995 年 平成 7 年	2.7%	村山富市	阪神・淡路大震災発生（M7.3）	『遺書』	がんばろう KOBE
1996 年 平成 8 年	3.1%	村山富市 橋本龍太郎	ダイエー元日営業開始す	『脳内革命』	自分で自分をほめたい
1997 年 平成 9 年	1.1%	橋本龍太郎	香港が中国に返還される	『ビストロマップ完全レシピ』	失楽園
1998 年 平成 10 年	-1.1%	橋本龍太郎 小渕恵三	長野冬季オリンピック開幕	『新・人間革命』（1 ～ 3）	ハマの大魔人

表作成：ノセ事務所

堅実に前年を上回っている。現在から見れば、30年前の日本社会はメディア順風時代であった。書店の店頭には読者が群がり、活字文化に陰りは無かった。音楽、映像がメディア社会に入ってきた。これは出版業界にはプラス要因であった。昭和天皇が崩御されて、数週間はビデオ取扱い書店（複合書店）は空前の忙しさに見舞われた。テレビ、ラジオ、エンターティンメント自粛の社会要請に従った結果、娯楽、映像に飢えた若者、大衆は複合書店に向かったからである。ビデオ出版社最大手の大陸書房は社員250名をかかえ、フル活動であった。

出版状況

昭和末10年間は表2で明らかなように、上昇気流時代であった。平成に入って10年間、つまり平成前期と同じに分析してみよう。

表3でわかるとおり、平成前期は上昇を8年継続した。1979年（昭和54年）から1996年（平成8年）まで17年間のロングタイムに亘って、出版業界は伸び続けた。平成スタート時は、昭和天皇の回想出版物が店頭売上にプラスしたことは事実である。写真集、グラフ、回想記などであった。64年の長きにわたって戦前、戦中、戦後と日本の変貌と共に歩まれた昭和天皇には、暖かい目が向けられた。マッカーサー元帥との会合写真は戦後史の貴重な資料であった。

1989年（平成元年）に亡くなった美空ひばりの存在は大きかった。ひばりの

表2　昭和最後の10年間における出版業界の推定販売金額 [億円]

	1979年	1980年	1981年	1982年	1983年	1984年	1985年	1986年	1987年	1988年
販売額	13,296	14,542	14,814	15,448	15,965	16,386	17,418	17,986	18,806	19,503
前年比	108.2	109.3	101.9	104.3	103.3	102.6	106.3	103.3	104.6	103.7

出所：『出版指標年報』（出版科学研究所刊）

表3　平成最初の10年間における出版業界の推定販売金額 [億円]

	1989年	1990年	1991年	1992年	1993年	1994年	1995年	1996年	1997年	1998年
販売額	20,145	21,516	22,752	23,646	24,923	25,497	26,050	26,980	26,788	26,172
前年比	103.3	106.8	105.7	103.9	105.4	102.3	102.2	103.6	99.3	97.7

出所：『出版指標年報』（出版科学研究所刊）

ビデオレンタル棚はつねに空っぽで、複合書店の売上に貢献した。不世出の歌姫を惜しむ声は想像以上であった。ビデオだけでなく雑誌特集、写真集、記録、物語などの出版物も店頭を賑わせた。

　1996年（平成8年）が出版史上最高の売上げであったことは特筆すべきことである。もう一つ特筆すべきこととして日販・トーハンの売上げ逆転がある。この逆転劇には伏線があった。両社が毎年発表する書店の経営費用の数値がはっきりと裏付けている。

取次・書店の状況

　表4は、大手取次が公表している書店経費の10年間の推移である。書店の経費に三大経費がある。人件費、地代・家賃、水道・光熱費である。この経費科目はトーハンでも日販でも「経営指標」を取り始めた1956年（昭和31年）から今日まで変わっていない。トーハンは2018年（平成30年）の直近まで書店の三大経費の順番（1. 人件費、2. 地代・家賃、3. 水道・光熱費）は変わっていない

表4　書店の経営経費シエア率［%］の推移

	人件費		地代・家賃		水道・光熱		リース料	
	日販	トーハン	日販	トーハン	日販	トーハン	日販	トーハン
1992年	11.59	11.8	3.02	2.04	0.91	0.74	0.47	—
1993年	11.94	11.58	3.26	2.22	0.86	0.78	0.56	—
1994年	12.38	11.66	3.26	2.43	0.87	0.84	0.93	0.44
1995年	12.26	11.77	3.2	2.46	0.93	0.85	0.78	0.52
1996年	12.73	12.14	3.15	2.89	0.94	0.87	0.83	0.4
1997年	12.35	12.15	3.67	2.95	1.08	0.89	0.97	0.46
1998年	12.5	11.71	2.96	3.17	1.18	0.95	1.73	0.5
1999年	12.48	11.98	3.01	3.18	1.23	0.93	1.69	0.61
2000年	12.45	12.43	3.39	3.05	1.1	1.07	1.65	0.52
2001年	11.85	12.3	3.58	3.27	1.18	1.1	1.64	0.53

出所：『日販・書店経営指標』、『トーハン・書店経営の実態』より

が、日販の経営指標では、1994年（平成6年）と1998年（平成10年）から4年間2001年（平成13年）まで第3位の経費がリース料になっている。この「リース料が水道・光熱費を上回った」ことの意味するところは何か。これは日販が取引書店に対して積極的にPOS導入を薦めていることの証である。

日販は1991年に書店のSA化としてNEO FILE（Nippan Electric Order File）を発表している。このPOSシステムは書店トータルシステムである。入庫管理、商品管理、返品管理、経理管理など書店業務全般をコンピュータ化し、総合的に管理したものである。この日販の書店のコンピュータ化の指導理念を徹底するためにNEO FILE発表の翌年から具体化が進められ、リース料が経費科目に新しく登場したのである。そしてリース料の費用は0.47%→0.56%→0.93%と上昇した。そして1994年にリース料0.93%、水道・光熱費0.87%と逆転した。その後もリース料は限りなく1%に近づいた。そして1998年は1.73%とリース料最高の年となり、書店のコンピュータ化が進んだのである。

こうしたPOS導入に積極的であった日販が1997年（平成9年）にトーハンの売上げを抜いたのである。売上げは日販8133億円、トーハン7972億円であった。1951年（昭和26年）から続いたトーハン首位の座は46年間で終焉した。日販系書店のコンピュータ化が徹底した結果といえる。

平成前期は昭和時代に続いて専門取次と神田村取次が輝いていた。しかも神田村は首都圏の書店だけが利用していたのではなく、全国区の取次機能を有していた。二次問屋であるが、東北、関西、九州の主要書店、個性派書店は神田村取次と取引があった。新刊、注文品、補充をゆだねている書店が多かった。彼らはメイン取次との取引は当然あるが、雑誌はメインの大取次、書籍の一部は神田村と専門取次を利用していた。

平成前期は中小専門取次に負うところ大であることを強調したい。高度成長経済と共に出版業界も成長した。昭和時代はほとんど前年クリアの成長体質で、昭和を終わり、平成時代に入った。成長はそのまま引き継がれ、その成長は1996年（平成8年）に終わったのである。1959年（昭和34年）から成長が始まり、1996年（平成8年）にストップした。つまり37年間、出版業界は伸び続けたのである。こうしたロングランの伸長は稀有である。当時を振り返ってみよう。筆者も直接目にしているので、実状が目に浮かぶ。

1959年（昭和34年）当時、週刊誌ブームであった。これまで週刊誌は新聞社

の独占出版物であった。大正時代に発刊された『サンデー毎日』『週刊朝日』を相手に、1956 年（昭和 31 年）に新聞ジャーナリズムの中に新潮社の『週刊新潮』が割り込んだのである。1958 年（昭和 33 年）には『朝日ジャーナル』『週刊大衆』『週刊明星』が発刊され、翌 1959 年には『週刊現代』『週刊文春』『週刊平凡』などが続々発刊された。成人週刊誌だけでなく、1959 年（昭和 34 年）には『週刊少年マガジン』『週刊少年サンデー』が発刊されている。

　1957 年（昭和 32 年）に河出書房が 7 億円の負債で倒産している。一回目の倒産である。しかし、暗さは感じられなかった。著者が支援に立ち上ってくれたことと、河出書房の積極的な出版姿勢が評価されたからである。当時の業界売上げを見ると、1957 年売上げ 8989 億円、1958 年 8909 億円で、前年対比 99.1% であった。その翌年 1959 年から 1996 年（平成 8 年）まで 37 年間伸び続けたのである。経済環境の良かったこともある。1961 年（昭和 36 年）池田勇人内閣は所得倍増計画を発表している。

　平成に入っても売上げ増加は衰えず、1996 年（平成 8 年）の売上は出版史上最高の 2 兆 6980 億円となった。実売冊数は書籍・雑誌合せて 48 億冊であった。日本人 1 億 2000 万人で割ると、一人が年間 40 冊も本を買ったことになる。実際には自分のお金で、自分で本が読める人は 8000 万人である。とすると日本人は一人年間 60 冊の本を買っていたことになる。書店業界も 1958 年（昭和 33 年）に「悠々会」「新風会」が誕生している。

◇業界発展に寄与していた中小取次・専門取次の役割

　大型書店、大学生協、個性派書店、地方都市の一番店を強力にサポートしていたのは鈴木書店であった。商品構成、広報活動、役に立つ販売促進、大取次にない小回りを信念として、活動していた鈴木書店の信頼、信用は高かった。

　出版業界ピークの 1996 年の鈴木書店の売上げは 162 億円であった。資本金 1200 万円、社員 61 人である。毎日発行された井狩春男の『まるすニュース』は業界の名物であった。岩波書店、有斐閣、中央公論社はじめ人文・社会科学書の品揃えは他取次は真似できなかった。鈴木書店以外の神田村の個性的な中小取次店には安達図書、鍬谷書店、弘正堂図書、松島書店、日新堂書店などがあるが、第 3 章『取次の再編と神田村取次』をご覧ください（⇒ 72 ページ参照）。

　楽譜・音楽書専門取次として松沢書店、村上楽器がある。利用する書店も多

かった。平成時代は当初から音楽・映像時代の入口であった。判型の大きい音楽書、楽譜に目をつけ、書店の棚の改造をすすめた村上楽器の功績は大きい。

　パソコン時代に入った平成初期に、パソコン書専門取次であった誠文堂書籍の存在は大きかった。秋葉原電気街はマーケットであった。学参専門取次である日教販が、この時期から学参と並行してパソコン書を積極的に取り扱ったことは評価に値する。特に専用の倉庫、担当者を用意したことは立派である。

　地方・小出版流通センターも、平成初期に大型書店、地方一番店、郷土書を大事にする書店から支持されていた。地方小出版社であっても福岡・葦書房のように芥川賞を生む版元もあった。

　『経済白書』『青少年白書』『厚生白書』『民力』など、これらの書籍は差別化商品である。この商品は官報販売所が扱う。県庁所在地には必ず「政府刊行物センター」がある。大型書店では必ずといってよいほど、上記商品を扱い、読者を集めていた。

　洋書を取り扱う書店は当時は珍しかった。また流通もままならなかったので、取り寄せに1ヶ月かかることなど当たり前であった。そのようなハンディキャップ市場をサポートしてくれた取次が日本洋書販売配給会社（通称「洋販」）であった。洋書は非再販商品であるから価格決定権は書店にあった。それだけに販売戦略として面白い展開が出来た。例えば、ペーパーバックス・オール100円を店頭で催事することが出来た。高校生、大学生、洋書ファンを喜ばせたものだった。地方大学が増えたので洋書人口は増えていたのである。外国語が読める人だけが洋書必要者でないことを、ある書店で聞いた。ある書店とは大阪・千日前にある波屋書房である。

　この書店は日本一の料理・食堂本専門店である。店は30坪で、右半分は全部料理専門書、左半分が普通の書店である。年に一度、3ヶ月大々的に料理専門書フェアを開催している。フェアは店頭を主にしただけでなく、400〜500通のDMも出していた。九州、北陸、新潟などから毎年来店されるシェフがいるとのこと。彼らは10万円もするフランス語の料理全書を買ってゆく、また高価な洋書を注文するそうである。彼らには必要な本だからである。洋販では毎年対応してくれるので、専門取次店として「ありがたい」と波屋さんは言っていた。

　大取次は主食であり、中小取次は副食の役を果たしていた。味付けは自店で中小取次店を駆使して作った。ややもすれば金太郎飴書店になりがちであった

が、平成前期にはこうした自助努力をした書店が多くあった。地域のリーダー書店になったか、チャレンジャー店(二番店)であったかはわからない。しかしニッチャー店であったことだけは確かである。

書籍の状況

　平成の書籍は「吉本ばななブーム」で始まった。1989 年(平成元年)のベストセラー 10 点中、4 点が彼女の作品であった。『TUGUMI』『キッチン』『白河夜船』『哀しい予感』である。彼女は 10 年に亘ってベストセラー作家であった。

　世の中が平和のためか？　平成 3 年から 5 年は写真集がよく売れた。中でも、宮沢りえ写真集『Santa Fe』(朝日出版社)である。発売 1 ヶ月前に『読売新聞』(10 月 13 日)、『朝日新聞』(10 月 14 日)に掲載された一頁全面広告がモデルの全身ヌードという出版広告史上衝撃的な「事件」であった。この出版企画は事前にマスメディアに伏せられ、突然の広告出稿であったので、話題沸騰となったのである。

　この広告には直接予約募集の案内があり、同社に予約注文が殺到した。発売直後からベストセラー入りし、100 万部を突破した。写真集ブームは島田陽子、荻野目慶子、マドンナに及び、書店店頭は思わぬ販売環境となった。

　出版好況は高額書籍の美術全集にも及んだ。『世界美術大全集・西洋編』(28 巻 小学館)、『秘蔵日本美術大観』(12 巻 講談社)、『艶色浮世絵全集』(12 巻 河出書房新社)、『正倉院宝物』(10 巻 毎日新聞社)などである。

　大江健三郎がノーベル文学賞を受賞し、出版業界、書店店頭を活性化させた。作品は単行本 26 点、文庫本 28 点、新書 2 点あった。同氏の作品を持つ岩波書店、講談社、文藝春秋、新潮社はいっせいに重版態勢に入った。復刊、重版をトータルすると 120 万部増刷された。岩波書店の『ヒロシマ・ノート』は 5 万部増刷され、多くの書店でベストセラー化した。

　1994 年(平成 6 年)に文教堂が店頭上場している。書店のチェーン化、大型化が進行した時期が平成前期である。1995 年(平成 7 年)9 月の神戸市三宮の駸々堂 1000 坪の開店で始まっている。

　この年の 10 月には紀伊國屋書店・新宿南店(1400 坪)、11 月に大阪・難波にジュンク堂書店(1000 坪)が出店している。翌年にジュンク堂書店は東京・池

袋に 1000 坪書店を開店した。

　1996 年(平成 8 年)には電子出版が盛んになり、インターネットによる販売も具体化している。つまりネット上で出版物を販売する出版社、取次、書店の出現である。出版社では小学館、岩波書店であり、取次会社ではトーハンの「本の探検隊」、日販の「ほんやタウン」、書店では紀伊國屋書店の「KINOWEB」や図書館流通センター (TRC)である。

　インターネットを通じた出版物の販売が増えてくることは予想された。この時点(1996 年)では「注文者への配送をどうするか」が、課題として残されていた。現在(2020 年)は、この問題はアマゾンによって完全に解決されている。国内の流通業者がアマゾンの優位に挑戦しているのが現状である。

　平成前期のしめくくりは 1130 億円の負債をかかえ倒産寸前の中央公論社の起死回生であった。読売新聞社の援助によって、社員、商品、企画、編集、伝統、社名が残ったことは平成前期の快挙といえる。

雑誌の状況

　平成初期は女性誌、男性誌とも創刊ラッシュであったが、売上げは伸びなかった。『週刊テーミス』(学研)、『SAPIO』(小学館)、『SPUR』(集英社)、『CREA』(文藝春秋)などは 1989 年(平成元年)に創刊された雑誌である。

　続いて 1990 年(平成 2 年)には中高年雑誌として『ケイコとマナブ』(リクルート)、『CADET』(講談社)、『ゲイナー』(光文社)、『クロコダイル』(ベストセラーズ)。1991 年(平成 3 年)には『よむ』(岩波書店)、『マルコポーロ』(文藝春秋)、『マンボー』(光文社)などである。

　平成初期は出版好況時代であったが、雑誌の休刊が多かったことも事実である。1992 年(平成 4 年)には『朝日ジャーナル』(朝日新聞社)、『NEXT』(講談社)、1993 年(平成 5 年)には『主婦と生活』(主婦と生活社)、『三彩』『Anima』は美術専門誌、動物専門誌であるだけに残念であった。筑摩書房の『頓智』は個性的な雑誌であったが、わずか 1 年で休刊してしまった。『科学朝日』『思想の科学』の休刊も惜しまれた。反対に角川書店の『MONTHLY WALKER (マンスリーウォーカー』、『YokoHAMA Walker』は角川の雑誌路線のスタートとして時代にうまく乗った雑誌であった。

1.2 平成中期の出版状況と主な出来事

　平成中期は1999年からの10年間である。「7月に世界が滅亡する」という
ノストラダムスの予言ブームが起こり、世紀末を彷彿させたが、世相には、翌
年の「21世紀への末広がり」という願いも込められているようにも思えた。

　流行語には、松坂大輔の「リベンジ」が選ばれ、1月には、日本最古の「富本銭」
が発見された。

　この年の大晦日には、「コンピュータが誤作動するのではないか」とのいわゆ
る「2000年問題」騒動もあったが、時代は静かに21世紀を迎えた。

表1　平成中期の社会年表

	GDP	総理大臣	世界・社会	ベストセラー	流行語
1999年 平成11年	-0.3%	小渕恵三	欧州連合（EU）11カ国が単一通貨ユーロ導入	『五体不満足』	リベンジ
2000年 平成12年	2.8%	小渕恵三 森　喜朗	薬害エイズ事件	『だからあなたも生きぬいて』	IT革命
2001年 平成13年	0.4%	森　喜朗 小泉純一郎	中央省庁再編、1府12省庁制へ	『チーズはどこへ消えた？』	骨太の方針
2002年 平成14年	0.1%	小泉純一郎	学校が完全週休2日制に	『ハリー・ポッターと炎のゴブレット』（上・下）	W杯
2003年 平成15年	1.5%	小泉純一郎	米英軍などイラク攻撃・終結す	『バカの壁』	マニフェスト
2004年 平成16年	2.2%	小泉純一郎	米火星探査車スピリット火星着陸	『ハリー・ポッターと不死鳥の騎士団』（上・下）	チョー気持ちいい！
2005年 平成17年	1.7%	小泉純一郎	温室効果ガス削減の京都議定書発効	『頭のいい人悪い人の話し方』	小泉劇場
2006年 平成18年	1.4%	小泉純一郎 安倍晋三	日本郵政株式会社発足	『国家の品格』	イナバウアー
2007年 平成19年	1.7%	安倍晋三 福田康夫	防衛省発足	『女性の品格』	ハニカミ王子
2008年 平成20年	-1.1%	福田康夫 麻生太郎	三越・伊勢丹ホールディングス誕生	『ハリー・ポッターと死の誕生』（上・下）	アラフォー

表作成：ノセ事務所

出版状況

　出版業界の平成中期は、一言でいえば取次受難期である。前期は取次、書店の倒産は無かった。販売全方位時代の前期をよく象徴していた。時代に対応出来なかった数社の出版社が倒産した。

　六興出版、大陸書房、鎌倉書房、中央公論社などである。平成中期には70社も倒産している。驚く数字であるが、倒産の背景にある事情は取次店の倒産による連鎖である。

　取次は13社が倒産している。極論すれば中堅取次全滅といっても過言ではない。特に地方の取次店が倒産している。取次の疲弊は書店に連動した。その結果が平成後期の総合取次、大阪屋、栗田、太洋社、協和の倒産、経営危機に連動している。

　その背景は1997年（平成9年）から始まった。出版業界の下降現象である。その下降は、2017年（平成29年）まで続いた。その間20年の長きであった。最近の2018年から2019年の伸び率は100.2％である。雑誌は前年比マイナス4.9％、売上げ5637億円であった。デジタル出版物の好調さが出版業界の後押しをした。書籍売上げ6723億円、雑誌5637億円、デジタル出版3072億円合計1兆432億円である。前年は1兆400億円であった。雑誌売上げが毎年激減しても、デジタル出版の成長で、トータルでは対前年比増の方程式が出来たことは心強い。

　かつての出版界は書籍と雑誌の二本立てであったが、現在はデジタル出版が増え三本立てとなった。出版メディアの変化である。紙の本のシェアが減り、電子出版のシェアが拡大されつつある。現在の雑誌の減少率、電子出版の成長率から計算すれば、たぶん2022年（令和4年）には逆転現象になるであろう。紙の本は近代読者の利用率が高く、電子本は現代読者の利用によって維持されるであろう。

　平成中期は雑誌に関しては全敗、つまり10年連続ダウンであった。因みに販売金額を示すならば1999年（平成11年）1兆4672億円であり、2008年（平成20年）は1兆1299億円で、23％のダウンである。先走りであるが、2018年は5930億円であるから中期→後期のダウン率は47.6％と超々激減である。スマホ全盛を考えると、週刊誌、雑誌が過去のメディアになった実感がわかる。

書籍の下落率は雑誌ほどではない。1998年（平成10年）の売上げ8878億円に対して、2018年（平成30年）は6991億円で、下落率は21.3％である。

◇取次受難期の要因を読み解く

平成中期初年の1999年（平成11年）に、関西の中堅取次であった柳原書店が36億円の負債で倒産している。柳原書店は江戸中期1713年（正徳3年）に創業している。第二次大戦後まもなく、1949年に新組織で創業、資本金3300万円、従業員84名である。現在の本社は大阪西区にあり、京都、東京、福岡に拠点を置いていた。しかし設備投資の借入れの金利負担で資金繰りが悪化、負債36億円で倒産した。

翌、2000年（平成12年）に日販が赤字決算となり、165億円の不良債権（積文館書店49億円、駸々堂書店30億円、静岡・谷島屋9億円を含む）を発表した。しかし、土地売却、4支社閉鎖、163人リストラ、事業所の再編成、有価証券の売却など、抜本的な改善が成功し、赤字はこの年だけに留まった。それ以後は積極的な営業力でトーハンを引き離した。菅徹夫、鶴田尚正両社長は日販を救った中興の祖であり、名経営者といえる。

翌、2001年（平成13年）の鈴木書店の倒産は業界に大激震を与えた。同社は岩波書店をはじめ、人文・社会科学系の出版社の専門書を大手書店、大学生協を中心に流通させていた。

負債額は40億円といわれる。社員は61人、債権出版社は約300社であった。鈴木書店の倒産は多くの問題を業界に露呈した。高正味・内払い・大手老舗版元優遇に対して、低正味・支払保留・中小版元の差別取引が明確になった。倒産の背景には取次の企業間競争も指摘された。赤字の直接要因は粗利が7.2％しかなかったことである。トーハン11.29％、日販11.18％を見れば、経営に対する苦慮がうかがえる。

柳原書店、日販、鈴木書店と連鎖した取次の受難は地方に飛び火し、また取引書店の倒産に影響を与えた。

地方取次の経営には季節性が大きくかかわっていた。新学期、夏休み、正月が収入の多い時期であった。雑誌を持たないために、不安定要素の多い経営であった。そこで出版物販売以外の収入源を求めるようになり、始めた事業が英会話教室、学習塾経営、パソコン教室、事務機器販売、ファッション文具など

であった。出版好景気の1990年代はそれなりの収益を上げたが、事業が不振に傾くと、投資した資金の回収に支障をきたした。中小取次の経営基盤の浅い中小取次はもろかった。

神奈川図書はピーク時56億円あった売上げが43億円に激減した。パソコン教室、英会話教室の借入金の負担に耐えられず41億7000万円の負債で倒産した。

2005年に倒産した福岡・金文図書も同様であった。ピーク時56億円あった売上げが5年後41億円に落ち込んだ。九州、四国の約1000店の取引先の経営していた学習塾が、少子化や大型書店の影響で経営不振になり、その影響で借入金の返済が負担となり23億円の負債で倒産した。

中京地区に三星ありと言われた時代もあった。その名古屋の三星が05年負債10億円で倒産した。地元学参、地図、実用書の主力取次であったが、少子化による売上減で倒産した。

2008年に倒産した洋販（YOHAN）は洋書販売の最大手であり、独占的な商売をしていた。洋販はトーハンの海外事業部、日販のIPSに劣らぬ専門性、信用度があった。1953年創立と歴史も古く、約20ケ国、150社の主要出版社と取引をしていた。倒産時、一番困惑したのは大学図書館、研究機関であった。洋雑誌の定期購読が停滞し、約半年間はトラブルは続いた。書店店頭から洋雑誌が消えた非常事態でもあった。

平成中期10年間はすべて前年比ダウンの連続であった。前期は倒産ゼロであった書店業界は中期は倒産連続で、多くの老舗書店が店を閉じている。詳細については、第3章「消えた書店の遺産」をご覧ください（⇒86ページ参照）。

暗いニュースの連続であった平成中期時代に唯一輝いた出版があった、それは『ハリー・ポッター』シリーズの発刊である。業界全体の売上げは、前年対比全敗であった。しかし書籍だけに関して言えば、1990年、92年、94年（平成2年、4年、6年）と一年おきに前年売上げを上回っている。これは『ハリー・ポッター』が発売された年はプラス年であった。業界を牽引した出版物といっても過言ではない。

特に強調したいことは、『ハリー・ポッター』の出現によって児童書ジャンルが復活したことである。当時、児童書は書店店頭ではお荷物ジャンルだったのである。ショッピングセンター内書店、デパート書籍部では、子どもの本は売れていても、一般書店では売れなかった。

　つまり商品回転率が悪く、棚の減少、あるいは児童書を外すことを検討している書店すらあった。『ハリー・ポッター』の出現によって、児童書コーナーが活気づき、ファンタジー読者が増えた。中でも若い女性の客層が増加したことは得難いことであった。『ハリー・ポッター』現象は現在も続いている。平成の金字塔的出版といっても過言ではない。

書籍の状況

　中期のスタートを賑わせた書籍は、乙武洋匡の『五体不満足』に尽きるであろう。出版、テレビ、新聞を独占するかのように、彼は社会に登場した。乙武さんの行動や思考が多くの人に感動を与えたのである。この本が売れた時の雰囲気は『窓ぎわのトットちゃん』(黒柳徹子)発売時に似ていると個人的には感じた。版元が講談社であったので、販売戦略が似ていたのかもしれない。

　本が売れない時には廉価版が売れるといわれる。新書のベストセラー化はそのよい例である。大野晋の『日本語練習帳』は『五体不満足』に次いで売れた。

　この頃、突然変異の出版現象もあった。それは時代反映現象としてケータイ「着メロ本」が大ブレイクを起こしていた。主として若い女性、高校生が対象であった。彼女たちは普段あまり本を読まない層(失礼!)、書店に足を運ばない世代と考えられていたが、「着メロ本」の出現によって、書店に来てくれたことは福音であった。予期せぬ読者集団であった。

　「着メロ本」は、本の造りにしても、内容にしても軽いかもしれないが、一時は書店の歓迎すべき読者であった。『恋風(上・下)』(美嘉)は 2 巻併せて 100 万部を突破した。『DeepLove』(Yoshi)もベストセラーになった。ケータイ小説として chaco や稲盛遥香なども生まれた。

　しかしこのブームは長くは続かなかった。ケータイ文芸は一般読者には無縁、無関係かもしれない。しかしこのケータイ出版路線が現在も持続されていることを見落としてはならない。中心になっている出版社はスターツ出版である。女性向けの情報誌「オズマガジン」の発行、フリーペーパーの制作事業も行っている。電子コミック誌も発刊している。版元の売上額は大きい。2004 年(平成 16 年) 40 億円、2005 年 43 億円、2006 年 47 億円と年々上昇している。この状況は出版マーケットが存在する証の売上である。

『ハリー・ポッター』シリーズ（J・K・ローリング著、静山社）のデビューは衝撃的であった。書店店頭で1ジャンルの売上げシェアが3％以下になると、このジャンルは棚確保について危険水域にあるといわれる。『ハリー・ポッター』が発売される前後は児童書や学習参考書は低迷を続けていた。ところが『ハリー・ポッター』シリーズの発売後は児童書売り場にお客様が戻ってきた。ファンタジー文学が戻ったので、子どもの本は絵本、物語、ファンタジーと幅が広がり、読者層も急激に増えた。なかでも一番喜んだのは書店現場である。『ハリー・ポッター』の第1巻は80万部を超える大ヒットとなった。『ハリー・ポッターと秘密の部屋』が刊行されると、再び売れ足を伸ばし、第1巻、第2巻併せて、200万部を突破した。このシリーズの販売特徴は予約販売が多いことである。子どもの本では稀有な現象であった。コミックに走っていた小学校の中高学年の子どもたちが児童書売場に戻ってきた。まさに『ハリー・ポッター』シリーズは福音書であった。

　2004年（平成16年）の書籍売上げは1兆236億円と前年比5.9％増と大幅に伸びた。『ハリー・ポッター』第5巻の発行部数290万部があったからである。第4巻は配本がないと中小書店の不満を解消するため「買切制」とした。第5巻も前巻同様買い切り扱い。初回配本だけ5％の返品を認めた。しかし売行きの減速傾向が見られ始めた。つまり初速の売れ足が長続きしなかった。第4巻はベストセラー集計では月間ランキング1位が4ヶ月続いたが、第5巻は1ヶ月のみであった。

　もう一つ足を引っ張る環境があった。それはネット市場や新古書店（ブックオフ）などの第二次市場にも発売早々商品が出回ったことである。このように問題を残したとはいえ、実売部数230万部の数字は大きく、この年のベスト1位であった。8年ぶりの売上増は『ハリー・ポッター』シリーズなくしては実現できなかった。

　2013年に創刊された新潮新書は『バカの壁』（養老孟司）の大ヒットにより、他社を刺激した。すでに岩波新書、中公新書、講談社現代新書のいわゆる三大新書のあとに「新書ブーム」を起こした。このブームについては第2章16節「新書ブームの興亡」をご覧いただきたい（⇒ 44 ページ参照）。

　この新書ブームは教養新書の呼称で紹介された。このブームの類似が文庫にもあった。一般文庫、文芸文庫に対して実用文庫の一連である。2006年に創

刊された『だいわ文庫』が火付け役であった。すでにこの路線では講談社『＋ α
文庫』、光文社『知恵の森文庫』、三笠書房『知的生き方文庫』が先行していた。『だ
いわ文庫』に競合して『中経の文庫』（中経出版）、『静山文庫』などが生まれ、文
庫棚に実用文庫（今までは、『雑学文庫』）が定着したのである。

　2004 年当時、ロー・スクールの開校で有斐閣他が受験のための対策本や、
法学未修学者のためのテキストの刊行が盛んになり、市場が広がった。大人の
絵本が一般化したこともこの時期の特色である。河出書房新社がこのジャンル
をリードした。大人のぬり絵やなぞり書きの書写ものなど、中高年向け商品の
絶好調などがプラス成長を後押しした。

　中学の教科書改訂が行われて、新刊点数が増加した。中高一貫教育の気運が
高まり、都市部で中学受験が増加した。対応する学参の需要も高まってきた。
学校案内書、私立有名小中学校の問題集を求める人が増えた。ゆとり教育の見
直しも進んでおり、情勢の変化が大きいジャンルとして膨らんできた。自費出
版ブームについては第 2 章 16 節のコラムをご覧ください（⇒ 47 ページ参照）。

雑誌の状況

　1999 年は、雑誌出版社の経営が厳しくなった入口であった。中央公論社は
読売新聞社に買収され、中央公論新社となった。婦人画報社はアメリカのア
シェット社の傘下になり、社名をアシェット・婦人画報社と社名を変更した。
主婦の友社は角川書店と業務提携し、営業面を委託した。また、スコラ、青人社、
新声社、光琳社出版社など、いくつもの出版社が倒産した。雑誌を主力とする
出版社の蹉跌が特徴で、急速な販売悪化が出版社の収益を圧迫したと思われる。
21 世紀に入って、消費時代をリードしてきた大手スーパーのダイエーの不振、
そごう倒産、マイカルの民事再生など、暗いニュースの幕開けであった。

　21 世紀に入って好調であった雑誌はパソコン誌、週刊分冊百科、パズル誌
であった。

　パソコン誌の年末・年始の年賀状マーケットは年々拡大し、各出版社の競争
が激しい。エクスメディア、技術評論社、ナツメ社などが主導している。

　週刊分冊百科の 2001 年創刊は『日本百名山』（朝日新聞社）、『週刊古寺を行く』
（小学館）であった。その後ディアス・ゴスティーニ社の分冊百科の全盛時代が

やってくる。ディアスの販売戦略には独特の手法があったからである。初回第一回配本をテレビで徹底宣伝する。超特価であることも読者の関心を呼ぶ要因であった。その上趣味性が高く、その道の人には期待十分で見逃せない商品で、あっという間に人気雑誌となった。

　空前の創刊ラッシュとなったパズル誌は19誌が創刊された。賞品人気やジャンル細分化で市場が拡大したことに加え、利益率が高いことも参入のきっかけになっている。

　ムックは平成中期で既に年間8000点を上回る発行点数である。一ジャンルとしては最高の点数である。書籍の発行点数の多い文庫でさえ、5000点である。宝島社、講談社、学研、世界文化社、集英社、小学館など大手出版社の発行が多かった。

　2004年（平成16年）に集英社から創刊された『MAQIA』はユニークな雑誌であった。マキア読者だけが利用できる東京銀座「マキアサロン」は話題を呼んだ。女性誌では講談社の『グラマラス』も注目された。男性誌では集英社の『ウオモ』がある。日韓共催のW杯の年はサッカー関連誌は通常の3倍発行され、売上げ増加に貢献した。

　2007年〜08年は創刊と休刊が入り交じっている。総論としては年間4.4%〜4.5%ダウンの雑誌業界であった。創刊から見て行くと『KING』（講談社）、『GOETHE』（幻冬舎）、『edu』（小学館）、『プレジデントFamily』（プレジデント社）などは2006年（平成18年）に発刊されている。この時期の特色として高齢女性を対象にした創刊誌が多かったことである。『AneCan（姉キャン）』（小学館）、『marisol』『éclat（エクラ）』（集英社）、『GRACE』（世界文化社）など40〜50代向け女性誌である。また女性誌にグッズ付録がついたことも特色である。

　一方で休刊も多かった。『ダカーポ』『SAY』『Vingtaine』『月刊少年ジャンプ』『コミックボンボン』『imidas』『知恵蔵』などがあった。

　倒産出版社の多かった2008年（平成20年）には有名雑誌が続々休刊し、業界は冷え冷えとした。主な休刊誌は女性誌では『主婦の友』や『NIKITA』『LUCI』[Style]など、コミック誌では『ヤングサンデー』『Judy』、男性誌では『月刊プレイボーイ』『Boon』、総合誌では『論座』、映画情報誌では『ロードショー』などである。

1.3　平成後期の出版状況と主な出来事

　平成後期は2009年からの10年であるが、スタートの環境はよくなかった。前年起こったリーマンショック(リーマン・ブラザーズが経営破綻し、連鎖的に世界規模の金融危機が発生した事象の通称)によって雇用環境が悪化し、可処分所得が減少した。流行語には、「政権交代」(鳩山由紀夫)が選ばれ、民主党などの連立政権が生まれたが、2年ほどで自公政権へと移った。

表1　平成後期の社会年表

	GDP	総理大臣	世界・社会	ベストセラー	流行語
2009年 平成21年	-5.4%	麻生太郎 鳩山由紀夫	米クライスラー社倒産	『IQ84』(1・2)	政権交代
2010年 平成22年	4.2%	鳩山由紀夫 菅　直人	日本航空会社更生法申請す	『もし高校野球の女子マネージャーがドラッカーの『マネジメント』を読んだら』	ゲゲゲの
2011年 平成23年	-0.1%	菅　直人 野田佳彦	中国のGDP世界第2位に	『謎解きはディナーのあとで』	なでしこジャパン
2012V年 平成24年	1.5%	野田佳彦 安倍晋三	山中伸弥教授ノーベル生理・医学賞受賞	『聞く力・心をひらく35のヒント』	ワイルドだろお
2013年 平成25年	2.0%	安倍晋三	東京・大阪証券取引所経営統合	『医者に殺されない47の心得』	おもてなし
2014年 平成26年	0.4%	安倍晋三	消費税8%に引き上げ	『長生きしたけりゃふくらはぎをもみなさい』	集団的自衛権
2015年 平成27年	1.4%	安倍晋三	日経平均株価15年ぶり2万円台回復	『火花』	爆買い
2016年 平成28年	0.9%	安倍晋三	都知事小池百合子初の女性知事誕生	『天才』	神ってる
2017年 平成29年	1.7%	安倍晋三	ドナルド・トランプ氏第45代米大統領に	『九十歳何がめでたい』	インスタ映え
2018年 平成30年	0.7%	安倍晋三	日経平均株価2万3500円台を、26年ぶり	『漫画 君たちはどう生きるか』	そだねー

表作成：ノセ事務所

出版状況

　前述したリーマンショックで出版物の販売に影響を与えた。雑誌広告の激減によって出版社の収益が悪くなり、創刊活動が停滞し、休刊誌が相次いだ。

　業界不振を如実に示す指数が返品率である。書籍と雑誌の返品率の変化が対照的に表れている。平成後期10年間の返品率の状態を見てみよう（表2）。

　書籍は需要に見合う、抑制した送品で返品率は改善の方向にある。雑誌はある程度の供給量を保たなければ、さらなる需要減を招くという出版社、取次の認識があり、送品抑制も小幅にとどまった。しかし需要は伸び悩み、返品増となって跳ね返り、2013年から書籍を上回る返品率となった。

　書店の経営環境が厳しくなり、書店自身が自己防衛、保身を図るようになった。それは自主仕入である。書店には仕入機能がないと他業界から見られていた。委託販売という他業界にはない販売形式があったからである。仕入れを取次に依存する形態は1951年（昭和26年）から70年近く続けられていた。

　企業経営の決算書に損益計算書（P/L）、貸借対照表（B/S）とキャッシュフロー計算書（CS）の三種がある。売上・利益を見る計算書と財産状態を知る計算書と資金繰りの良否を示す計算書である。安心・安全な会社経営で大事な指標は金繰りである。ところが書店は仕入機能を取次に依存しているので、今月の仕入金額がわからない。つまりキャッシュフローを計算することが出来ないのである。心ある書店はこの矛盾に気づき自主仕入に転向した。雑誌は毎日のように書店に配送される商品であるため、自主仕入は不可能である。雑誌は書籍と異なり管理可能商品である。雑誌の固定銘柄は書店側でわかる。しかもその雑誌のマーケットがわかるので、必要部数だけ取次に申し込めば自主仕入と同じ状態になれる。仕入額が把握出来、キャッシュフローの計算が可能になる。

表2　平成後期10年間の返品率 [%]

	2009年	2010年	2011年	2012年	2013年	2014年	2015年	2016年	2017年	2018年	2019年
雑誌	36.2	35.5	36.1	37.6	38.8	40	41.8	41.4	43.7	43.7	38.6
書籍	40.6	39.0	37.5	37.8	37.3	37.6	37.2	36.9	36.7	36.3	35.7

出所：『出版指標年報』（出版科学研究所刊）

表3　ムックの発行部数・返品率・実売金額などの指標

	2009年	2010年	2011年	2012年	2013年	2014年	2015年	2016年	2017年	2018年
新刊点数	8,511	8,762	8,751	9,067	9,472	9,336	9,230	8,832	8,554	7,921
平均定価[円]	926	923	934	913	884	869	864	884	900	871
発行部数[万冊]	21,726	21,788	20,829	21453,	22,246	22,001	22,331	21,125	19,308	17,218
返品率[%]	45.80	45.4	46	46.8	48	49.3	52.6	50.8	53	51.6
実売金額[億円]	1,091	1,098	1,051	1,045	1,025	972	917	903	816	726

出所：『出版指標年報』（出版科学研究所刊）

　出版業界のガンと言われた返品率は、業界の努力によって低下の方向に向かった。しかし、ムックの野放図な制作、送品、管理によって雑誌返品率は書籍返品率を上回ってしまった。表3をご覧いただければ、ムック誌の新刊点数多さと返品率の高さを見れば、一目瞭然である。

　ムック誌の返品率は2015年以降は50%以上の最悪の状態となった。発行部数も平成後期は2億冊以上と多かった。文庫市場と比較すれば、ムック誌が無謀な発行形態であったことがわかる。文庫の平均定価は686円（2018年）である。文庫の実売金額は2009年は1322億円である。2018年は946億円である。下落率は10年間で28.5%である。ムック誌は2009年1091億円、2018年は726億円と、下落率33.5%と文庫に比べて悪い。ブランド品を付録につけて売れたムックもあった。書店店頭に女性を呼んだ功績はあったが、半分は返品という現実は許せるものではなかった。書店の資金繰りを狂わせてしまったと言われても仕方ない。（⇒文庫のデータは47ページをご覧ください。）

　返品は業界三者誰の得になることではない、非生産行為で、経費増の根源である。ムックを除いては販売管理可能商品であるから、各書店、各取次で数値管理すれば返品率減は十分できると信じている。ムックについては「禁欲」姿勢が一番の薬であろう。

　平成後期の特筆点の一つに、取次店の書店経営がある。業界の中枢は取次といわれ、取次主導の行事が多かった。たとえば、中部トーハン会とか、東海日販会などには多くの出版社、取引書店が集まった。本のよく売れた平成前期か

らの流れで、業界三者の懇親会、ゴルフなどが行われていたが、次第に流れは変わってきた。取次に依存しない書店独自の動きが始まったことは後期の特色である。

2010年に東京書店商業組合が実施した「首都圏書店大商談会」が連動のスタートである。現在はJPICが主催している。この書店が開発したブックエクスポについては第3章第7節をご覧いただきたい(⇒ 78ページ参照)。

大取次の書店支援とM&Aは、業界不振の結果の誕生である。前述したが、21世紀初頭2000年に日販が赤字決算を出した。この際、積文館書店49億円の特別損失を日販は被った。

菅社長から鶴田社長にバトンタッチされた。日販は経営危機脱出に大ナタを振るった。その結果、赤字決算対策によって財務体質は改善された。この時取次としては初めて一書店を会社の組織に加えた。その後M&A路線は続いた。業界不振、老舗書店救済に手を貸したのである。現在、日販と関連する子会社、関連会社を列挙してみよう(表4)。トーハンは日販より遅れて2012年(平成24年)から有力書店の子会社化を推進した(表5)。

経営不振に陥る前には、大阪屋はチェーン店でキャップ書店を持っていた。栗田は都内に書林、東北・一関市に書林北上書房があった。

表4　日販系列の子会社、関連会社

子会社	積文館書店、リブロ、ブックセンタクエスト、プラスメディアコーポレーション、あゆみBOOKS
関連会社	ニューコ・ワン
関連子会社	すばる、多田屋、いまじん白揚、万田商事(オリオン書房)、B・Story(八文字屋の一部店舗)
持分法適用会社	精文館書店、啓文館エンタープライズ、文教堂グループホールディングス

出所：日販有価証券報告書

表5　トーハン系列の子会社、関連会社

子会社	明屋書店、ブックファースト
連結子会社	オークブックセンター、山下書店、あおい書店、わんだーランド、イケア文楽館、金龍堂、文真堂書店、アミーゴ、アバンティブックセンター、住吉書房
非連結子会社	らくだ書店、鎌倉文庫
持分法適用関連会社	東京堂書店、三洋堂書店
持分法非適用関連会社	八重洲ブックセンター、明文堂プランナー

出所：トーハン有価証券報告書

書籍の状況

　2010 年（平成 22 年）は電子書籍元年といわれた。しかしまだ電子端末機（デバイス）が普及せず 574 億円の売上げにとどまった。翌 2011 年は 650 億円、前年度に比べ 13.2％増加した。2012 年は 629 億円と前年比マイナス 3.2％であった。鳴物入りで始まった電子出版であったが、足踏み状態が見られた。

　2012 年後半になり楽天の Kobo、アマゾンの Kindle、ブックライブの Lideo と電子書籍専用端末が出揃って、本格普及のスタート台に立った。しかし残念ながらコンテンツ不足のために直ちに普及という環境にはならなかった。2013 年は 729 億円と、前年比 15.9％の伸びを示した。これはデバイスの普及が顕著で、着実な伸びが期待できる電子環境になってきた。

　2014 年は 1013 億円の売上げで、28.3％の伸びがあった。ただしこの売上げのうち約 750 億円はコミックであることを認識せねばならない。

　以下、表 6 によって電子出版の状況を見てみよう。

　2011 年 3 月 11 日に東日本大震災が発生した。大津波は東北沿岸に大きな被害を与え、福島第一原発事故による放射能汚染、計画停電など、前例を見ない巨大災害に見舞われた。

　出版業界は印刷・製本、配送の遅れが生じ、消費マインドの冷え込みから販売への影響が心配された。ところが、書籍はヒット作が続出して前年並みと大健闘した。しかし雑誌は過去最大の減少と、大きく明暗を分ける結果になった。

　2011 年の書籍販売金額は前年比 0.2％減の 8198 億円であった。5 年連続の前

表 6　電子出版売上推移 [億円]

	2010 年	2011 年	2012 年	2013 年	2014 年	2015 年	2016 年	2017 年	2018 年	2019
書　籍	574	650	629	729	936	228	258	290	321	349
雑　誌					77	125	191	214	193	130
コミック						1,149	1,460	1,711	1,965	2,593
合　計	574	650	629	729	1,013	1,502	1,909	2,215	2,479	3,072

出所：『出版指標年報』（出版科学研究所刊）
＊ 2010 年〜 2014 年の書籍の中にはコミックが含まれている。

年割れだが、過去 4 年間 1.6％〜 4.4％減であったのに比べ下げ幅は小さく、ほ
ぼ前年並みという大健闘であった。ミリオンセラーが 10 点（前年は 5 点）も誕生、
売れ行き良好書が書籍販売を牽引したことが大きい。

　ミリオンセラーは『謎解きはディナーのあとで』（小学館 155 万部）、『心を整
える』（幻冬舎、116 万部、『人生がときめく片づけの魔法』（サンマーク出版、
110 万部）、『KAGEROU』（ポプラ社、100 万部）、さらに『体脂肪計タニタの
社員食堂（正・続）』（大和書房、2 点合計 259 万部）、『もし高校野球の女子マネー
ジャーがドラッカーの「マネジメント」を読んだら』（ダイヤモンド社、113 万部）
が 2 年連続のミリオンセラーを達成した。その他『くじけないで』（飛鳥新社）、
『老いの才覚』（ベストセラーズ）もミリオンセラーとなった。

　専門書がベストセラー化することは極めて珍しい。その現象が 2014 年（平成
26 年）にあった。さらに驚くべきことに高額、706 頁の大著であったことである。
2014 年 12 月 8 日に日本語版が発売された。みすず書房の『21 世紀の資本』である。

　同書はフランスの経済学者、トマ・ピケティが世界 20 カ国以上の膨大なデー
タを基に、「所得」や「資産」を分析し、資本主義の下で格差の拡大をデータで実
証した重厚な経済書である。2013 年 9 月にフランスで原書が刊行された。そ
の後、2014 年 4 月に英語版が刊行され、アメリカでは話題沸騰、50 万部を超
えるベストセラーになった。

　日本では 2015 年 1 月 26 日現在で 8 刷となっており、品切れ店が続出している。
定価 5940 円もする経済学の大著とは思えない売れ行きを示した。706 頁のハー
ドカバーで、厚さは約 4 ㎝相当な分量である。5000 部いけば上々と言われる
人文書、専門書の世界で、短期間でここまで版を重ねることはまさに異例であっ
た。出版界にとって明るい、希望が湧くニュースであった。

　2016 年（平成 28 年）にもピケティ現象があった。新年早々に出版された河出
書房新社の人類史をテーマとした『サピエンス全史』（定価上・下巻各 2,052 円）
である。イスラエルの歴史学者ユヴァル・ノア・ハラリが人類 250 万年の歴史
を独自の切り口で論じ、世界各国でベストセラーとなっている。同書は 9 月に
著者の来日、新聞・雑誌の書評などもあり話題になった。1 月 4 日に NHK の
「クローズアップ現代」で取り上げられ大ブレイクした。1 月 23 日現在で、25
刷 37 万部（上・下計）までになった。みすず書房の『21 世紀の資本』を上回る勢
いである。さらに同書は電子書籍版の売れ行きも好調である。電子版では紙版

より安い上・下巻各1836円である。これは希望の持てる成功例であった。

　2017年(平成29年)に突然話題をまいたドリルがある。『うんこ漢字ドリル』(文響社)と意表をついた書名で、ミリオンセラーとなり、お母さんたちが書店に駆け込み話題になった。

　『うんこ漢字ドリル』は新学習指導要領に対応、小学校で習う漢字1006字のすべを網羅し、それぞれ3例、計3018字の全例に「うんこ」が使われている。漢字を書き込むマス目も「うんこ」の形をしている。全部の例文を作ったのは、映像ディレクターの古屋雄作。例文の作成にあたり、不快にさせる表現、いじめや犯罪につながる表現などを避けたと思うが、「日本一楽しい漢字ドリル」という副題にあるとおり、全例文に笑いを求めたことにより、子どもが積極的に学習するという評価が高い。小学1年生から6年生まで学年ごとに1冊ずつ刊行(B5判、84〜106頁、本体各980円。1,2年生は「かん字ドリル」と表記)。

　累計発行部数はシリーズ全体で277万部。(2017年11月現在)このシリーズは2019年(平成31年)の「日本ブックデザイン賞」や「2017ブックデザイン・パブリッシング部門銅賞」を受賞している。

　帝国データバンクの調べによれば、文響社の売上げはうなぎ登りである。2013年6億円、2014と2015年は10億円、2016年16億円、2017年22億円、2018年25億円である。

雑誌の状況

　雑誌は15年連続のマイナスである。その中でも2012年に珍しい動きがあった。それは同一誌を判型を変えて発行したところ、人気を博したものである。30代以上の年齢層が高い雑誌が好調であった。小学館が『Domani』『AneCan』『美的』『Oggi』などが判型を従来のものとは別に小型化した、ハンドバッグサイズ判にして成功した例である。書店側では売場が余計にいるという声もあったが、売れ行きがよいので、今は歓迎されている。

　雑誌の年代別の切り口は当然である。この頃好調だった雑誌をみると、20代後半OLとキャリアウーマン対象の『BAILA』『CLASSY』は好調であった。30代は既婚者・ママ向けを全面に押し出した『VERY』や『SAKURA』、『nina's』が好調で部数を伸ばしていた。

40代以上では『DRESS』(幻冬舎)、『GOLD』(世界文化社)などが目立った。50代でも『HERS』が躍進し、定着ムードである。女性向き雑貨・モノ批評誌という新しい方向性を打ち出した『LDK』(晋遊舎)はテレビ番組にも取り上げられ注目された。広告を一切載せない今様、「暮しの手帖」版である。返品率も低く、これからどう展開されるのか、期待されている新雑誌である。

2019年(平成31年・令和元年)の出版産業状況

現在の出版業界の首位攻防は、講談社と集英社であろう。

講談社の直近の第81期決算は、売上高は1358億3500万円(前年比12.7%増)、営業利益は89億円(同293.8%増)、経常利益は112億円(同139.3%増)、当期純利益は72億3100万円(同152.9%増)と大幅増益になった。売上高の内訳は、「製品」643億1000万円(前年比3.9%減)、「広告収入」59億2600万円(同18.4%増)、「事業収入」613億7000万円(同38.5%増)、「その他」10億6700万円(同0.5%増)、「不動産収入」31億6000万円(同0.3%増)の結果に野間省伸社長は「出版の構造改革」に意欲をみせた。

一方、集英社の第78期の売上高は1333億4100万円(前年比14.5%増)、デジタル、版権、物販など「その他収入」が大幅に伸長し、10年前2009年の1332億円の売上に回復した。利益面では当期純利益が、前年の4倍弱となる98億7700万円と、100億円に迫る"画期的な数字"を叩き出した結果であった。

第三者として言えることは、業界をリードする二社が上昇ムードでこうした好成績を上げてくれることは、やる気を出すニュースである。特に今期の集英社の純利益が100億円に近いことは驚異的なことである。経営内容を分析して、他社の利益向上の糧になれば、出版業界のプラスになる。

書店業界でも紀伊國屋書店の12年連続黒字は心強い。業界が21年連続ダウンの環境の中で、黒字決算を継続していることに注目したい。有隣堂の売上は変動的であるが、現在は3期連続増収である。日比谷店、日本橋・誠品書店(実質有隣堂経営)に見られる体質変化は書店の先行の姿かもしれない。

出版再生への思い

　激動の平成30年間の歩みから、「出版再生への道」を考えてきた。特効薬は無いのかもしれないが、一つ提案したいことがある。

　取次は商売の原点に戻ることが、いま、求められる。1951年（昭和26年）に新体制の取次が発足して以来、今日に至るまで70年間、取次は取引相手の書店を知らずして、出版物を送り続けてきた。

　他の業界の問屋は小売店の一軒一軒を承知して配送している。現在の取次も配送業務はしている。しかし中味が違う。営業が無いのである。

　申し上げたいことは「取次さんよ、営業をしなさい」ということである。

　「一店一店の書店の環境を知って配本していますか？」。取引書店を「ことごとく皆んな訪問する」ことが、営業のスタートである。相手を知らずに商売をしている現状が、取次と書店の姿である。

　委託制の下で「再販制度を空気のようにに思っている」現状があるが、もし再販制度が崩壊していたら、書店は全滅である。1000店程度になってしまう。ナショナルチェーン、リージョナルチェーンと出版物を商売に利用しようとする他企業の資本家書店に席捲されてしまう。地方から書店は消える。本は安売り合戦の道具にされ、良書は駆逐される。

　今こそ書店活性化のために、取次は取引書店全店の実態を知らなければならない。書店担当営業社員は大小を問わず、訪店すべきである。訪問することによって、その書店の立地、環境、経営者、従業員、歴史・伝統、特色、力点、書店の扱いジャンル、在庫、陳列、店内プレゼン、仕入、店内売場、クリーンネス、などが有視界でわかる。中でも大事なことは経営者、後継者のやる気、意気込みの把握である。

　今からでも遅くはない。「ことごとく皆んな訪問」であることを重ねてお願いしたい。集金態勢の時代には取引部の社員から書店情報が入った。また正月の初荷御宝船セットお届けなど、直接の接点があった。今はITに頼り過ぎる。ネット化によって相手を知るすべが少なくなった。今こそ書店との接点が重要である。

第2章

平成の出版社が歩んだ道
—プロダクトアウトとマーケットの変化—

ノセ事務所　能勢　仁

この章の概要

　第2章は、出版社の平成時代の各論である。平成年間のトピックを中心に16の話題をまとめた。出版業界の花形はベストセラーである。ベストセラーの変遷を探ってみた。昭和時代にも多くのブームがあった。昭和初期の「円本」は有名であるが、改めて、円本の歴史を振り返ってみて、昭和初期から平成の今日に至るまで実績を残す出版社の多さに驚いた。

　出版社の使命は本のプロダクトアウトである。出版された本がマーケットに出て、読者の手に渡るか否かは各出版社の販売戦略にかかわる。そこで出版広告について二項目とった。一つは最も一般的な全国紙の新聞広告である。明治この方、朝刊に出版広告が載らない日はない。掲載面、掲載方法など、年々内容が変化している。各地方紙の有力新聞、長野の『信濃毎日』、仙台の『河北新報』などへの出版広告について一項設けた。

　いつの時代にも企業の興亡はつきものである。平成時代に寿命を閉じた、出版社の倒産、廃業は132社あった。その業績を追跡してみた。

　出版社のプロダクトアウトの方法も発展している。2018年（平成30年）の電子出版の売上げは3072億円である。出版市場全体の19.9%に達した。

2.1 電子出版はどこまで伸びるのか

　出版科学研究所によると、2022年には、電子出版は5841億円に達し、紙の雑誌販売額は4847億円になると予想されている。そして出版業界の販売額は1兆円を割り、電子出版の販売額が全体の半分近くになる。日本の電子出版がすこぶる順調のように見られるが、紙の雑誌販売額の激減があるために、紙のシェアが年々低下しているからである。電子書籍で言えることはコミックが中心ということである。直近のデータでも電子書籍全体に占める電子コミックのシェアは84.4%である。このシェアの高さは2年前から特に強力になった。

　これは2018年4月に海賊版の漫画ビューアサイト『漫画村』が閉鎖されたために、電子コミックの読者の拡大につながったからであろう。それに加えてコンテンツの映像化が進んだことや『鬼滅の刃』のような大型コミックが登場したからである。コンテンツの安定度は書籍、雑誌に比べると遥かに高い。

　一般書籍についてみると、国内で売れた本は電子版でもよく売れている。直近では『嫌われる勇気』（ダイヤモンド社）、『メモの魔力』（幻冬舎）などである。紙のベストセラー作品が電子版でも売れている。しかし依然として中小出版社では未だに電子出版を警戒している社がある。せっかくの人気作品を電子化しない手はない。二次使用である。定価も紙と同じで売ればよい。書籍の最近の好調ジャンルは写真集である。週刊誌のグラビアから派生する電子版オリジナル写真集はよく売れている。電子化に否定的だった宝島社が参入してきたことは心強い。岩波新書100点が『岩波新書eクラシック100』として誕生したことは、否定派、消極派出版社に開眼のきっかけを作ったものとして評価したい。

　NTTの読み放題『dマガジン』はスタート時からみると、会員数減が続いている。会員数は2016年3月の309万人から2017年3月時点で363万人で、その頃がピークであった。楽天『楽天マガジン』の会員数が増え、角川ブックウォーカー『マガジン☆WALKER』も好調である。CCCのTマガジンが『T-MAGAZINE』をスタートさせたのでdマガジンマーケットの激戦は続くであろう。アマゾンの攻勢も考えねばならない。電子雑誌は電子出版の中で0.8%のシェアしかないが、コンテンツは豊富であり、新しいことは魅力である。

　電子出版を背負って立っているコミックには陰りはない。紙でもコミックは好調ジャンルであり、映像化作品は電子出版でも好調である。大ブレイクした『鬼滅の刃』は紙が品切れになったために電子に流れた余禄もあった。女性向けでは恋愛ものが相変わらず人気がある。紙では買いづらい男性向け作品が女性に支持されていることも知っておくべきであろう。

電子書籍の市場動向

　電子書籍の市場統計には、2つのデータがある。ここでは、出版科学研究所（出版科研）のデータを中心に解説しているが、一般的にはインプレスの「電子出版市場調査資料」のデータが多く用いられている。2つのデータには、いくつかの違いがある。

　出版科学研究所の『出版指標年報（2020年版）』によると、2019年の電子書籍の市場は電子書籍3072億円（前年比23.9増）、電子コミック2523億円（同29.5％増）、電子雑誌130億円（同16.7％減）、電子市場の合計は3072億円（同23.9％増）である。

　なお、インプレス総研の統計では、「年度」が基準になっており、出版科研の統計では「暦年」が基準になっている。また、電子書籍という定義そのものが違っており、インプレスの統計では「文字もの（文学、評論など）」と「コミックス単行本」の合計を電子書籍としているのに比べ、出版科研のデータでは「文字もの」を電子書籍に、「コミックス」は電子コミックと集計している。

　出版科研の『出版指標年報』(2020年版)では、取次ルートを経由した紙媒体の出版物推定販売金額については、前年比4.3％減の1兆2360億円と15年間連続のマイナスとなった。内訳は、書籍が同3.8％減の6723億円、雑誌が同4.9％減の5637億円と落ち込みが激しく、ムック含む）が同4.2％減、週刊誌が同8.1％減。月刊誌のうち、定期誌は約7％減、ムックは約8％減、コミックスが約4％増であった。「書高雑低」傾向が進み、「紙の本や雑誌」はいっそう厳しい状況が明らかとなった。

　「紙と電子」の合計では、1兆5423億円（同0.2％増）とプラス成長になった。今後は、産業構造の変化に伴い、「紙（書籍・雑誌）＋電子」の総合で出版産業の動向を見ることが大切である。

2.2　ベストセラーと出版社

　平成 30 年間でベストセラーメーカーを見ると、講談社 24 点、幻冬舎 24 点、新潮社 21 点、文藝春秋 20 点は突出している。この 4 社にはベストセラーに関してそれぞれ特色があり、圧倒的なベストセラーを持っていることである。

◇講談社のベストセラー

　講談社のベストセラー史は平成前半型であった。2000 年（平成 12 年）までに 17 点のベストセラーを送りだしている。ベストセラーの 70% は平成前半に集中し、後半は一休み型である。平成のスタートは村上春樹の『ノールウェイの森』で華々しい始動であった。その後もノーベル文学賞受賞候補に何度ものぼり、平成全史はハルキストブームに終始したといっても過言ではない。平成 9 年、3 点は講談社作品であった。渡辺淳一『失楽園（上・下）』、妹尾河童『少年 H（上・下）』、堺屋太一『次はこうなる』である。この快挙は編集、営業、広告三者連携の賜物である。講談社のベストセラーには翻訳書も多いことも特色である。1993 年（平成 5 年）ユン・チャン『ワイルド・スワン（上・下）』、1995 年（平成 7 年）W・グルーム『フォレスト・ガンプ』、1996 年（平成 8 年）D・ゴールマン『EQ　こころの知能指数』である。1998 年（平成 10 年）に出版された乙武洋匡『五体不満足』は社会現象となり、爆発的なベストセラーであった。

◇新潮社のベストセラー

　新潮社の特色は 2 年連続ベストセラーが 4 点もあることである。1989 年（平成元年）井上靖『孔子』、2003 年（平成 15 年）養老孟司『バカの壁』、2006 年（平成同 18 年）藤原正彦『国家の品格』、村上春樹『IQ84（1・2 巻）』である。中でも村上春樹作品は平成後半の読者をリードしてくれた。山崎豊子『沈まぬ太陽』は、平成時代の超々ロングセラーである。

◇文藝春秋のベストセラー

　文藝春秋は『マディソン郡の橋』、阿川佐和子『聞く力』、又吉直樹『火花』、宮下奈都『羊と鋼の森』といった強力ベストセラーは印象深い。特に 2016 年（平成 28 年）は『火花』『羊と鋼の森』に加えて村田沙耶子『コンビニ人間』がベストセラーとなり文春イヤーを形成した感があった。不思議なことに文藝春秋は

1999年（平成11年）にベストセラーを出して以来13年間ベストセラーと無縁
であった。出版社にもこうした「スランプ？」があるのか気になる。

◇幻冬舎のベストセラー

　幻冬舎のベストセラー史は浅い。それは創業が1993年（平成5年）だからで
ある。初ベストセラーのお目見えは1996年（平成8年）の石原慎太郎『弟』である。
慎太郎が弟裕次郎のことを私小説化したもので、大ブームを起こし売れた。1
年間を置いて1998年（平成10年）刊の五木寛之『大河の一滴』も当時の話題をさ
らった。2002年（平成14年）には年間3点のベストセラーを生み、ベストセラー
メーカーの仲間入りを果たした。この三点は石原慎太郎『老いてこそ人生』、柴
田武『常識として知っておきたい日本語』、向山淳子・貴彦『ビッグ・ファット・
キャットの世界一簡単な英語の本』である。

　渡辺和子『置かれた場所で咲きなさい』は4年連続ベストセラーであって、日
本初の快挙といえる。同著者は2014年（平成26年）にも『面倒だから、しよう』
でベストセラーになっている。2018年（平成30年）はベストセラー10点のう
ち3点が幻冬舎作品で、東野圭吾『人魚の眠る家』、百田尚樹『日本国紀』、下重
暁子『極上の孤独』である。下重は、2015年（平成27年）にも『家族という病』で
ベストセラー作家になっている。2016年（平成28年）石原慎太郎は『天才』でベ
ストセラーになっている。幻冬舎は、曽野綾子、篠田桃江、香山リカ、劇団ひ
とりなど有名人をベストセラー作家に仕立てる術をもっている。

　平成30年間のベストセラー300点中、上位4社のベストセラーは89点で、
全体の29.6％に当る。しかし幻冬舎は後発であるから、そのことを考えると4
社で3分の1のベストセラーを創出していると見てよい。しかし2001年（平成
13年）には上記4社のベストセラー登場はない。他社の挑戦が見られる。1回
しか登場しない出版社が22社ある。全体の34.3％である。残り3分の1を中
位ベストセラーメーカーが形成することになる。

　読者に読まれて初めてベストセラーとなる。各社のパブリシティ、出版広告、
書店フェア、平台販売が重視されなければ、ベストセラー化はしない。ユニー
クな企画がベストセラーの原点になることもある。一冊づつの地味な販売の積
み重ねもベストセラーの原点である。書店は売りたい本、すすめたい本を決め
ることが、ベストセラーにする第一歩だと思う。

2.3　平成30年間のベストセラー

　平成の出版界は『ハリー・ポッター』に支えられたと言っても過言ではない。2000年（平成12年）から2016年（平成28年）まで8回もベストテン入りしている。しかも新刊が発刊されるとランクされるのであるから令和時代も同じであろう。平成時代は2002年、2004年、2006年と偶数年ごとに第一位にランクされ、平成の出版に大きく貢献した出版物だったといえる。

　ベストセラーの連続では4年連続が最高である。一点だけある。それは『置かれた場所で咲きなさい』（渡辺和子・幻冬舎）である。2012年（平成24年）から2015年（平成27年）までベストテン入りしている。3年連続は、『脳内革命』春山茂雄、サンマーク出版が1995年～1997年と記録している。その後、サンマーク出版はベストセラーメーカーとして注目されるようになった。一種独特の販売戦略は他社の追随を許さない。その戦略とは首都圏JR全線のドア横ポスター広告である。

　この交通広告は「トレイン・ジャック」という異名をもち、効果は絶大であった。植木宣隆社長の戦略は、これにとどまらず、首都圏3大紙（朝日、読売、日経）に全5段あるいは半5段広告を車内広告時と並行して出稿したのである。

　多くの読者はこの広告媒体を見て書店で現物を手にしたのである。植木社長は「店頭に並んでなければ意味がない」と考え、出版業界紙にも大きく出稿している。この3段構えの販売戦略はサンマーク戦術と言われ、注目されている。

　平成30年間でベストセラー300点を調べた結果、2年連続作品は24点であった。全体の8.0%である（表1）。

　連続ランクインがいかに難しいことか、また名誉なことであるかわかる数値である。なお、シリーズの作品として、池田大作『新・人間革命』がある。2001年（平成13年）第9巻から2017年（平成29年）の29巻まで毎年選ばれている。創価学会員の組織力、著者の人間力を感ずる。

　宗教ものとしては幸福の科学出版の作品も多くランクされている。大川隆法氏の単行本が浸透していることがわかる。

表Ⅰ　平成 30 年間の 2 年連続ベストセラー作品

	書　名	著者名	出版社名
1990 年〜 1991 年	『真夜中は別の顔（上・下）』	S・シェルダン	アカデミー出版
1993 年〜 1994 年	『マーフィーの法則』	A・ブロック 倉骨彰訳	アスキー
1993 年〜 1994 年	『マディソン郡の橋』	R・J・ウォラー 村松　潔訳	文藝春秋
1993 年〜 1994 年	『ワイルド・スワン（上・下）』	ユン・チアン 土屋京子訳	講談社
1994 年〜 1995 年	『遺書』	松本人志	朝日新聞社
1995 年〜 1996 年	『ソフィーの世界』	Y・ゴルデル 池田香代子訳	NHK 出版
1997 年〜 1998 年	『他人をほめる人、けなす人』	F・アルベローニ 大久保昭男訳	草思社
2000 年〜 2001 年	『話を聞かない男地図の読めない女』	A・ビーズ 藤井留美訳	主婦の友社
2000 年〜 2001 年	『プラトニック・セックス』	飯島　愛	小学館
2002 年〜 2003 年	『ベラベラブック』	国川泰子	ぴあ
2003 年〜 2004 年	『世界の中心で、愛をさけぶ』	片山恭一	小学館
2003 年〜 2004 年	『バカの壁』	養老孟子	新潮社
2006 年〜 2007 年	『国家の品格』	藤原正彦	新潮社
2007 年〜 2008 年	『女性の品格』	坂東眞理子	PHP 研究所
2009 年〜 2010 年	『IQ84（1・2 巻）』	村上春樹	新潮社
2010 年〜 2011 年	『もし高校野球の女子マネージャーがドラッカーの『マネジメント』を読んだら』	岩崎夏海	ダイヤモンド社
2010 年〜 2011 年	『くじけないで』	柴田トヨ	飛鳥新社
2011 年〜 2012 年	『人生がときめく片づけの魔法』	近藤麻理恵	サンマーク出版
2012 年〜 2013 年	『聞く力』	阿川佐和子	文藝春秋
2014 年〜 2015 年	『学年ビリのギャルが1年で偏差値を40上げて慶應大学に現役合格した話』	坪田信貴	KADOKAWA
2015 年〜 2016 年	『火花』	又吉直樹	文藝春秋
2016 年〜 2017 年	『君の膵臓をたべたい』	住野よる	双葉社
2016 年〜 2017 年	『羊と鋼の森』	宮下奈都	文藝春秋

出所：ノセ事務所作成

〈復活したベストセラー〉
　『チーズはどこへ消えた？』（扶桑社）は 2000 年（平成 12 年）のトップセラーであった。ビジネスマン、働く女性、主婦層、小学生〜高齢者まで幅広く読まれ、400 万部売れた。2009 年（平成 21 年）に同著者（スペンサー・ジョンソン、門田美鈴訳）が『頂きはどこにある』を発刊、話題書となり、同時に『チーズはどこえ消えた？』も復活、売れた。10 年たって復活したベストセラーは珍しい。

2.4　作家別のベストセラー

平成のベストセラー作品を作家別に分析してみよう。

驚くべきことは、1989年（平成元年）のベストセラー作品は、シドニー・シェルダン天馬龍行・紀泰隆訳『時間の砂（上・下）』（アカデミー出版）の業績である。S・シェルダンは1995年（平成7年）まで毎年ベストセラーにランクされている。

年度別に作品を見てみよう（表1）。これらの作品は、1989年（平成元年）から2004年（平成6年）に発刊された商品はすべてアカデミー出版である。2005年（平成7年）の『遺産』だけが徳間書店の発行である。作品がすべて「上・下巻」で刊行されていることも特色である。

次に顕著な作家ブームを起こしたのは、さくらももこである。

さくらももこのデビューは華々しかった。1989年（平成元年）のベストセラー10点中、4点がももこの作品であった。

『TUGUMI』（中央公論社）、『キッチン』『白河夜船』（いずれも福武書店）、『哀しい予感』（角川書店）である。

1991年（平成3年）『もものかんづめ』、1992年『さるのこしかけ』、1993年『たいのおかしら』（以上は集英社刊）である。2005年（平成7年）『そういうふう

表1　S・シェルダンのベストセラー作品

発行年	書　名	出版社名
1989年（平成元年）	『時間の砂（上・下）』	アカデミー出版
1990年（平成2年）	『真夜中は別の顔（上・下）』	アカデミー出版
1991年（平成3年）	『真夜中は別の顔（上・下）』	アカデミー出版
1991年（平成3年）	『血族（上・下）』	アカデミー出版
1992年（平成4年）	『明け方の夢上・下』	アカデミー出版
1993年（平成5年）	『私は別人上・下』	アカデミー出版
1994年（平成6年）	『天使の自立上・下』	アカデミー出版
1995年（平成7年）	『遺産上・下』	徳間書店発行

にできている』（新潮社）、1996年（平成8年）『あのころ』（集英社）、1997年
年『ももこの世界あっちこっちめぐり』（集英社）、1998年『ももこの話』（集英社）
である。

　10年間に亘ってベストセラーの常連になった人は平成30年の出版史の中で
さくらももこ一人ではないだろうか。

　似たような現象では松本人志がいる。1994年（平成6年）から10年の間『遺書』
『松本』『松本人志・愛』で出版業界を賑わしてくれた。

　野口悠紀雄も『超整理法』（中央公論社）、『超勉強法』（講談社）で話題になっ
た。サラリーマン、学生にターゲットを絞ったからである。

　平成後期は、高齢者の発言が多くなった。曽野綾子、佐藤愛子、篠田桃江、
下重暁子等である。

　書名から見てみよう。2006年（平成18年）から2008年（平成20年）は品格ブー
ムであった。『国家の品格』『女性の品格』『親の品格』などである。

　草思社の出版活動が盛んな時は、長い書名が流行した。1997年（平成9年）
のベストセラー『他人をほめる人、けなす人』はその一つである。『話を聞かな
い男、地図が読めない女』（主婦の友社）、『さおだけ屋はなぜ潰れないのか？』
（光文社）などは長書名の例である。

　言い換えれば、名詞、代名詞などの「体言書名」よりも、動詞・形容詞などを
取り入れた「用言書名」が多くなった時代といえる。特にビジネス書は顕著でし
た。その傾向は今も続いていいる。『会計学入門』では読者は手にとってくれま
せん。『あなたの会社が潰れるとしたら』ならば、きっと手にとると思われるか
らである。

　書名が長くなった典型例が、2010年（平成22年）のベストセラー作品トップ
の書名『もし高校野球の女子マネージャーがドラッカーの「マネジメント」を読
んだら』と33文字ありました。

　2014年（平成26年）の『学年ビリのギャルが1年で偏差値を40上げて慶應大
学に現役合格した話』は32文字でした。

　ベストセラーは社会の鏡である。振り返って観察すると、こんな本が売れた
んだと当時を思いだすことが出来る。一冊の本が社会に与える影響、一人の人
間を変えることを考えると、ベストセラーの意義は大きい。

2.5 突然売れた本の要因を探る

　出版業界には、突然売れ出し、トップセラーになるが翌年には全く売れない、市場から忘れ去られる作品がある。

◇『一杯のかけそば』の場合

　『一杯のかけそば』が話題になったのは1989年(平成元年)である。著者は栗良平で、『栗良平作品集2　一杯のかけそば』（栗っこの会発行)であった。

　突然売れたこの本は、札幌の『北海亭』というそば屋で、大晦日の夜にあった実話を栗良平が童話として書いたのが『一杯のかけそば』である。出版されたのは1988年であるが、1989年1月の衆議院予算委員会で公明党の大久保直彦氏が竹下首相への質問の中で、この作品のほぼ全文を朗読・紹介したことが発端である。文部省選定で映画化(東映)もされた。1992年角川文庫にもなったが、「実話かどうか?」と問題になり、あっという間に沈静化してしまった。

◇『マーフィーの法則』の場合

　『マーフィーの法則』は1993年に刊行されている。初年度はベストセラー第6位に登場、翌年は第10位で、いまでもまだ売れている。つまり登場は突然であるが、急激な沈静化ではない。この点前著の『一杯のかけそば』とは違う。

　発行はコンピュータ書専門のアスキーである。『月刊アスキー』誌の編集長である遠藤諭氏が1990年7月号で『マーフィーの法則の起源をめぐって』を通じて精力的に紹介を続けていた。1993年7月に『マーフィーの法則』が出版されるや、家庭、職場、学校で話題になり一挙にベストセラーとなった。当時、筆者はアスキー取締役営業統轄部長の職にあった。発行に当って遠藤編集長から、「この本売れますか?」との相談を受けた。小生は「マーケットから考えて必ず売れますよ」と太鼓判を押した。その理由は、当時、書店の店頭でロングセラーでマーフィー本が陳列され売れていたのである。発行所は産業能率大学出版部で、マーフィー本10点が平積み販売されていた。マーフィー本を知らない店長はいないのである。

　書名を記してみよう。『人生に奇跡をおこす』『あなたも金持になれる』『マーフィー眠りながら巨富を得る』『マーフィー人間関係につまずかない55の法則』

『マーフィーお金に不自由ない人生55の法則』『マーフィー愛の人生相談』『マーフィー愛の名言集』『あなたはかならず成功する』『マーフィーのサクセス・サイエンス』『眠りながら成功する』『マーフィーの成功法則』の10点であった。

　アスキーの『マーフィーの法則』が発売された時は産業能率大学出版部の『マーフィーの成功法則』がトップセラーであった。すでに重版に次ぐ重版をしていた。驚くことに上記のマーフィー本は15刷から30刷という驚くべき重版本だったのである。まさに産業能率大学出版部のドル箱商品で、出版営業と書店側は平台陳列は常識だったのである。

　産業能率大学出版部のマーフィーの著者はジョセフ・マーフィーである。彼は宗教家であり、多くの自己啓発書を書いていた。アスキーの『マーフィーの法則』の著者はエドワード・A・マーフィー・ジュニアで、1945年生まれのエンジニアーである。筆者が相談を受けた遠藤編集長に"売れますよ"と言ったのは、書店は外国人の著者には無頓着であることを知っていたからである。

　アスキー出版部ではこれまで最高の刷部数でも8000部であった。コンピュータ書という専門書ではどんどん新しい本が発刊されるので、部数に制約があり、またマーケットは大きくはなかった。80万部に達成することがわかった時点で、筆者が西和彦社長に「"大入り袋"を出したらどうですか」と進言した。その結果、社員の皆さんが「宣伝?」してくれたから、また売れ出した。

　ベストセラー爆発の起因は、電車中づりの『週刊朝日』が大々的に"マーフィーの法則"を採りあげてくれたからである。その後、テレビでどんどん取り上げてくれたからである。老若男女が読んでくれた。

◇ 『サラダ記念日』の場合

　『サラダ記念日』の発刊は1987年である。早稲田大学文学部を卒業した俵万智は、神奈川県立橋本高等学校の国語教員として働いていた。月刊カドカワの連載『とれたての短歌です』で、すでに注目されていた。俵万智の第一歌集ということで刊行前から話題になっていた。

　角川短歌賞受賞者である俵万智であるから、角川書店から発刊と思いきや、そうではなかった。社長の角川春樹が、短詩型文学は売れないとして、河出書房から出版された。出版されるや280万部の大ベストセラーとなった。角川春樹は後に「人生最大の失敗だった」と述べている。この本は今も売れている。俵は今も売れっ子である。ただ売れ方がまったく突然であった。

2.6　新書ブームの興亡

　21世紀に入っても出版業界は不調であったが、新潮社から発刊された『バカの壁』が新書ブームのレールを敷いてくれる役割を果たしてくれた。「新潮新書」は2003年(平成15年)4月に創刊され、その月に発刊された『バカの壁』が、2003年のベストセラー第一位となり、翌年も継続して売れ3位であった。

　累計400万部を超える大ベストセラーとなった。2003年の新語・流行語大賞、毎日出版文化賞特別賞も受賞した。『バカの壁』は社会現象化したのである。「新潮新書」は、さらに勢いづき、2006年(平成18年)、2007年は藤原正彦の『国家の品格』が1位、8位とベストセラーとなり、新書棚は活気づいた。

　新書ブームは他社にも刺激を与えPHP新書は創刊と同時に2007年、08年の2年に亘り、坂東真理子の『女性の品格』が1位、7位を占めた。彼女の著作『親の品格』もベストセラー8位であった。書名についても『○○の品格』がブームになっていた。2007年(平成19年)に扶桑社も「扶桑社新書」を創刊している。

　この頃が「第一次新書ブーム」であった。2010年(平成22年)に「文春新書」が創刊された。2012年(平成24年)ベストセラー第1位は、『聞く力』(阿川佐和子)で、翌2013年も3位と売れ続けた。

　特に、阿川佐和子はマスコミ業界の売れっ子でもあり、人気は相乗効果化した。「集英社新書」「平凡社新書」は2011年(平成23年)に創刊されている。2013年(平成25年)に創刊された光文社新書は『さおだけ屋だけがなぜ潰れないのか』で直ぐにベストセラーになっている。

　「第二次新書ブーム」がやってきた。「祥伝社新書」「朝日新書」「幻冬舎新書」の誕生である。なお、「ちくま新書」だけは、1994年(平成6年)に創刊され、独自路線を進んでいた。大手出版社から新書は出揃ったわけである。

　新書のスタートは戦前まで遡る。第二次世界大戦中、1940年(昭和15年)の「岩波新書」の発刊が新書の嚆矢である。1962年(昭和37年)に「中公新書」、1964年(昭和39年)に「講談社現代新書」が誕生している。今では岩波、中公、講談社の新書を3大新書と呼んでいる。すでに各社1000点以上の既刊である。

　長い歴史の中には幻の新書もある。倒産してしまった駸々堂の新書はカラー

版であり、趣味性の高い新書なので、古書市場では値が高い。「丸善新書」も貴重である。現在は刊行を中止している。『世界の古書店(1・2・3)』は筆者にとっては貴重書である。「冨山房新書」も貴重である。現在も発刊しているが、活動は鈍いが、既刊書には好書が多い。「平凡社新書」は1993年に創刊された。カラー新書として発刊され100点あまり刊行されたが、今は中止状態にある。

自費出版の隆盛

　出版には販売を目的とした出版と、目的にしない出版がある。前者を商業出版と言い、後者を自費出版という。しかし最近は費用は個人が負担するが、販売市場に持ち込む著者が増えている。これは自費出版の企業化である。本来の個人的、限定的な出版が商業出版になったことである。

　2006年(平成18年)の出版社別新刊書籍点数では、第1位新風舎2788点　第2位講談社2013点、第3位文芸社1468点　第4位角川書店1138点、第5位学研1106点であった。自費出版版元の新風舎が講談社の発行点数を抜いてトップになった。その差775点は大きい。第三位も自費出版の文芸社である。もう一社の碧天舎も23位である。自費出版だけで年間5000点を超えている。この年の書籍発行点数は7万7074点であるから、自費出版のシェアは6.5%に達している。

　新風舎はこの時点で社員数は360人である。しかし翌年から経営が悪化し、2010年(平成22年)に負債額2億6000万円で倒産した。

　当時の新風舎の刊行物の特徴は3つあった。その1つは出版物の42%は48ページ以下の薄い本が半分近いことである。本の種類では絵本が多い。第2は出版目録を見ると9100人もの著者の本が収録されていた。創業から5年経過していない出版社がこれだけの著者を持つことは驚異だと思った。第3は著者の45%は2冊以上を出版していた。実際に出版されたかどうかはわからないが、目録には書名が掲載されていた。全出版物に言えることは、薄い本が多いこと、絵本が多いこと、文庫サイズが多いことであった。

　自費出版を業界に紹介、定着させたリーディングカンパニーだった新風舎と碧天舎が相次いで倒産している。両社とも創業後5年ともたなかった。ブームを興した2社が種だけ播いて自爆した感じである。現在は大手出版社が大事に育てている。幻冬舎メディア、講談社サービスなどの他、中堅版元のごま書房新社がある。ごま書房新社は三八ツ広告を効果的に使い実績を残している。

2.7　文庫市場の活性化

　平成前期の出版黄金時代（1989 年〜 2016 年）には文庫もよく売れた。1989 年
〜 1992 年は、文庫の店頭実売シェアが 15％以上と、平成年間では一番高い。
実売金額は、1992 年 1435 億円、1993 年 1433 億円、1994 年 1454 億円と文庫
実売のピークである。しかし文庫は業界の優等生ではない。

　返品率を見ると平成 30 年間で、書籍平均返品率と比較すると 9 勝 21 敗と
悪い。特に 1997 年から 2010 年まで、14 年間連続で業界の足を引っ張ってい
る。返品率が低かった時期は黄金時代の 1989 年〜 1996 年（除く 1995 年）である。
出版物が売れていたので当然である（**表 1** 参照）。

　ところで文庫が一番輝いていたのは平成中期であった。中期の主役であった
『ハリー・ポッター』現象に隠れていたが、文庫がメディアミックスを生み出し、
ミリオンセラーを続出させたことを認めたい。文芸書絶好調とともに文庫も輝
いた。『ダ・ヴィンチ・コード（上・中・下）』（角川書店）は各巻 60 万部売れた。
2006 年には文庫は売上が前年比 5.8％増であった。

　この年に小学館が『ガガガ文庫』『ルルル文庫』を発刊、メディアワークスが
『魔法のｉらんど文庫』を発刊して、文庫の読者層が拡がった。同時代に開催さ
れた「幻冬舎文庫 10 周年フェア」「集英社文庫創刊 30 周年フェア」は当たりに
当たった。まさに文庫ベストイヤーであった。文庫本は映画化、テレビ化作品
となった。変わった話題では、小林多喜二の『蟹工船』（新潮文庫）が売れ、ド
ストエフスキーの新訳『カラマーゾフの兄弟（全 5 巻）』（光文社古典新訳文庫）
も 100 万部売れた。

　当時、ミリオンセラー年間 10 点誕生と、『バカの壁』の教養新書ブーム、ケー
タイ小説ブームなどがあり、文芸書、新書、文庫の売れ行きは目覚ましかった。
その前年 2006 年「だいわ文庫」「中経の文庫」「静山堂文庫」が創刊された。す
でに路線が敷かれていた講談社の『＋ α 文庫』、三笠書房「知的生き方文庫」、光
文社「知恵の森文庫」を刺激した。文芸文庫の他に「実用文庫」が市民権を得た年
であった。2014 年から 3 年連続、文庫は不振であった。

　2016 年盛岡・さわや書店が企画した覆面販売「文庫 X」が全国書店に波及し、

650 書店で実施された。同店では 5034 冊売り上げた。2017 年にカズオ・イシグロがノーベル文学賞を受賞した。早川書房では文庫『日の名残り』を 44 万部、『わたしを離さないで』を 40 万部売っている。2018 年にマガジン・ハウスの『漫画 君たちはどう生きるか』が年間ベストセラー 1 位になった。その原本として岩波文庫『君たちはどう生きるか』(吉野源三郎)がブームとなり波及売上げした。

表 1　書籍・文庫の対比

	新刊点数 [点]			実売金額 [億円]			返品率 [％]	
	書籍	文庫	シェア%	書籍	文庫	シェア%	書籍	文庫
1989年	39,698	3,909	9.8	79,691	1,274	15.9	34.4	32.5
1990年	40,576	3,978	9.8	84,944	1,313	15.5	33.9	33.4
1991年	42,345	3,877	9.2	92,636	1,398	15.1	33.2	29.8
1992年	45,595	4,205	9.2	95,807	1,435	15.0	33.6	31.8
1993年	48,053	4,383	9.1	99,168	1,433	14.5	33.6	33.3
1994年	53,890	4,617	8.6	10,339	1,454	14.1	33.6	33.2
1995年	58,310	4,739	8.1	10,498	1,396	13.3	35.4	36.5
1996年	60,462	4,718	7.8	10,996	1,355	12.3	35.5	34.7
1997年	62,336	5,057	8.1	11,062	1,359	12.3	38.6	39.2
1998年	63,023	5,337	8.5	10,610	1,369	12.9	40	41.2
1999年	62,621	5,461	8.7	10,420	1,355	13.0	39.9	43.4
2000年	65,065	6,095	9.4	10,152	1,327	13.1	39.2	43.4
2001年	71,073	6,241	8.8	10,031	1,270	12.7	38.6	41.8
2002年	74,259	6,155	8.3	11,233	1,293	11.5	37.9	40.4
2003年	75,530	6,373	8.4	9,644	1,281	13.3	38.9	40.3
2004年	77,031	6,741	8.8	10,236	1,313	12.8	37.3	39.3
2005年	78,304	6,776	8.7	9,879	1,339	13.6	39.5	40.3
2006年	77,074	7,025	9.1	10,094	1,416	14.0	38.5	39.1
2007年	76,978	7,320	9.5	9,746	1,371	14.1	40.3	40.5
2008年	78,013	7,809	10.6	9,541	1,359	14.2	40.9	41.9
2009年	78,501	8,143	10.4	9,137	1,322	14.5	41.1	42.3
2010年	77,773	7,869	10.1	8,830	1,309	14.8	39.6	40
2011年	78,863	8,010	10.2	8,801	1,319	15.0	38.1	37.5
2012年	82,200	8,452	10.3	8,614	1,326	15.4	38.2	38.1
2013年	82,589	8,487	10.3	8,430	1,293	15.3	37.7	38.5
2014年	80,954	8,574	10.6	8,088	1,213	15.0	38.1	39
2015年	80,048	8,514	10.6	7,935	1,140	14.4	37.7	39.8
2016年	78,113	8,318	10.6	7,869	1,069	13.9	37.4	39.9
2017年	75,412	8,136	10.8	7,625	1,015	13.3	37.2	39.7
2018年	71,661	7,919	11.1	6,991	946	13.5	36.3	40.0
2019年	71,903	7,355	10.2	6,723	901	13.4	35.7	38.6

出所：『出版指標年報(出版科学研究所刊)

2.8　国際化時代に不利な日本の出版界

海外の書店を訪問して感ずることは、日本の書籍や雑誌がほとんど陳列されていないことである。スウェーデン・ストックホルムにインタープレス雑誌、新聞専門店がある。その名のとおり国際雑誌販売店である。40坪の路面店で、雑誌、新聞だけを扱った書店である。雑誌専門店であるが、雰囲気は書籍店に近い。紀伊國屋書店・新宿本店の壁面雑誌売場を思わせた。誌名、紙名のインデックス表示の多いことは大型書店と変わりはない。新聞は世界の105紙が並んでいた。日本の新聞は「日本経済新聞」一紙しかなかった。

雑誌はススウェーデン自国発行誌以外にアメリカ20誌、ドイツ9誌、イギリス7誌、ロシア5誌、スイス、フランス、イタリア4誌、ノルウェー3誌、スペイン2誌であった。日本誌は0であった。雑誌の種類は、多種類あった。

東南アジアでは事情が違ってくる。特にインドはヨーロッパとは対照的である。インドの出版社数は1万1000社、年間発行点数は5万点である。英語出版はアメリカ、イギリスに次いで世界3位である。インドの出版で驚いたことは雑誌の発行が盛んだったことである。世界の書店で書籍と雑誌を一緒に販売している国は日本だけである。欧米の書店といえば書籍専門店である。ところがインドの書店では雑誌が並んでいた。200〜400誌ぐらいが普通であった。(日本の書店は900〜1500誌が普通)インドの雑誌の半分はイギリス、アメリカ、シンガポール発行であった。

オールド・デリーのナイー・サラク通りにヤングマン書店がある。社長は50歳前後の男性で、日本の出版事情をよく知っていた。この店は奥行が20間くらいある細長い書店である。本は全部ガラスケースの中に入れられており、欲しい本は指さしをして見せてもらう方式になっている。商品構成は女性実用書、ファッション資料、子ども本、インテリア、宝石デザイン、家具、住宅、絵画などに特化している。店内は明るくて、清潔で好感が持てた。雄鶏社、グラフィック社、グラフ社の手芸、デザイン、ファッションの本が多く仕入れられていた。社長は雄鶏社の型紙の良さを知っていた。倒産後、雄鶏社の商品が離散することを恐れ、東京に買付けに行ったことも話してくれた。

◇**出版の世界ランキング**

　世界で一番出版物の輸出の多い国はイギリスである。2015年(平成27年)の年間出版点数は17万3000点である。中国、アメリカに次いで多い。イギリスの販売金額は4779億円である。

　輸出額は2616億円で、売上げの54.7％を占めている。英語という国際語の有利性がいかんなく発揮されている。輸出先上位国はアメリカ348億円、ドイツ270億円、オーストラリア211億円、アイルランド165億円、フランス132億円、オランダ109億円、スペイン85億円、南アフリカ72億円、イタリア71億円、シンガポール63億円、日本61億円となっている。

　世界第2位の出版物輸出国はフランスである。輸出額が870億円で、売上げに対して23.9％と高い。フランス書の国際性がよく表れている。翻訳点数が1万2470点で、出版点数6万8069点に対して18.3％と高い。

　アメリカの出版輸出額は1920億円で、売上げに対して5.9％であった。

　ドイツの出版物の輸出は活発ではない。売上げに対して2.3％である。売上高は1兆1873億円で、日本の1.6倍に達している。人口が8280万人と日本より少ないことを勘案すると、実質売上は日本の倍といっても過言ではない。

　日本の年間書籍の輸出額は90億円で、書籍売上7625億円に対して、1.1％である。先進国のなかでは最も低い。国内マーケットは紙市場に対して逆風であり、今後は日本のベストセラーは海外でも売れる信念をもつべきであろう。

　輸出先を見ると、アメリカは別格として、東南アジアが多い。台湾、中国、韓国、タイ、香港、フィリピン、シンガポール、オーストラリアの順で輸出されている。

　数年前からベトナムに本を輸出するための版権勉強会が開かれている。ベトナムからも多くの出版社が来日し、日本の出版社50～60社の会合が有意義なものになっている。アジアにおいて識字率は日本に次いで高い国がベトナムである。フランス文化の残るサイゴン(ホーチミン市)には出版文化が根づいており、大型書店も出来始めている。ベトナムの書店の特色は商品構成にある。フランス語、英語、ベトナム語、中国語の本が並列して並べられている。

　2018年(平成30年)には「東京版権説明会」が開かれ、中国、韓国、台湾などの企業と日本の出版社26社が訪れた。日本の出版物の海外進出は年々増加しており、トーハンの海外事業部、日販のIPS両社とも海外市場について熱心である。世界ネットでは紀伊國屋書店の海外店を利用することも重要である。

2.9　書店の出版活動

　書店の出版活動が話題になっている。書店は出版社が刊行した本を売る場所で
あったが、その既成概念を破って、書店自ら「本づくり」をしようとする動きである。

　京都府を中心に 30 店舗超を経営する大垣書店が『本を作れる本屋』を目指し
て、すでに京都市右京区に『堀川アート＆クラフトセンター』（仮称）プロジェ
クトを立ち上げた。ここでは書店と印刷・製本工房を備えた複合施設を備え、
個人が一冊から本を作って店内で売れる準備が進行中である。

　書店で出版部をもち、出版活動を積極的に行っている会社に有隣堂がある。
有隣新書は既刊書が 95 冊に達している。2008 年（平成 20 年）3 月の新刊は『大
山詣り』川島敏郎著、本体価格 1000 円である。有隣堂は 40 店近くを持つリージョ
ナルチェーンで、紀伊國屋書店に次ぐ、日本 No2 の書店であるから、販路は
充実している。既刊書を見るとローカル色が発揮され、有隣堂らしさが出てい
る。地域文化発展を考えた出版理念が感じられる。

　仙台・金港堂も金港堂出版部をもち、地域出版を活発に行っている。最近の
新刊は『安倍貞任伝説考』（阿部洋祐著、1000 円）、『みやぎシニア事典』（シニ
ア事典ネット編、1000 円）など 30 数点の既刊書がある。電子書籍版もある。

　千葉県・八日市場多田屋は千葉・東総物語シリーズを発刊している。『杉野
芳子物語』- 日本の女性の洋装化に尽くした炎の如き人生―（能勢浩著）、他大
原幽学、関寛斎、伊能忠敬、飯岡助五郎など地元ゆかりの人の本が多い。

　前橋の老舗書店・煥乎堂の出版部も活発である。出版案内によれば 40 点以
上出版されている。中でも伊藤新吉の著作が多い。『上州の空の下』『風色の望
郷歌（上・下）』他 10 点ある。『目で見る上州の道』萩原進など。

　静岡・戸田書店は季刊誌『清水』を発刊している。最新号 54 号は 2019 年 11
月 30 日に発行された。定価 550 円　送料 180 で申し込めば送ってくれる。編
集者は鍋倉社長の奥様だったと記憶している。

　書店で出版をしている店は地域密着の老舗書店が多い。現在は書店業が苦境
で出版する書店も多い。過去のことであるが岐阜市の大衆書房は全国に名の知
れた郷土史専門の出版社顔負けの書店であった。店主の矢崎正治氏は熱意に燃

えていた人で、郷土史愛好家で知らない人はいないくらい有名であった。発行されていた岐阜県史、郡史は箱入り、A5判、500頁を超す専門書であった。大衆書房、自由書房の店頭の地域書コーナーの棚に輝いていた。しかし平成年間初頭に閉店し、郷土書はなくなった。

似たケースでは千葉・多田屋がある。出版専門の千秋社という別会社を作り、郷土書を発行した。社長の栗原宏行氏は大変な熱血漢で、堅い専門郷土書の他に一般書も手掛けた。『房総文学散歩(上・下)』『房総の山』などは売れた。専門書では『吾妻鏡』があった。

書店の出版活動は郷土書に限ったことではない。三省堂書店が創英社という自費出版専門の出版活動をしている。文芸社と並んで、今では自費出版専門の大手である。

京都の大垣書店がこれから出版活動に入るわけであるが、すでに大垣書店・京都本店では自費出版路線は成功している。商業出版と自費出版の違いは編集の手が入るかどうかの差である。極論すれば、編集の手が入らなければ、出来上がった本は印刷物のかたまりに過ぎない、著者の自己満足本なのである。

人に感動など与えるものではない。今の時代求められることは良き編集者である。出版業界として、もっと編集者教育を真剣に考える時期だと思う。

三省堂書店のオンデマンド出版

オンデマンドとは、"需要のあった時"の意味で、1部からでも印刷可能なコピー機のような印刷方式である。三省堂書店のオンデマンド出版は二種類ある。

一つは、すでにオンデマンド化された本が買えることである。用意された和書は4000点以上あり、一例として岩波オンデマンドブックスを見てみると、『幸福論』(アラン、2200円)、『現代語訳 学問のすすめ』(福沢諭吉、2000円)、『下層社会探訪集』(横山源之助、2500円)などがある。

もう一つのタイプは、読者が持参した本を自炊し、神田本店に用意されているオンデマンド印刷機で印刷、製本して完成されるケースである。最短30分から、神田本店以外からの受注では3日から一週間程度かかる。オンデマンド化する時、2種類の文字サイズが選べ、価格は、上記の岩波オンデマンドブックスを参考に考え、少し高めではあるが、本の復活の歓びがある。もちろん読者自身で電子化されたデータを持参すれば、その本のオンデマンド出版も可能である。

2.10　新聞と出版広告

　明治時代に欧米の広告ビジネスモデルを紹介したのは福沢諭吉であるが、新聞の一面下段の５段分を８つに割る三八ツ広告は出版業界の独占であった。

　新聞の二面、三面の下、５段分も出版業界専用スペースのように使用されている。内容としては書籍単行本新刊、文庫、新書新刊、旗艦雑誌広告が中心である。新聞の見方・読み方は各人異なるものである。第一面総合面から政治、外交、経済と続く紙面を追う読み方のタイプが一つである。反対に最終面、テレビ欄、社会面、生活面、スポーツ面と逆上型の読み方がある。

　出版広告は二、三面の５段が多い。出稿量の多い時は四、五面と続く。出版社の希望で二面を希望したり、奇数面がよいと注文をつけることもある。この掲載位置については一面下の三八ツ広告に各社の性格、希望を発見することが出来る。右端が多い出版社は岩波書店、有斐閣、三省堂など、左端は偕成社、講談社、研究社などがある。全国紙は各紙、週に一回読書欄がある。「朝日新聞」「日本経済新聞」は土曜日朝刊、「読売新聞」は日曜日朝刊に読書ページが２～３頁ある。読書に特化しているので、広告効果としては期待の持てるスペースである。書評コメンテーター数人による推薦・目に留まった書籍10点前後が紹介されている。また、憲法記念日などテーマを持った読書特集も多い。この企画に連動した出版広告では発見も多い。ここで誕生した広告が全７段ではないだろうか。特集の特色としては文庫、新書、ビジネス書、人文書、歴史書等の紹介などである。一頁広告は出版広告の終局である。紙面上の広告量としては最大だからである。2019年10月に「朝日新聞」にミネルヴァ書房が『日本評伝選』を見開き２頁を使って紹介した広告は圧巻であった。

　現在の出版界の全５段広告量の上位50社を表１にまとめたが、出広の主流出版社は限定されている傾向がある。週刊誌、月刊誌、文庫、新書、新刊文芸書を発行する総合・大手出版社の出広が多い。出版物に定期性があり、広告せざるを得ない一面もある。広告紙面の変化についても、驚きが大きい。全５、半５は二、三面という常識は破られている。雑誌の性格、対象読者と考え、生活面、実用面、スポーツ紙面に広告掲載することが本流になっている。『婦人

公論』（中央公論新社）、『クロワッサン』（マガジンハウス）、などである。最も積極的な出版社は宝島社である。生活紙面に宝島ムックをグッズ写真、カラー化で訴えており、効果抜群といえる。光文社の全5段広告も迫力がある。発行誌が多い分目立つ。『HERS』『Mart』『VERY』『STORY』などである。

最終面のテレビ欄下を利用する版元も多くなった。岩波書店、新潮社、高橋書店（「ざんねんな動物」）などである。第一面の三ツ八ツ全部を使う全三広告は以前からあった。日経の全3は中央経済社の独断場であったが、最近は岩波書店が参入している。ダイヤモンド社は当然利用している。中央公論新社とマガジンハウスがコラボ広告で全3を飾っていた。これも時代要請であろう。変形広告も最近は多い。テレビ欄の脇を利用した縦見出しの広告である。放映と連動させた文芸作品、ドキュメント番組に合わせた出版広告は見ていても楽しい。

表1 新聞広告年間出広回数調査（2019年の「全5段」出広回数）

	出版社名	朝日	読売	日経		出版社名	朝日	読売	日経
1	文藝春秋	142	115	27	26	PHP研究所	11	23	15
2	講談社	71	63	86	27	文響社	9	16	10
3	小学館	83	51	21	28	ポプラ社	13	13	6
4	幻冬舎	49	56	87	29	日本図書センター	12	5	15
5	光文社	70	13	4	30	わかさ出版	4	2	0
6	新潮社	79	53	12	31	自由国民社	11	11	8
7	朝日新聞社	121	0	3	32	SBクリエイティブ	2	6	1
8	中央公論新社	45	61	2	33	ミネルヴァ書房	21	6	13
9	集英社	75	22	19	34	東邦出版	12	8	6
10	日本経済新聞社	2	0	88	35	毎日ワンズ	9	6	11
11	宝島社	4	34	3	36	日経ベリタス	0	0	37
12	日経BP社	0	2	71	37	ワニブックス	2	0	0
13	ダイヤモンド社	1	6	67	38	アスコム	2	34	1
14	双葉社	20	30	1	39	毎日新聞社	0	0	4
15	角川書店	29	11	17	40	マキノ出版	1	5	0
16	主婦と生活社	7	1	0	41	中央経済社	0	0	23
17	東洋経済新報社	7	3	61	42	学研	5	4	0
18	プレジデント社	1	1	2	43	河出書房新社	7	3	1
19	扶桑社	7	10	1	44	幸福の科学出版	6	6	13
20	マガジンハウス社	7	11	5	45	かんき出版	6	9	13
21	岩波書店	26	12	7	46	アチーブメント出版	0	0	1
22	飛鳥新社	13	35	10	47	潮出版社	0	4	0
23	サンマーク出版	16	19	25	48	産業編集センター	0	0	0
24	ハルメク	24	24	4	49	祥伝社	6	2	0
25	NHK出版	16	16	2	50	筑摩書房	13	1	0

出所：ノセ事務所調べ、ただし、順位は、「半5段」の出広回数で表した。

2.11　地方紙と出版広告

　地方新聞の出版広告は、中央紙に比べると日常的でないことが一目でわかる。これは地方紙に対する偏見でも何物でもない。日常中央紙のみに接していると、記事下の三八ツ広告、雑誌の三六ツ広告は毎朝の風景になっている。定位置にある出版社、毎月の月刊雑誌の広告など、見慣れていても、常に新鮮である。

　これに比して地方紙の一面下の全３段は変化が多く面白い。出版広告で埋まることもある。

　全３段を一社で広告する場合、半３段が出版社で残りは他業界のことが多い。つまり中央紙の三八ツに慣れている人間にとっては、記事下３段の様子が全く違うことにとまどうばかりである。

　ただしブロック紙の北海道新聞、中日新聞、西日本新聞は中央紙的である。見慣れた三八ツに週一、二度お目にかかれる。三八ツに出稿する出版社は概ね東京版と同じことが多い。

　その地方の出版社の出稿を見ることもある。しかし中央紙の出版社が多いことは否めない。地方出版社の出稿は地方の書店にとっては福音的な意味のある広告である。地方書店が応援したくなる気持ちがわかる。

◇**地方新聞の部数と出版広告の傾向**

　発行部数を見てみよう。比較の意味で、全国紙から紹介（2020年1月現在）みると、「読売新聞」794万部、「朝日新聞」537万部、「毎日新聞」232万部、「日本経済新聞」227万部、「産経新聞」135万部である。これに比べ、地方紙で100万部を超す新聞は「中日新聞」219万部と一紙のみである。

　ブロック紙の「北海道新聞」は94万部である。数年前は三桁の擁していたのであろう。「西日本新聞」もブロック紙として54万部である。このブロック3紙の読書欄は中央紙なみに3頁を使っている。「西日本新聞」は土曜日掲載、「北海道新聞」と「中日新聞」は日曜日掲載である。読書欄にはベストセラーがつきものであるが、「北海道新聞」にはない（中日、西日本はトーハン調べである）。

　地方紙で発行部数の多いのは「静岡新聞」64万部、「中国新聞」（広島）58万

部、「信濃毎日」（長野）47万部、「神戸新聞」47万部、「河北新報」42万部、「京都新聞」41万部、「新潟日報」41万部である。地域的には九州の「南日本新聞」（鹿児島）28万部、「熊本日日」26万部が目立つ。各新聞社は新聞事業を手広く行っている。社員数では「北海道新聞」の1400名を別格として、「新潟日報」510名、、「熊本日日」458名、「中国新聞」439名、「静岡新聞」438名、「京都新聞」437名、「山陽新聞」429名である。。

　2020年2月7日に地方紙46紙を一斉調査した。出版広告では文藝春秋が地方紙46紙中24紙に出稿していた。中身は全5段10紙、半5段7紙、全3段9紙、半3段3紙であった。次は講談社13紙、集英社4紙であった。

　　地方紙の良さは地域密着である。ふるさとを対象にしたブックフェアや自費出版促進の記事が多い。2月7日の時点では「河北新報」「伊勢新聞」「奈良新聞」、「中国新聞」「愛媛新聞」の5紙がこうしたフェアを実施していた。

　もう一つの特色がある。それは自紙が中央紙に負けない普及率を発表していることである。「下野新聞」（宇都宮)は普及率4割を超え、全国紙を上回っていると公言している。「北日本新聞」（53.86％）、「福井新聞」68％、「山梨日日新聞」70％、信濃毎日新聞55％あると公表している。面白い新聞社は神戸新聞である。シェア20％、「読売新聞」19.9％と中央紙を0.1％上回っていることを述べている。郷土愛というか自社愛があふれている。

　ベストセラー案内の姿を見てみよう。地方紙も中央紙と同様に読書欄(土、日の書評欄)にベストセラーを掲載している。中央（東京）のベストセラー情報と当該地区のベストセラー情報を地元有名書店の提供で見ることが出来る。

　中央紙のベストセラー提供はブロック紙の「中日新聞」と「西日本新聞」はトーハン調べである。部数を誇る道新はベストセラーに関しては無情報である。「中日新聞」と「西日本新聞」は地元書店の協力は受けておらず、東京の大型店ベストセラーの掲載である。

　因みに東京の書店で提供頻度の多い順にみてみると、渋谷ツタヤ書店、丸善日本橋、八重洲ブックセンター、三省堂本店である。紀伊國屋書店はどこにも名前が載ってこない。「神戸新聞」の地元提供店として紀伊國屋書店神戸阪急店があるだけである。ただしこの調査は主要地方紙12紙だけであるので、他紙に紀伊國屋書店の名前があるかは不明である。

2.12　昭和のレガシー・(1)円本の見直し

　1927年(昭和2年)に始まった「円本ブーム」は、中身は予約された全集が一冊づつ売れたので、正しくは全集の大ブームであった。その火付け役は改造社の『現代日本文学全集』であることはご承知のとおりである。正確にいえば予約開始は、1925年(大正14年)であるから、円本のスタートは大正14年というべきであろう。驚くなかれ、1927年(昭和2年)から1929年の3年間に発刊された全集が301点というから、その凄さがわかる[注1]。

　全集ブームで一番潤ったのは、思わぬ印税収入のあった作家たちであった。作家たちは新住居、転宅、海外旅行など予期せぬ生活ができた。次に潤ったのは印刷会社であった。有り余る仕事をこなすために、設備投資をする会社が多かった。しかしこの投資に関しては大手印刷会社から、最初から警告が発せられていた。「受注がなくなった時のことを考えよ」と言われ、過剰投資は危険視されていた。しかし無視あるいは軽く見ていた印刷会社は、1931年(昭和6年)以降、危機に立たされたのである。この動きは製紙、製本業界でも同じであった。各団体はそれぞれ手は打っていた。印刷業界では大手4社が「皐月会」を設立、協議機関としていた。東京製本同業組合は、当該税務署に営業収益税の減税を陳情している。製紙業界では、日本製紙連合会が35%操短を指示している。

　全集ブームの大量需要で製紙業界は潤った。しかし円本ブームの終息により、一旦は製紙不況になった。しかし1931年に始まった満州事変の軍需景気で、また紙需要は復活し、印刷用紙の大量生産が開始された。1933年には王子製紙は樺太工業、富士製紙を吸収し、洋紙生産の80%(新聞用紙の95%)を占める大会社となった。用紙の国内生産量は1941年まで飛躍的に急増した。王子製紙は1933年時点で、満鉄、東電、日鉄に次ぐ日本第4位の巨大会社になった。原料パルプの製造をほぼ独占していた。

　ブームの仕掛け人山本実彦・改造社社長は超・安いを目玉にしたのである。『現代日本文学全集』は全37巻、菊判上製、六号活字、ルビつき3段組、毎巻500

---

*1　各社が出版した全集、講座などをまとめた「円本資料」(ノセ事務所編)をご希望の方は、出版メディアパル編集部宛てにメールで、お申し込みください。

〜600頁の単行本4、5冊分に当る千数百枚の原稿を一冊に収め、定価は1円という驚異的な安さだった。

予約制で会員を募集し、最初の申込金一円を最終配本にあてた。途中で解約したときの返金は無かった。

当時、改造社の経営は苦境の最中であった。しかしこの山本社長の賭けは当り、23万部つまり23万円の収入を得たのである。その頃の単行本は一冊2円から2円50銭はしていた。その3、4冊分の収まった本が、10分の1に近い1円で買えるから魅かれるのは当然である。

大々的な新聞広告が掲載され、『朝日新聞』に見開き2ページ広告以下、発売までに9頁分を紙上広告した。改造社に対抗したのが新潮社の『世界文学全集』であり、平凡社の『現代大衆文学全集』であった。前者は54万部、後者は25万人の予約があった。両社とも改造社に負けない紙上広告を展開した。つまり大量宣伝、大量生産、大量販売が全集ブームの中味である。このブームに乗り遅れてはならじと乗り込んだ全集が301点というから驚きである。全集の中味についてみてみよう。

1927年(昭和2年)から1933年(昭和8年)までの7年間に全集を出版した版元を多い順にみてみよう。

平凡社40点、改造社33点、岩波書店33点、春陽堂19点、新潮社16点、雄山閣15点、誠文堂15点、春秋社15点、アルス12点、博文館10点、共立社10点である。上記11社、合計218点である。301点に対して72.4%である。全集ブームに乗り大きく社業を伸ばしたのは平凡社、岩波書店、新潮社である。

いま、令和の視点から見ると、昭和初期の全集ブームの主要出版社は、改造社、アルス、共立社を除いて現在も隆々たる出版活動を続けている(誠文堂は新光社を戦前に吸収している)。仕掛け出版社の改造社は第二次世界大戦中、軍部の圧力による企業整備に会い解散させられた。戦後、改造社は再建され、雑誌『改造』も復刊されたが、『改造文庫』リニューアルした『改造選書』を刊行していた。創業者の山本実彦は1952年に死去。1955年、労働争議から雑誌『改造』は休刊。アメリカ式経営の導入を標榜した2代目社長と労働組合側とが折り合わず出版社としては衰退していった。書店部門だけは改造社書店として生き残り、本店は東京歌舞伎座前昭和通りにあり、都内ホテル内にも出店している。

2.13　昭和のレガシー・(2)雑誌と円本

　円本で一番笑んだのは作家であった。思わぬ印税を手にして、住宅を建てたり、外遊したりした。印刷会社、製紙会社、製本所なども急需要で、一時潤ったが、3年しか続かなかった円本ブームで悲惨な目にあった。その後、襲った世界大恐慌により無防備会社は木端微塵になった。大手出版社で円本ブームに乗りそこなった版元、乗らなかった版元が2社ある。中央公論社と講談社である。

◇中央公論社と円本ブーム

　中央公論社は全集ブームの1927年から1933年の間に出した全集は『堺利彦全集』全6巻くらいである。しかしブームの乗り損ないを挽回したのは単行本の『西部戦線異状なし』（エリヒ・マリア・レマルク著、秦豊吉訳）で、20万部売れ、ベストセラーになった。

◇講談社と円本ブーム

　講談社は1924年（大正13年）12月5日に目標100万部を掲げ『キング』を創刊した。11月5日から東京日日新聞を中心に大々的に宣伝した。11月15日の広告は「世界的大雑誌『キング』創刊の日近し」の広告である。11月は19日、25日、29日をすべて一面広告で埋めた。12月は3日、5日…発売当日である。新聞紙面一杯に『出た！お待兼のキング！素晴らしい雑誌!』の自画自賛広告を振り巻いたのである。大広告はさらに続き12月は12,14,17,18,19,21,28日…発刊月の12月は紙面全面広告を9回も出広したのである。新聞紙の広告面は講談社に買い占められたの感さえあった。12月28日の広告は「夢にまで見た此雑誌　見よ!!　親愛なる同胞の為の新雑誌キング!」である。

　これは社長野間清治の精神であった。「国民的大雑誌」「一家に一冊」「世のため人のため」を貫く大宣伝であった。明治から令和に至るまで、まさに空前絶後の新聞広告であった。書店現場への販促活動も十分に行われていた。

　1927年（昭和2年）円本ブームのスタートの年には、『キング』新年号はすでに120万部売れていた。1928年11月号は150万部に達していた。

　大量宣伝、大量生産、大量販売を地でゆく、雑誌『キング』は当時大当たりの絶頂期であった。円本ブームを横目で見ていた野間社長がどのような手で円本

ブームに対処するか興味深い。円本ブームに乗り遅れた“雑誌王”がその沽券にかけて用意した全集は2つあった。

『修養全集』『講談全集』各12巻である。野間の販売戦術は『日本一安く、日本一為になる』であった。価格戦略では、両全集で24巻になるが、各巻の頁数は800頁以上、中には1000頁を超える巻もあった。

野間社長は、「必ず売れると確信した」のであろう。普通なら3円するような本を、1円の超安値で売り出すのであるから、「この本を買わない人は損だ、何をおいても買ってくれるだろう」と思った。部数決定は、「両全集各々百万部」…「それでは足らない150万部に変更せよ」と毎月両方で300万部を発行することになった。「100万部を下ることはあるまい」と皮算用をしたのだが、実売部数は発表されていないが、発売状況は予想の半分にも行かなかった。

昭和10年代には講談社の9大雑誌は、日本の雑誌販売量の80%を占めた。雑誌王野間清治も、こと円本では大失敗したのである。講談社は雑誌では大出版社であったが書籍では知名度は低かった。明治末から大正時代にかけて創業した出版社は、雑誌主流、雑誌型が多いことは当時の出版傾向の特色であった。

創業年の古い方から、1905年(明治38年)婦人画報社、1909年(明治42年)講談社、1912年(大正元年)ダイヤモンド社、1916(大正5年)主婦の友社、1919年(大正8年)キネマ旬報社、1922年(大正11年)小学館、1923年(大正12年)文藝春秋などと、大正時代創業の出版社は雑誌型であったことは、講談社の経営流儀に影響されていたことは考えられる。小学館は児童誌を、文藝春秋は文芸誌を、婦人画報社、主婦の友社は婦人層に、ダイヤモンド社は経営者にターゲットを絞っていた。専ら雑誌読者を開発し販路を広げていた。

講談社の書籍路線で、目を引く刊行物に『のらくろ上等兵』(田河水泡著)がある。1932年(昭和7年)の刊行である。講談社の社名は大日本雄弁会講談社で、創業当時発刊の『雄弁』に名が残っている。この長い社名は昭和30年代まで続いた。円本ブームは講談社にとっては、「雑誌王国」建設の途上の出来事であった。書籍よりも、毎月、継続して発行できる雑誌に力点を置いた方が「一家に一冊」を実現するには近道だったのである。その後発行した『修養全集』『講談全集』では大惨敗を喫したが、さっと手を引いたので後遺症も少なく、社会的にも話題になることはなかった。当時『キング』は部数発展途上であり日の出の勢いで、ナショナルマガジンの道をまっしぐらの円本時代であった。

2.14　出版社の寿命・倒産

　イギリスの著名な出版者サー・アンウィンが有名な言葉を遺している。

　「出版業者になることは容易だが、永続することはむずかしい。出版業界の幼児死亡率は高い」と述べている。

　とは申せ、日本の出版界に当てはめると、いささか矛盾が存在する。それは現在の業界をリードしている上位50社のうち45社、つまり90％は明治・大正時代に創業した老舗出版社である。筆者がここで申し上げたいことは老舗版元は過去に倒産の憂き目に合っていることが多い事実である。

　倒産は事業の悲劇であるから、当事者にとっては触れられたくない気持ちである。しかし、現実に対応するためには触れないわけにはいかないので、ご容赦いただきたい。その「失敗の教訓」から、学ぶべきことも大切である。ここで倒産に4つのタイプがあることを紹介しておきたい。

1. 消えた出版社　世に言う倒産した出版社である。雄鶏社、鎌倉書房、山海堂、サイマル出版会、六興出版、大陸書房、新風舎など、社会に社名を馳せた出版社ばかりである。
2. 転んだ出版社　河出書房、三省堂、筑摩書房、平凡社、柴田書店などである。現在は立派に再生され、積極的に出版活動をしている。
3. 残った出版社　中央公論社、婦人画報社、山と渓谷社、全面的に支援する企業、例えば、中央公論社は読売新聞社の全額出資により、中央公論新社として社名、事業活動、社員、在庫などが継続され今日に至っている。
4. 撤退した出版社　トッパンの出版事業から撤退、ベネッセの育児・教育・辞典などを残し、文芸・人文書・文庫からの撤退など、平成年間には、大明堂、姉妹社、嶋中書店、一粒社、編書房など廃業出版社が数多くある。

◇平成前期の主な消えた出版社

　平成期の倒産の歴史で特徴的なことは廃業の多かったことである。後継者がいなかったこと、育成できなかったこと、経営者の健康問題によることも多かった、廃業の大きな原因は業界の先行き不安であることは否めない。

　時代に左右される企業がメーカーである出版社である。出版業界は好景気か

ら下り坂、不景気と平成経済は下向き環境であった。

平成前期の大型倒産は、1992年(平成4年)の六興出版(負債額41億2012万円)である。吉川英治の著作で大繁栄したが、新ビルを建て、貸スタジオが不振で倒産となり、あっけない幕切れであった。

1994年(平成6年)の鎌倉書房倒産が業界に与えた影響は大きかった、ファッション誌の草分けとして『ドレス・メーキング』『マダム』が一世を風靡したが、景気後退で広告収入減によることと、リストラの成果が出なかったことが倒産の原因となった。

1998年(平成10年)に、中央公論社は1130億円の巨額負債をかかえたが、読売新聞社の援助によって中央公論新社として再建され残ることができた。

1999年(平成11年)のサイマル出版会(負債額50億円)は創業30年で倒産した。月面着陸時の同時通訳はサイマルの親会社が行ったものである。社長の田村勝夫は弘文堂で編集者として活躍し、1967年に独立創業した会社がサイマル出版会である。異文化、言語、文化史、国際理解、人間学などをテーマに、質の高い出版活動を続け、刊行点数1200点と多く、話題書を生み、世に送ったが、景気後退に勝てず廃業した。惜しい出版社であった。

1999年に倒産した保育社の倒産ニュース(負債額2億6000万円)を聞いた時はすぐには信じられなかった。今井悠紀社長は業界をリードする「言語英雄的な存在」の人だったからである。図鑑の出版では北隆館と双璧の版元であった。図鑑と共に有名であった出版は文庫判のカラーブックスである。類書のない文庫シリーズであったから、古書市場で珍重されている。現在は再建に向け再スタートをきっており、保育社という社名は残っているが一人会社である。

個性的な出版社で近藤書店がある。古文書を学ぶ人にとっては必須の出版社だったからである。くずし字の本といえば近藤書店であった。『常用漢字行草辞典』(児玉幸多著)は良く売れた。創業記念事業として発刊された『日本史料選書』は1969年第一回「地方　凡例録」だが、88年28回配本で中絶、その後倒産。惜しまれる選書であった。

長野市の銀河書房は地方出版社としてローカル色豊かな本を出していた。『信州そばのはなし』『野沢菜・おはづけ』『おやき・焼餅の話』など話題書があったが、平成9年倒産した。長野県のライバル出版社の『郷土出版社』(松本)も平成28年廃業した。

2.15　平成に消えた出版社の遺産

◇ 2000 年以降の主な出版社の倒産

　2002 年（平成 14 年）に倒産した社会思想社も多くの読者を悲しませた一社である。戦後すぐ、1947 年（昭和 22 年）に河合栄治郎の弟子らによって起ち上げられた社会思想研究会が設けた出版部門が社会思想社の母体である。出版路線は多くの読者に支持された。中でもルース・ベネディクト『菊と刀』（1948 年）と、アーノルド・J・トインビー『歴史の研究』は大ベストセラーとなった。1951 年（昭和 26 年）に第二次文庫ブームに乗り、『現代教養文庫』を創刊した。この文庫は教養文庫を柱に人文社会系の書籍や翻訳ものを多く発刊した。出版分野は人文科学、社会科学、自然科学、文学、芸術、読物、趣味、生活文化、ミステリーである。各分野に名著がある。人文科学では前述した『菊と刀』『歴史の研究』の他バートランド・ラッセルの『哲学入門』、江上波夫他『世界の歴史（全 12 巻）』、大森志郎他『日本を知る小事典（全 6 巻）』、自然科学ではシュテーリヒ『西洋科学史（全 5 巻）』、草下英明『星座手帖』、異色作家には夢野久作、小栗虫太郎、久生十蘭、山田風太郎、橘外男、香山滋、日影丈吉などである。趣味・生活文化では井上添宗和『日本の城』、片方善治『洋酒入門』等がある。

　初代社長は土屋実で 1953 年から 1972 年まで務めた。1962 年に社名を社会思想社と改名した。2 代目社長は小森田一記で、1973 年から 1993 年まで務めた。1990 年代から経営不振に陥り、2002 年（平成 14 年）に倒産した。

　2003 年（平成 15 年）に 4 大婦人雑誌の一角である婦人生活社（負債額 28 億円）が倒産した。創業者原田常治は戦前講談社編集部を振り出しに、戦後ロマンス社創立、1 年後、同志社（1963 年に婦人生活社と改称）を創立した。『婦人生活』を創刊した。当時は婦人誌全盛の時代であった。『婦人倶楽部』『主婦の友』『主婦と生活』『婦人生活』の 4 誌で 700 万部に迫る勢いであった。

　原田常治、稔、邦穂社長と 3 代がリレーして 47 年間続けられた。4 誌の中で一番早く休刊を決めたのは『婦人生活』であった。時代対応に敏感であった社長、編集陣は多くのヒット誌を出した。この先取り精神は『おべんとう全集』『おかず全集』『お菓子全集』などのヒット商品を生んだ。雑誌では『ベビーエイジ』

『マタニティ』『プチタンファン』を創刊、業界をリードした。しかし競合誌に追われる結果となり、そして 28 億円の負債を抱え倒産の結果となった。

　2004 年（平成 16 年）は業界に名の通った社長 3 名の出版社が廃業、倒産している。大明堂、東京布井出版、雄鶏社の 3 社である。

　大明堂社長の神戸祐三は書協常任理事、梓会幹事・業務委員長、出版七日会・幹事等、業界の要職にあった。出版業績として地理・地政学専門出版社として他の追随を許さなかった。東京布井出版を創設した上野幹夫氏（故人）は大阪大学法学部出身なので法律に詳しかった。書協常任理事、著作出版権委員を歴任され、再販問題でも活躍された（⇒第 6 章「再販問題と出版業界」を参照）。

　2009 年に自己破産した雄鶏社（負債額 12 億 8000 万円）の武内俊三氏（故人）は書協副理事長を務めた人である。手芸、編み物の婦人実用書の分野では雄鶏社と日本ヴォーグ社が双璧であったが、趣味多様化に勝つことが出来なかった。

　2005 年（平成 17 年）に倒産したメタローグ（負債額 1 億 7000 万円）は、社長の安原顕がユニークな人間だったので、出版史上に名前は残るであろう。彼は竹内書店解散後、中央公論社に入社し、『海』の編集者となって、当時の編集長は村松友視であった。村松・安原ラインで『海』の黄金時代を築いた。1984 年『海』は終刊となった。安原は売れ行き不振で廃刊直前の『マリ・クレール』に異動、副編集長となった。『書評欄』を新設した。この企画が当たり女性ファッション誌を「知的な思想・文芸誌」に変貌させた。1991 年中央公論社を退社、メタローグ社を設立し、書評季刊誌『リテレール』を発刊させた。メタローグ社起ち上げに奔走した時の赤裸々な様子を創刊号に掲載した。取次の優越的地位を徹底的に揶揄した文章は、出版業界から喝采を浴びた。安原の生来の反骨心、破壊者らしさの創刊号であった。肺ガン患い 2003 年 63 歳で没した。栗原の死後、村松友視が、安原の「いい加減で破天荒」なキャラクターを綴った単行本を幻冬舎から発刊、多くの読者が読んだ。後に文庫に収録された。

　2007 年（平成 19 年）に倒産した山海堂（負債額 17 億円）、2010 年（平成 22 年）に倒産した工業調査会（負債額 8 億 6400 万円）の倒産は、いずれも理工学専門書の人たちを驚かせた。土木といえば山海堂と言うほど個性の強かった山海堂が 111 年の歴史を閉じた。負債は 17 億円であった。同じく工学書協会の中堅版元であった工業調査会が 8 億 6400 万円の負債で倒産した。同社は機械工学や電子工学を得意としていた。

2.16　出版社の生き残り策

　出版点数が減少している。書籍の返品率も低下している。これは出版社、取次、書店の協力の賜物である。日販は返品率の高い出版社と月ごとの送品額を事前に話し合い、返品率の抑制と実売率の向上に取り組んだ。その結果、返品率40％以上の出版社の返品が3.2％低下した。対象出版社は取引額1〜150位の大手出版社である。上記出版社群の売上げは業界の85％前後に相当するのであるから、返品率低下の意義は大きい。

　雑誌返品率は依然として高い。2016年（平成28年）から3年連続で上昇し、2018年は43.7％と史上最高の高さである。半分近くが返品とは異常である。取次主導で、雑誌返品率が低く、かつ売上げの高い雑誌販売優等生書店100店を抽出し、データを徹底分析する。このデータを出版社にフィードバックさせ、雑誌マーケットの正しい認識をする。過剰生産、過剰配本の修正を試み、返品率の変化を注視する。時間は掛かるが、明日の出版には変えられない。

　書籍専門店が少なくなっている昨今、出版社は地域別に特約待遇の書店を作るべきである。平等主義（無差別）配本は返品増を助長するだけである。御社の協力書店を作ることは効率販売につながる。情報、広告、販売協力に手を貸し、書店を勇気づけて欲しい。日経では特約店58法・216店人で、販売シェアは87％はある。版元・書店の深い絆の証である。

　出版社は全国紙の広告の活用とともに、地方紙、中でもブロック紙の北海道新聞、中日新聞、西日本新聞に出広を考え、地方書店、読者をサポートしたい。。地方紙と地元有力書店とタイアップし、販売マーケットを作りたい。地方読者へのDMは書店にも連動させたい。

　出版界は連合体であり、同時に分業体でもある。得意のジャンルを各出版社は保有するのであるから、お互いに補完し合ったら魅力的なジャンルが出来る。具体的には出版社同志のコラボである。コラボは読者創造の一手段と考えたい。これまでも光文社と中央公論新社、マガジンハウスと扶桑社、新潮社と文藝春秋など、コラボの成功例がある。その成功例に学び、周年催事、テーマ催事、地域催事等、コラボで引き立つ催事を積極的に展開してほしい。

平成の取次・書店が歩んだ道
―取次の再編と Web 書店との攻防―

ノセ事務所　能勢　仁

この章の概要

　第3章は取次、書店、アマゾンについて記した。平成後期は取次受難を通り越して「壊滅の歴史」であった。大阪屋・栗田が楽天ブックスネットワークと社名を変更したが、先行きは不透明である。現在残った二大取次も、いま「運送問題」で危機に直面している。この問題は当事者だけでなく取協、雑協、書協、日書連など、業界全体で考えねばならない。

　二大取次とも M&A に熱心である。現在はトーハンの方が積極的で、成果を出している。両社の決算報告書を比較すると、「財務面」ではトーハンの優位を感じ、「営業面」では日販の優位性を感ずる。

　書店の独自性が発揮されたのが平成後期の特色である。一つは「書店商談会」であり、もう一つは「本屋大賞」である。芥川賞、直木賞は国民的行事であるが、全国書店発の「本屋大賞」は読者に大歓迎され評判もよい。

　アマゾンが上陸してから20年経過した。直近10年間の成長は著しい。今や出版社と直取引を志向し、3631社と契約ありという。日本の出版流通市場がアマゾンに席捲されては、業界の発展はない。アマゾンは書店卸も視野に入れ始めた。再販とどう対処するか、令和時代の大問題である。

3.1　大阪屋・栗田の変貌と楽天へ

　大阪屋は出版取次業として、トーハン、日販に次ぐ第3位であったが、二大取次との間には4〜5倍の差があった。売上高が1000億の大台に乗ってから勢いが出て、20年間は売上伸長であった。営業利益、経常利益、純利益は2000年から2010年の10年間は順調に確保されていた。ただし第62期（2008年9月1日〜2009年3月31日）の純利益は洋販、明林堂書店の倒産により30億3300万円の特別損失を計上した。

　この売上増を形成した源泉はアマゾンとの取引開始、ジュンク堂書店のチェーン展開によるものである。しかし、両社の売上高上昇は大阪屋の利益率を低下させていた。第58期の2004年の決算では書籍売上げが雑誌売上げげを上回ったのである。2005年は書籍売上シェアが59.4％になり、2006年には62％になっていた。

　2007年から2012年の間の経営状態は急激に悪化し、20年前に戻り、売上げが1000億円を割るに至った。要因は数多くある。阪急ブックファーストの離脱、マナハウスの倒産、洋販、明林堂の倒産、そして大阪屋に売り上げをもたらしてくれていたアマゾンの撤退、ジュンク堂書店新宿店の閉店などと続いた。第66期株主総会を定期に開くことができず、延期するという異常事態もあった。2013年には本社を売却せねばならないほど、財政は逼迫した。

　2000年初頭、東の栗田、西の大阪屋が業務提携したことは好感をもって見守られた。業界3位と4位の取次が手を結ぶ効率経営志向は、時代の要請だったのである。しかし最初に転び始めたのは栗田出版であった。2009年に経営亀裂した栗田は業務提携から合併問題に発展した。栗田は2009年に板橋本社を売却し、神保町に移転した。

　栗田・大阪屋の結婚問題はそのまま進められ、2016年4月1日（平成28年）には大阪屋が栗田出版販売を吸収合併し、「大阪屋・栗田」が誕生した。組織は大阪本社と東京本社の「2本社制」とし、企画管理本部、営業第一本部、同第二本部、MD本部、流通本部の「5本部」を設置した。

　社長に大竹深夫氏が就き、取締役執行役員に篠田真氏（大阪屋）、堀江厚

夫氏(同)、服部達也氏(楽天)、片山誠氏(同)、社外取締役に関谷幸一氏(KADOKAWA),佐藤隆哉氏(小学館)が就いた。

大阪屋・栗田は2017年7月12日に第3期(2016年2月1日～2016年9月30日)と第3期(2016年10月1日～2017年3月31日)決算を発表した。

2016年4月1日に大阪屋と栗田出版販売が経営統合したことにより、変則決算となった。2期と3期を合計した14ヶ月の売上高は約829億円、営業利益約1億円、経常利益約7,900万円、当期純利益は約2億円であった。

2018年5月25日に臨時株主総会を行い、第三者割当増資を実施した。楽天が出資比率51％となり、経営権を取得した。大阪屋・栗田は楽天の子会社になった。今回の増資については楽天のほか、KADOKAWA,講談社、集英社、小学館、大日本印刷(DNP)の5社が引き受けて、追加出資を行った。同日、代表取締役社長に楽天の執行役員で大阪屋・栗田の副社長であった服部達也氏が就いた。2019年11月1日に「株式会社大阪屋・栗田」から「楽天ブックスネットワーク株式会社」に社名を変更した。

取次の歩んだ道（取次小史）		
明治期		江戸時代の「本屋仲間」や「地本問屋」が発展し、取次業者が生まれる。
1878年	明治11年	新聞販売店の良文堂が雑誌、書籍を扱うようになる。
1886年	明治19年	新聞雑誌売捌店の東海堂が出版物取次店を創業した。東京堂が小売書店を創業する。
1887年	明治20年	上田屋書店創業、雑誌・書籍取次と小売書店を兼業。
1891年	明治24年	東京堂が卸部開設、取次業に進出。戦前最大の取次となる。
1894年	明治27年	1891年に開業した北国組が北隆館と改称
1895年	明治28年	至誠堂創業
1898年	明治31年	文林堂創業
大正期		東京堂、上田屋、北隆館、至誠堂、東海堂が活躍した。
1925年	大正14年	大東館(上田屋と至誠堂が合併)が出来る。1926年円本時代。
昭和期		東京堂、北隆館、東海堂、大東館の四大取次時代となる。
1941年	昭和16年	出版物の一元的配給機関「日本出版配給株式会社(日配)」設立。四大取次並びに242の全国取次が強制的に解散させられる。
1949年	昭和24年	日配閉鎖を受け、東京出版販売(現・トーハン)、日本出版販売(日販)、大阪屋、日教販、中央社など新取次が誕生。
1974年	昭和49年	栗田書店(1918年に創業)が栗田出版販売と改称。
平成期		新取次は出版流通の要であったが、2013年以降「再編」が始まる。

〈注〉中小取次や神田村取次の小史は、72ページ参照。

3.2　栗田出版販売の没落と終焉

　栗田書店は1918年（大正7年）栗田確也によって神田神保町で創業された出版取次会社である。1941年（昭和16年）に戦時統制により日本出版配給に統合されたが、第二次世界大戦後の1947年（昭和22年）に独立、再開業し、1948年（昭和23年）法人に改組した。1974年（昭和49年）に社名を栗田書店から「栗田出版販売株式会社」に改称した。

　1953年（昭和28年）以降、福岡、大阪、札幌、広島などに営業所（のちに支店に名称変更）を設けた。1974年（昭和49年）本社を板橋区に移転、出版好況にも乗り、1991年（平成3年）には売上高は701億円に達した。取引書店は2000店近くになった。取次業者としてトーハン、日販、大阪屋に次ぐ第四位を堅持していた。

　この間、栗田出版ならではの功績が3つある。その一つは1952年（昭和27年）に設立した「書店経営研究会」である。書店人育成の精神で作られた勉強会で、毎年、年に1〜2回実施されていた。栗田が倒産する10年位前まで継続されていたから、50年の歴史をもつ会であった。出版業界に誇れる書店人育成の機関であった。

　第2は創業50周年記念出版の『出版人の遺文』（全8巻）の刊行である。今日の出版業界の基礎を作ってくれた、8人の出版人の業績を語ってくれた著作である。岩波書店・岩波茂雄、改造社・山本実彦、講談社・野間清治、主婦の友社・石川武美、新潮社・佐藤義亮、中央公論社・嶋中雄作、冨山房・坂本嘉治馬、平凡社・下中弥三郎の8人の半生を描いている。

　第3は栗田がヤマト運輸と業務提携して、1986年（昭和61年）に始めたブックサービスである。注文した本が届かない、遅いの苦情の解決に一役買ってくれた販売策であった。今様アマゾン版の宅急便であった。決済は商品と引き換えであった。しかし当時の注文商品の到着時間には画期的な速さであった。

　7大総合取次の中で唯一、経営数字の未公開会社であったことも栗田出版販売の特色であった。

　3月のトーハン、日販の決算、6月の大阪屋の決算など、各取次の経営数字

があからさまになっていたが、栗田だけは『暗の中』の世界であった。トーハン、日販の場合は、有価証券報告書上の義務があったので、部外者でも詳しい経営事情を知ることができた。これに比べて、栗田の経営実態のデータに関しては諦めムードであった。

経理の非公開体質は経営判断を遅らせてしまったといえる。すでにその前兆は平成後期（2009 年）の入口から始まっていた。青山ブックセンターの倒産、黒木書店の不振など、暗雲は漂っていた。栗田の倒産前直近 10 年間の数字を見てみよう。特徴的なことは営業利益が赤字になったことは一度もない。本業はしっかりしていた。

しかし純利益の出た 73 期、75 期は不動産売却の特別利益によるものである。つまり本の販売に関しては 10 年間営業利益プラスの成績を残していた。売上高は 1991 年は 701 億円であったが、2014 年は 329 億円と半分以下になっている。それでも営業利益は黒字である。売上高は 10 年間下がり続けているが、販売経費の減、返品率の減等によって営業利益の黒字を確保している。

ところが経常利益は赤字である。この原因は何か、金の借り方に問題があるからである。10 年間営業利益が黒字で、経常利益が赤字は、栗田の特徴的な決算報告であった。前述したが栗田は経理の非公開会社であったので、その時点では経理内容を知ることは出来なかった。

倒産後、分かったことは、取引金融会社は倒産の被害は全くなかったことである。詳しく見るために 68 期（2004 年 10 月 1 日〜 2005 年 9 月 30 日）から 10 期分を振り返るってみよう。

2015 年（平成 27 年）東京地方裁判所に民事再生法の適用を申請して事実上倒産した。負債総額は 134 億 9600 万円であった。2016 年に大阪屋が栗田出版販売を吸収合併し、「株式会社大阪屋・栗田」としてスタートした。

出版社と栗田の間の債権債務は不明朗な形で終わった。返品処理方法が業界の商習慣によるものではなかった。出版社に送られるはずの返品が、倒産後は民事再生法の手続上大阪屋経由となり、返本による出版社側の債権と倒産前の栗田の債務は相殺できず、出版社は弁済率でカット後の債権分しか回収できない、後味の悪い結末であった。

旧・栗田には戸田書店、岩波ブックセンター（信山社）、南天堂書房、BOOKS 隆文堂など個性的な書店が多かった。

3.3　中堅取次の苦悩と太洋社倒産の不思議

　平成30年間の歴史の中で、中期以降は取次受難の連続であった。1999年に柳原書店が36億円の負債で倒産した。この倒産が専門取次、地方取次の倒産の引き金となった。関西の老舗中堅取次の柳原書店の倒産は東京の人気取次・鈴木書店に飛び火した。2001年以降は「地方取次受難時代」となった。九州の金文図書、名古屋の三星、横浜の神奈川図書など、取次は音を立てて崩れていった。雑誌を扱う総合取次は7社が取引書店の少ない取次や、大型書店を持たない取次の経営が苦しくなることは火を見るより明らかであった。

◇協和出版の再生

　その走りは協和出版に表れた。総合取次の中で取引書店は一番少なかった。経営悪化を受け、協和出版はトーハンと業務提携の道を選んだ。雑誌返品業務、雑誌送品業務、書籍の返品業務と物流面での協業を積み重ね、2015年（平成27年）2月資本提携を結び、仕入・配本から物流までトーハンのインフラを活用した業務提携を行った。経営不安はトーハン傘下になることで解消された。

◇中央社の健闘

　中央社も中小取次であった。しかし中央社は自助努力が実っていた。中でもコミックランドと総合病院売店の取引は中央社ならではであった。総合病院内の売店チェーンは中央社が開発し、拡大したものである。直近4〜5人の社長はトーハンから送られた人事である。

　各人とも立派な成績を残し、バトンタッチしている。安定している取次経営である。トーハン役員から中央社の社長に着任した、秋山秀俊氏→土屋博功氏→正能康成氏→風間賢一氏などは歴代営業実績を向上させ、5期連続増益は他取次を尻目に快挙であった。中でも、2007年（平成19年）の中央社の返品率27.9％は、他の取次会社に比べ圧倒的に低い数字であった。

◇太洋社の苦悩「自主廃業から破産まで」

　中堅取次である太洋社は、先代社長國弘直氏の時代は利益集団であった。経常利益が5〜7％もある優良取次という印象があった。先代社長が勲四等の叙勲を受けて祝事が続いた。それが原因とは思わぬが急逝した。急遽、國弘晴睦

専務が社業を継ぎ、順風のスタートであった。

しかし良かった経営環境が平成中期から悪くなり始めた。太洋社の 1990 年（平成 2 年）の売上構成比は「取次業」97％、「新規事業」1％、「不動産事業」2％であったが、5 年後の目標が 85％、13％、2％であった。

この取次業以外に手を染めたことが命取りなるとは思わなかったのであろう。本業が手薄となり、取引書店の大雪崩が、1995 年（平成 7 年）から起こった、最大手の群馬・文真堂書店がトーハン帳合になったことは致命傷であった。当時、文真堂書店の売上げは 150 億円であった。

その後、いまじん、ゲーマーズ、東武ブックスなど大手書店チェーンが去っていった。帳合変更による取引書店の在庫返品があり、書籍の返品率が 51.2％と異常値となった。2002 年（平成 14 年）には 9 年連続の減収となり、会社の存続が危うくなりだした。

太洋社の倒産は出版社、書店、他取次の倒産とはタイプが違うので、詳述する必要がある。スタートは、太洋社は 2016 年（平成 28 年）2 月 5 日に取引先書店に対して自主廃業を通知した。取次は出版社と書店の間にあり、書店から見れば親の立場である。その親が子どもに対して、閉店を申し渡したので、戸惑うのは子どもである。つまり太洋社を帳合とする書店は第一次のパニックをおこした。路頭に迷う書店は日販かトーハンに帳合を求めねばならなかった。太洋社はすでに閉店処理策として、半年前から書籍の送品は日販に依頼していた。

太洋社は 2 月 5 日時点で 300 法人、800 店舗の書店と取引していた。太洋社の報告によれば 3 月 15 日では 95.5％の書店が帳合変更したと発表している。

しかし太洋社に連鎖して閉店した書店は次のように多い。つくば市・有朋堂書店（3 店舗）、鹿児島市・ひょうたん書店、豊橋市・ブックランドあいむ、熊本市・ブックス書泉、さいたま市・愛書堂書店、富山市・積文館書店、長崎市・Books 読書人、北九州市・アミ書店、熊本市・八重洲書店、徳島市・橋本書店、徳島牟岐町・青木書店、阿波市・中野昭文堂、四街道市・マキノ書店、三郷市・竹島書店　上記 16 書店が 2 月 12 日から 3 月 6 日の間に閉店している。

太洋社の主要取引先の芳林堂書店が 2 月 26 日に破産した。この結果、太洋社は 8 億円の焦げ付きを受けることになった。太洋社はすでに自主廃業を取引先に通知してあったが、40 日後の 3 月 15 日に廃業を断念、破産となった。急転直下の変貌に多くの取引先は面食らうと同時に唖然としたものだった。

3.4　取次の再編と神田村取次

　取次の歩んだ道（取次小史については前述したが、現在の出版流通の中心は日本取次協会（取協・加盟社 19 社　2019 年 4 月 1 日現在）である。会員社は「一進堂書店、楽天ブックスネットワーク、共栄図書、協和出版、鍬谷書店、中央社、東京即売、トーハン、西村書店、日教販、日本出版販売、日本出版貿易、博文社、不二美書院、村山書店、宮井書店、キクヤ、きんぶん図書、松林社」である。

◇中小取次の歩み

　明治期の取次は、日本橋、浅草が中心に創業していたが、大正期になると、の取次は、次第に神田神保町や神田錦町周辺に集まってきた。1920 年（大正 9 年）には東京書籍仲買商組合がで設立されており、1929 年（昭和 4 年）には、東京書籍卸業組合が設立されている。

　戦後は、東京出版物卸業組合が結成され、中小取次として繁栄した。神田神保町や神田錦町周辺にあることから、「神田村取次」の愛称で呼ばれている。新刊書を扱う三省堂や東京堂はじめ多くの古本店など書店に寄り添う形で発展してきたが、街の再開発や長引く出版不況の影響を受け衰退してきた。

　取協と神田村取次の両方に加盟している取次は共栄、鍬谷、西村、日本出版貿易の 4 社、2016 年には 11 社あったから、倒産、廃業で消滅した（表 1）。

表 1　神田村の廃業、倒産の歴史

2001 年	平成 13 年	鈴木書店倒産	岩波書店など人文・社会科学書専門
2003 年	平成 15 年	日新堂書店倒産	
2005 年	平成 17 年	安達図書、松島書店廃業	新潮社、文藝春秋など文芸書取次
2013 年	平成 25 年	明文図書自主廃業	
2016 年	平成 28 年	三和図書廃業、太洋社倒産	
2016 年	平成 28 年	東邦書籍倒産	負債 1 億 3000 万円
2017 年	平成 29 年	地図共販倒産	負債 14 億円
2018 年	平成 30 年	日本雑誌倒産	負債 5 億円
2020 年	令和 2 年	村山書店廃業	協和と合併

〈注〉姉妹書の『昭和の出版が歩んだ道』参照のこと。

◇神田村取次の役割

　戦後は東京出版物卸業組合が神田村を中心に繁栄した。1950 年〜 1960 年代はトーハン、日販の本社店売も全盛であった。多くの都内書店、近県書店は大取次の店売を利用した。その際、補完的な役割を果たしてくれたのが神田村中小取次であった。神田村には特色があった。それは各店に書店を引きつける専門性があったからである。

　2010 年代の神田村取次は自主廃業が特色である。本来、神田村は大取次の補完機関として成長し多くの書店が恩恵を受けていた。神田村は地理的には東京のど真ん中神保町に位置していたが、実際の機能としては全国の書店のための取次だったのである。東京よりも地方書店(商売熱心な、読者を大切にする書店)からの評価が高かった。

　神田村を利用する書店のメリットは多い。欲しい新刊が入手できる、客注対応が早く、売れ筋補充も早い、小回りが利くなど、大手取次にはないきめ細かな仕事をしてくれた。毎日来店される都内の書店、週に 2 〜 3 回しか来られない近県の書店、遠くて来店できない九州、関西、北陸、東北などの書店からは、毎日のようにファックスが送られてきていた。このビジネスレターを神田村の各中小取次は自社の得意分野、在庫を活かして、毎日客注対応、売れ筋商品の補充をいち早く発送してくれていた。この心の通った取次仕様が、東京、近郊、全国書店に行き届いていた。しかし 21 世紀前後から、都市計画が始まり神保町の土地の買収が頻繁となり、取次機能に支障をきたすようになってきた。

　一方、書店側も出版不況の影響を受ける時代となった。そうした事情が自主廃業という形になってきた。法律、経済、経営、ビジネス書の専門取次として評価の高かった「明文図書」の自主廃業は業界にショックを与えた。取引出版社400 社に対し、「自主廃業のお知らせ」の文書を送付したのである。追いかけるような形で「三和図書」も自主廃業した。三和図書は舵社、光人社、青蛙房、淡交社、同朋舎など趣味性の高い図書には特に強かった。一般書、文庫も充実していた。2005 年に廃業した安達図書の文芸書の充実は特に有名であった。文庫も強かった。「アテネ文庫」(弘文堂)、「教養文庫」(社会思想社)、第一次「河出文庫」、「岩波文庫」など面目躍如たる品揃えであった。今思えばよき時代の中小取次の姿であった。なお、地方・小出版流通センターの役割については、姉妹書の『昭和の出版が歩んだ道』をご覧いただければ幸いである。

3.5　出版情報の変遷と発展

　出版情報は出版目録、図書目録のことである。この目録を持たない出版社はない。出版社の軌跡であり、財産だからである。この目録には二つの目的・用途がある。一つは文献目録であり、もう一つは入手可能図書の情報目録である。本を必要とする読者にとっては、本の発刊を記録した文献目録よりも、買えるかどうかの在庫目録の方が有難い。

　業界として統一されたフォームで作られた目録は、1961年に書協が完成させた『日本総合図書目録』である。この目録は「自然科学書編」「人文・社会科学書編」「文学・芸術・語学書編」「生活・厚生書編」「学習参考書・辞典編」「児童書編」のジャンル別6分冊の目録であった。当時わが国唯一の総合図書目録であった。しかしこの総合目録の中に文献目録的な書籍が入っていることがあり、入手可能な書籍の目録、つまり在庫のある、出版情報目録に絞った目録を制作すべきだとという意見が主流となった。

　1975年(昭和50年)に書協の中に在庫目録研究委員会ができた。すべての出版社の在庫目録を集めて、書名、著者名を五十音順に並べた総合目録を作ろうとした。この結果出来た目録が『日本書籍総目録1977～78』である。この「総目録」は「ブックス・イン・プリント」といわれるもので、入手可能図書情報が整備されたことになる。これで出版先進国の仲間入りが出来たと思われた。

　その前に、書協は新刊の刊行予定情報を広く告知するためのツールを「総目録」完成の前に開発している。それは1976年(昭和51年) 5月に創刊した『これから出る本』である。

　読者に直結する業界版情報誌であった。B5判、16ページ、毎月2回発行であり、内容は2～4週先の新刊の書名、著者名、シリーズ名、内容、定価、出版社名、判型、ページ数、読者対象、ISBN（国際図書コード）などの情報である。1970年代は本がよく売れていた時代である。

　『これから出る本』は初回は81万6000部を発行し、全国の約4000書店に取次経由で配送され、読者には無料で配布した。コストは業界三者がそれぞれ負担した。即ち掲載料は出版社が一冊2000円で負担、取次は荷造り、配送を無

償で行い、書店は一部 5 円で買い上げた。好況時にはもてはやされたが、不景気時代に入って存在感は無くなってきた。44 年経った現在も発刊されているが、紙の情報誌がどれだけ有効か問題の残るところである。

　さて、前述した『日本書籍総目録』は書協創立 20 周年記念事業になるもので「書名編」「索引編」の 2 冊セットで 2 万 3000 円、18 万 7668 点、出版者 2156 名を収録が収録されていた。初版は 6000 部であったが、大好評で 3 刷 8800 部になった。1987 年に『日本書籍総目録 87 年版』を発行した。39 万 2906 点、5094 著者、4 万 2000 円である。10 年前に比べ収録点数は倍以上になっている。

　1995 年(平成 7 年)ごろから「総目録」は発行部数の減少、経費の増加などにより、採算面で苦慮するようになった。部数減には定価アップが対応してきたが、問題は残った。そうした困難の時代に、追い打ちをかけたのが、書籍検索サイト Books（http://www.books.or.jp）（97 年 9 月）が開発されたことである。しかも「総目録」データが無料公開されたのである。インターネット時代の要請に応えた電子出版物であった。

　紙の「総目録」は、「2000 年版」からは利用者の利便性に資すべく冊子体に CD-ROM をつけたが、利用者からは格別の反応はなかった。翌年の「2001 年版」には CD-ROM に Books リンクのための表示を挿入し、＜ Books ＞への誘導をはかった。2 万 3000 円で創刊した定価は 6 万 9000 円にまで上昇していた。そしてこの「2001 年版」（4 分冊、9756 頁）で冊子体は中止となった。「2002 年版」は出版ニュース社の冊子体「出版年鑑」と電子版「総目録」を合体させて「出版年鑑＋日本書籍総目録 CD-ROM2002」としてセット販売に踏み切り、セット定価 3 万 5000 円とした。価格をほぼ半額にしたにもかかわらず販売部数は回復しなかった。それから 2 年後「2004 年版」のセット販売をもって「総目録」の発行を中止した。役割は終わったと判断され、紙の「総目録」は終焉した（表 1）。

表 1　各年度の収録目録数発行部数などの比較

		収録点数	出版者数	定　　価	発行部数
1988 年版	昭和 63 年	40 万 8232 点	5263 者	4 万 2000 円	7000 部発行
1989 年版	平成 1 年	42 万 4543 点	5467 者	4 万 6350 円	7000 部発行
1990 年版	平成 2 年	42 万 1087 点	5587 者	4 万 6350 円	7000 部発行
1991 年版	平成 3 年	43 万 4633 点	5726 者	4 万 8410 円	6800 部発行
2001 年版	平成 13 年	59 万 2511 点	7252 者	6 万 9000 円	以後、冊子版中止

3.6 出版VANからBooksPROまで

◇出版VANの誕生

出版VANの黎明は1990年秋、当時、講談社の永井祥一氏、小学館の黒木重昭氏二人の電話によってスタートした。ライバル出版社が出版物の流通をスムーズにするため、データのやりとりをコンピュータでやりたいと話したことで、出版VANは始まった。スリップに頼る流通情報を脱皮して、新しい物流組織を作りたいと願う二人の意思はかたかった。

第1回の説明会が10月25日に小学館で行われ、その席で新潮社の当時副社長であった佐藤隆信氏が挨拶している。このことは運動を推進するメンバーに勇気を与えた。翌1991年2月20日に「出版業界VANについての出版社説明会」が230社、450名の参加を得て出版会館で行われた。新潮社はこの1991年8月に書籍バーコードの表示を始め、各出版社に驚きを与えた。集英社も翌1992年1月の新聞広告でISBNを表示し、本格的コード時代を告げていた。

◇大手取次の情報化の進展

日販のNOCSは出版VAN業者と提携し、各種書籍販売管理システム、POSシステムを開発した。王子ハイテクセンターでは「自動仕分機」「新・雑誌注文処理システム」を完成させた。王子は発信・物流の基地となった。1990年には王子流通センターの雑誌自動製品ラインシステムが稼働した。1991年日販はNEOFILE（NippanElectricOrder File）とNEOFileコミック版を完成させた。2001年日販はトリプルウィンを発表した。

トーハンは1989年「TONETS」が稼働、95年に「NEW-TONETS」を発表、99年「イー・ショッピング・ブックス」を起ち上げた。

中小版元のネットワーク化

出版VAN以降、出版社、取次の情報の電子化共有が促進されていた。この流れとは別に、中小版元の情報ネットワーク化が始まり、1999年に沢辺均氏のリードで「版元ドットコム」が発足している。

沢辺均氏は、出版社が生き残っていくためにネット上に情報を整備する必要があると考え、凱風社、青弓社、第三書館、批評社、太郎次郎社とポット出版

の6社で「版元ドットコム」が起ち上げられた。99 年には業界人向けに説明会を開催、2000 年 3 月、会員社 33 社の本のオンラインデータベースを開設した。

沢辺氏は「読者は書店で本を見て、初めてその商品を認識できる。中小出版社の本が常に「書店にある」という状態は考えにくいが、ネットワークに情報があれば、読者はそれにアクセスし、商品を認知できる。さらに各出版社がこれを随時更新して最新の状態に保ち、求めに応じて必要な情報を提供する。これがデータベースを構築する意義と沢辺氏は力説した。中小出版社が自社だけでデータベースを運営していくことは人的にも資金的にも困難だが、複数社で共同で行えば可能になると考えた。出版社の営業活動は、情報の記録・蓄積に膨大な手間がかかる。これを版元ドットコムでシステム化し、一元管理することが急務と考えた。そして今では書誌・書影情報の登録・管理を基本に、EC サイトと連携した、ためし読み機能も付加された。「版元ドットコム」は現在、会員社は 330 社を超え、書協に次ぐ一大組織になった。

◇日本出版インフラセンター（JPO）の発足

日本出版インフラセンターの出版情報登録センター（JPRO）への自動転送などで、書誌・書影情報を通じて取次、書店、図書館と繋がることができるようになった。情報の一元管理で省力化が図られ、JPRO 自動登録の機能は大きい。

2002 年 4 月書協は「出版情報および出版情報システムの基盤整備」を目的に日本出版データセンターを設立した。2003 年日本インフラセンター JPO に改組・改称した。

2010 年 JPO は「近刊情報センター構想」を発表した。現在はいよいよ実用段階に入ったといえる。

2019 年 12 月 16 日に「BooksPRO・出版情報をすべての書店へ」が開催された。一般向けの書誌情報サイト「PubDB」（令和 2 年 1 月 6 日から「Books」に改称）とは別に、書店、図書館向けサイトとして「PRO」を開設すると書協は発表した。

登録料は一点 1000 円の価格は据え置く。「NOCS7」「TONETS-V」との連携も進められている。出版社の発注サイトと連携することも検討されている。読者との接点である書店には好評である。

出版情報のすべてが書店で見られる「BooksPRO」（https://bookspro.jp）に期待するところ大である。書店向け書誌情報サイト BooksPRO を開設は 2020 年 3 月 10 日オープンした。

3.7　書店が開発したブックエクスポ

◇**首都圏書店大商談会と BOOKEXPO**

2010 年に東京書店商業組合が「首都圏書店大商談会」を実施した。出展社 80 社、来場書店 259 店、商談成立件数 1815 件、成立金額 4084 万円であった。会場は、神楽坂の旧・出版クラブで開催された。第 2 回は開催場所を秋葉原駅前 UDX に移して行われた。この年から大阪でも開催され、場所は梅田スカイビルアウラホールである。出展社は東京 96 社に対し、124 社と遥かに多かった。これは出版社が東京に集中しているので、こうした機会を逃してはならないという意識が働いたからであろう。来店書店数、商談件数、成立金額は大阪の方が多かった。大阪での名称は「BOOKEXPO」（ブックエクスポ）である。

2014 年から北海道でも大商談会が行われるようになった。会場は札幌パークホテルである。出展社 109 社、来場書店は 257 店、成立件数 1136 件、成立金額は 3028 万円であった。すでに東京は 10 回、大阪 9 回、北海道 6 回が開催されている。主催は JPIC（出版文化産業振興財団）である。現在、ブックエクスポは前記 3 地区の他に愛知、静岡、博多の 3 地区でも実施している。こちらは JPIC 管轄ではなく、県独自の活動である。

◇**愛知書店相談会**

愛知書店相談会の最新は 2019 年 8 月 28 日に「第 3 回日本ど真ん中書店会議」として、千種区の名古屋中小企業振興会館で開催された。愛知、岐阜、三重三県書店商業組合が共催、日書連後援である。出展社 146 社（昨年 143 社）、来場書店 312 名（同 316 名）であった。

愛知書店商業組合は他にも二つのイベントがある。このイベントは他県にはない独自のもので、書店と読者の近さの証左である。一つは「孫の日」キャンペーンである。2019 年は 9 月 16 日の「敬老の日」から 10 月 20 日の「孫の日」をはさんで 11 月 9 日の「読書週間」最終日まで、「孫の日キャンペーン」を実施している。このロングランイベントは全国的にも珍しい企画である。組合主催者の狙いは、こどもの本の販促をクリスマスまでつなげたいということである。

もう一つのイベントは 4 月 23 日「世界・本の日」（サンジョルディの日）であ

る。1986年(昭和61年)から1998年前後には全国の書店が「サンジョルディの日」をイベントディにしていたが、現在は愛知県を除いて、他の県はこの行事を止めてしまった。スペインのカタルーニャ地方の習慣、「この日に男性は女性にバラの花に麦の穂を添えて贈り、女性は男性に本を贈る愛の習わし」があった。サンジョルディとは、カタルーニャの守護神で、この神を讃え、バラの市が開かれた。これが本とドッキングした。因みに4月23日は「ドン・キホーテ」の作者セルバンテスの命日で、彼を偲んで本の市が開かれている。

　「愛と知性」の新しい習慣を日本に普及し定着させようとして、日本カタルーニャ友好親善協会の協力、日本書店商業組合の指導、協賛で「'86愛のサン・ジョルディ・キャンペーン」が1986年から実施されるようになった。しかし日本人の習慣には馴染まなかったようで、平成年間に入り低調になり、自然消滅になった。継続実施している県は愛知県だけだが、残してほしいイベントである。

◇静岡書店大商談会と九州選書市

　静岡書店大商談会は第4回が葵区のグランディエーブルトーカイで行われた。出展社は116社、来場書店は170名であった。

　九州7県の書店商業組合が「九州選書市」として2000年から商談会を実施している。第8回「九州選書市2019」は、2019年9月18日に中央区の電気ビル共創館みらいホールで開催された。九州選書市は過去最多の135の出版社が出展した。来場書店269名であった。

　上記6地区の書店相談会は、業界隆盛の時代に行われていた取次別県単位のトーハン会、日販会などの発展的開催と思ってよい。県別がブロック別になり、会の充実、効率化に力を入れるようになった。従前から各出版社の参加もあったが、限定された時間、場所では版元としてのメリットは希薄であった。

　業界沈滞化を機に、「取次の会」が「書店主催・出版社協力の会」になったことは、時代対応事業として評価できる。「取次の会」が全部消滅したわけではなく、現在も存続しているいるが、規模が小回りになったことは確かである。現在の「書店主導、出版社協力の会」でも、取次の役割はある。大いに発揮してもらいたいものである。現在進行中の商談会は仕入中心の会である。出版社と面識を持つ、担当者が紹介されるなど、書店販売現場と出版社が急接近したことは心強いことである。

3.8　神保町ブックフェスティバル

　世界一の本の集積のある神田・神保町のイベントはやはり世界一と言えるのではないか。2019年10月26(土)、27(日)の2日間行われた「第29回神保町ブックフェスティバル」は過去最多247ブース、158社が出展した。当日は天気もよく来場者は12万人は超えている。会場は神保町のすずらん通り、さくら通り、三井ビルディング公開空地で、売場面積5000坪、在庫点数300万点、在庫冊数1000万冊といわれる。主催は神保町ブックフェスティバル実行委員会(運営委員長　大橋知広・東京堂社長)で、共催団体は東京都書店商業組合千代田支部など他5団体。協賛はJPIC，神田古書店連盟他4団体。後援は朝日新聞社、毎日新聞社、読売新聞社、東京新聞社他4団体である。

　筆者も毎年出かけて行くが、この年は両日とも秋晴れに恵まれ、満員電車のように、すずらん通りは歩行困難な状態であった。このイベントの最大の魅力は「本の得々市」である。出版社による本の値引率は「50%オフ」が多いが、「1000均一」「500円均一」「70%オフ」など多様な価格表示である。最終日は「全品100円」も現れている。300円均一で雑誌附録を販売したブースでは女性客の商品争奪戦があった。新刊書業界で最も本が動くフェアである。

　この超人気イベントにも問題が持ち上がっている。それは「せどり屋」による本の大量購入である。高額専門書、人文書を安く仕入れ、本をネット上で販売して、利ザヤを稼ぐ人間が年々増えている現象である。出版社の在庫放出、重版されない本の市場価値が高くなることは目に見えている。月に50万円～60万円も稼ぐというからやめられぬのであろう。こうした悪徳プロ化読者・業者にどう対処してゆくか今後の問題である。

　この神保町の2日間の超バーゲンには伏線がある。それは同場所で同時進行の「神田古本まつり」があるからである。この古本の存在を忘れることは出来ない。「神保町ブックフェスティバル」の3倍の歴史がある。今回で60回を数える。この古本市のマーケットは全国である。日本中の本探索者がこの読書期間中に集中するのである。新刊書と古書のバーゲンが、同日、同場所で体験できるのは世界でもこの神保町だけである。

　60年の歴史を持つ東京名物「神田古本祭り」には、100あまりの古書店から100万冊もの出品点数があるという街興しの一大イベントとして市民から親しまれている。

　書物に関する様々なイベントを通じて、多くの読書人から支持され、日本全国はもとより、海外から来場される方も多い。プロの読者の集まる古本イベントである。神保町ブックフェスティバルより、早く始まり、遅く終わるこの「古本まつり」は「神保町ブックフェア」を包む形になっているのである。古本と新刊のコラボが神保町を本の天国にしているのである。

東京国際ブックフェアの変遷

　東京国際ブックフェアの歴史は古い。スタートは1984年（昭和59年）に池袋サンシャインシティで行われた。名称は「日本の本展」であった。2年後に浜松町・東京都立産業貿易センターに会場が移された。主催は常に書協で、狙いはBtoBである。初日は出版社、書店だけの会であるが、後半は読者にも開放、本も買えた。東京ブックフェアと名称の変わったのは1988年からであった。

　目を転じて、世界のブックフェアを見てみると、三大ブックフェアといわれる「①フランクフルトブックフェア、②ボローニアブックフェア、③ブックエキスポ・アメリカがある。①と②は版権売買が主目的で、③はアメリカ全土の小売書店の年間仕入れ機会である。日本のブックフェアと比較すると、雲泥の差で、日本の超劣性を感ずる。世界一のフランクフルトブックフェアは5日間開催、7000展示者、入場者は30万人であり、世界の編集者の同窓会と言われている。

　展示会主催を専門とするリードジャパンが主導するようになったのは、1997年以降で、名称も「東京国際ブックフェア（TIBF）」となり、東京ビッグサイトが会場となった。書協はBtoBの版権商談を考えていたが、「TIBF」の「I」は無機能であった。

　やがてリード社の商業主義の攻勢に会い、出展者は費用対効果に悩むようになった。休幕した数年前から大手版元の不参加が増えた。

　書協はBtoCに理念を変えた。その結果TIBFはディスカウントショップになった。この状態では出展者のメリットはない。版権商談は「東京版権説明会」でカバーされる環境ができた。TIBFの影は一層薄くなったのである。先進国で「IBF」を持たない哀れな国になった。

81

3.9 広がる地域ブックフェア

　本と読者を出会いの場を作るイベントが全国に飛び火している。その状態は年々多くなり、全国化している。その地域イベントについて見てみよう。

◇ブックオカ

　地方発ブックフェアの先駆けは「ブックオカ(BOOKUOKA)」であろう。「福岡を本の街に」を掲げて始まった本のお祭りがブックオカである。

　地方都市の中でも、地元出版社の数が多い福岡で、「西の雄」といわれる葦書房は創業は1970年と古い。福岡には葦書房の他十数社あり、各社とも少数精鋭、あるいは一人会社で社長兼編集兼営業職の会社が多い。2006年当時石風社に在籍していた藤村興晴氏(現在忘羊社代表)が編集・書店回りであった。社の垣根を越えて、「地元出版社と書店をつなぐ場を作りたい」と思い、地元の版元仲間と創刊したのが『はかた版元新聞』(現在休刊)であった。

　そこで出会った人がブックスキューブリック社長の大井実氏であった。フリーペーパーを起点に有志が集結し、出版社と書店がつながったのである。

　この「ブックオカ」は、前年の2005年に開催された東京・台東区で開催された「一箱古本市」に発想の原点があった。「あんなブックフェアを福岡でもやってみたい」と思って、2006年に発足したのである。第14回「ブックオカ」は1カ月にわたり福岡県内で行われた。市民のもちよる「段ボールひと箱」分の古本と近隣の書店のコラボで、ブックオカが開催されている。14年間も続いている地方書店、出版社の意気込みに敬意を表したい。それに応えてくれている「一箱提供」の市民読者にも感謝せねばならない。地方の出版文化の発展・維持の一石になっている。尊いと言わねばならない。

◇一箱古本市

　ブックオカの発想の原点になった「一箱古本市」について触れてみよう。

　一箱古本市とは「段ボール箱ひとつ分」(みかん箱サイズの段ボールやりんご箱サイズの木箱、トランクなど)に、毎日を普通に暮らす一般市民が、古本を販売するマーケットである。その日、その時だけの店名をつけたり、ポップを付けて売り方を工夫したり、いくらで売るのかは自由である。出店参加者は、

その日だけ「本屋の店主」になれる。

2005年に東京・谷中・根津・千駄木で不忍ブックストリートで開催した会が最初で、その後、地方に広まった。当時、一箱運動の推進者は何陀楼綾繁氏であった。

◇上野の森・親子ブックフェスタ

一般読者を対象とした社会的イベントも数多くある。読者動員数、社会的反響、人気度の高いイベントとして「上野の森・親子ブックフェスタ」がある。主催は子ども読書推進会議、日本児童図書出版協会、一般財団法人出版文化産業振興財団(JPIC)である。後援団体は23団体と多い。協賛団体も年々多くなり、イベントの人気度の高いことがわかる。

この会の特色は、おはなし会、講演会、謝恩価格提供等、来場者に魅力一杯のサービスがあることである。2019年は5月3日から5日まで開催された。開催場所は東京・台東区の上野恩賜公園中央噴水池周辺並びに周辺施設である。

児童書出版社75社が出展して絵本や児童書を読者謝恩価格で販売した。作家のサイン会や読者交流イベント、協賛社によるデモンストレーションなど多彩な催しが行われた。NHKでもニュース番組として毎年ゴールデンタイムに紹介・放映している。3日間の来場者は約3万人である。講演会には964人が入場している。3日間の本売上は4203万円である。

11月1日「本の日」の制定

本棚に並ぶ本に見立てて、11月1日(111)が指定された。国際的にバレンタインデーが商業化され、ギフトが社会現象化した。出版業界で目を付けたのは4月23日の「サン・ジョルディの日」(⇒79ページ)であった。1985年から日本でも、この日は本を贈る日と始まったが、スペインのこの風習は、日本には馴染まず空文化してしまった。

その後、本屋に来てもらおうと願って誕生した日が「本の日」(⇒115ページ)である。"本屋へ行こう"キャンペーンは全国展開されている。この期間は「読書週間」であって、テレビもマスコミも出版業界に好意的である。

今度こそ「本の日」を育てたいものである。

3.10　出版賞と書店の拡販

　業界には数多くの出版賞がある。これらの出版賞の受賞作品は、書店の重要な拡販対象でもある。芥川賞、直木賞を始め、毎日出版文化賞などは社会的に有名な行事となっている。例えば菊池寛賞、大宅壮一ノンフィクション賞、松本清張賞、文学界新人賞、ナンバー MVP 賞、文藝春秋読者賞、オール読物推理小説新人賞など文藝春秋一社で 10 の文学賞の門がある。

　出版年鑑 2018 年版（最終版）による受賞の分類を見てみよう。

＜出版文化賞＞　17 賞

　梓会出版文化賞、講談社出版文化賞、産経児童出版文化賞、小学館児童出版文化賞、日本出版学会賞、毎日出版賞など 17 賞ある。

＜出版関係賞＞　20 賞

　角川財団学芸賞、広告電通賞、新風賞、造本装幀コンクール、日本絵本賞、文藝春秋読者賞、本屋大賞、リブロ絵本大賞、読売出版広告賞など 20 賞ある。

＜文学賞＞　183 賞　その一例

　アガサクリスティー賞、芥川賞、江戸川乱歩賞、大佛次郎賞、女による女のための R-18 文学賞、角川源義賞、川端康成文学賞、紀伊國屋じんぶん大賞、現代詩手帖賞、小林秀雄賞、司馬遼太郎賞、小説すばる新人賞、新書大賞、新潮新人賞、蛇笏賞、太宰治賞、谷崎潤一郎賞、直木賞、中原中也賞、日経「星新一賞」、日本エッセイスト・クラブ賞、日本児童文学者協会賞、日本数学会出版賞、野間文芸賞、ビジネス書大賞、文学界新人賞、松本清張賞、三島由起夫賞、三田文学新人賞、向田邦子賞、山本周五郎賞、吉川英治文学賞、H 氏賞、BBY 賞など 183 賞ある。

＜一般文化賞＞　46 賞

　朝日賞、エコノミスト賞、菊池寛賞、サントリー学芸賞、新聞協会賞、土木学会賞、新村出賞、日本学士院賞、日本芸術院賞、ノーベル文学賞、文化勲章、文化功労章、南方熊楠賞など 46 賞ある。

　以上の合計が 266 賞もある。社会的評価の高い文化勲章、文化功労章、ノーベル文学賞なども『出版年鑑』の賞分類では＜一般文化賞＞の中に加えてあった。

全体で266賞の中で断然多い賞は、＜文学賞＞で183賞あった。全体の68.8％に相当する。この文学賞は各出版社が自社に多くの作品を寄せてくれた作家を顕彰する賞が多い。新人賞が多いことも嬉しいことである。業界を横断した賞として「新書大賞」（中央公論新社）、「ビジネス書大賞」（ディスカヴァー・21）、「紀伊國屋じんぶん大賞」「同ベストセラー大賞」があるが、業界発展のためによいことである。絵本賞が多いことも特色である。

◇**書店独自の出版賞**

最近の傾向として、書店独自で、あるいは書店団体で出版賞を出している例が多くなった。古くて有名な賞には雄松堂の「ゲスナー賞」がある。現在は丸善雄松堂として、目録・書誌づくりをはじめとした情報の組織化を顕彰する「ゲスナー賞」があり第8回である。

明屋本大賞（小説、ノンフィクション、児童書部門、実用書部門）、うつのみや大賞・2019年の賞は、白石一文『一億円のさようなら』（徳間書店）であった。未来屋第1回えほん大賞、第2回八重洲本大賞、フタバ図書（広島）第15回「フタバベストセレクション」。教文館も賞を出している。啓文堂も同様である。珍しい個人賞としては元・三省堂書店勤務の新井見枝香（エッセイスト）が「新井賞」を出している。また、静岡県書店商業組合は「書店大賞」を設けている。

都市をバックにした賞は8市である。京都府は、主催は京都本大賞実行委員会で、後援は京都府書店商業組合である、第7回の京都本大賞は『京都府警あやかし課の事件簿』（天花寺さやか著、PHP研究所）が受賞した。京都にはもう一つ「京都水無月大賞」がある。新規に大垣書店の「京都文学賞」が加わる。大阪には「大阪ほんま大賞」がある。主催はOsakaBookOneProject実行委員会である。2019年度第7回の受賞作は木下昌輝『天下一の軽口男』幻冬舎である。愛知・三重・岐阜の三県共同活動は有名である。「日本のど真ん中書店大賞」を実施している。金沢市の第47回泉鏡花文学賞は、田中慎弥『ひよこ太陽』（新潮社）が受賞した。岡山市の第34回坪田譲治文学賞は『ペンギンは空を見上げる』（東京創元社）が受賞した。その他の地域の賞には広島本大賞、神奈川本大賞、名古屋文庫大賞、沖縄書店大賞、北海道ゆかりの本大賞がある。変わった賞として、酒飲み書店員大賞がある。船橋市のときわ書房が中心になっている。変わったところで、大阪こども「本の帯創作コンクール」がある。

主催は大阪読書推進会、朝日新聞社である。2020年は第16回になる。

3.11　消えた書店の遺産

　平成30年間に老舗書店、有名書店の倒産、廃業は57店ある。

　2018年（平成30年）に大阪の天牛堺書店が突然閉店を発表した。大阪府下に17店舗をもつチェーン店である。天牛堺書店を有名にしていた要因は普通の新刊書店では無かったからである。扱い業種に古本が当初からあったことである。店舗は大型店よりも中型店が多かった。立地は駅構内、駅周辺など、店売向きであった。文具もセルAVも扱うなど店売志向店であったが経費と売上のバランスが崩れてのであろう。新潟・北光社が112年の歴史を閉じている。閉店を惜しむ市民の寄せ書きがウィンドウに飾られていた。元店長の佐藤雄一氏が、その後2010年に北書店を立ち上げたことはせめてもの慰めである。

　2016年（平成28年）に負債額1億2732万円で倒産した信山社にも驚かされた。筆者と同郷の柴田信社長には多くのことを学ばせてもらった。柴田氏が芳林堂時代に編み出した単品管理は業界発展に大きく寄与している。読書週間の「神保町ブックフェティバル」を成功させた人でもある。

　2015年（平成27年）に5億円の負債で倒産したくすみ書房も劇的な倒産であった。社長の久住邦晴氏は北海道書店商業組合の理事長をし、業界をリードしていた。なかでも有名な実績は"この本を読め"のブックリストを作り、中学校に配布するなど読書普及に熱心であった。いつも必ずフェアをしているのがくすみ書房の特色であった。ある時は"君はこの本を読んだか‼ちくま文庫100点フェア"であったり"中学生はこの本を読め"などであった。久住氏の業績は全国書店商業組合に伝播した。久住氏の死後、娘さんが継いだが成功しなかった。惜しい書店の廃業であった。その後、ミシマ社から『奇跡の本屋をつくりたい』が発刊された。この本は久住氏が生前に彼の信念、書店根性を病床で書いてあったものをまとめた本である。

　2009年（平成21年）に廃業した青森市・岡田書店は業界低調の波にのまれたこともあるが、都市計画の被害者だったのではと筆者は思っている。駅前大通りの拡幅によってと、都市計画後岡田書店はビル2階の店舗に収まった。しかし路面店ほどの売上はなく、閉店せざるを得なくなったのである。

　平成中期の10年間は書店の多くが倒産した。2007年（平成19年）に21億9300万円の負債で倒産した金沢の「王様の本」は、金沢でうつのみや書店と肩を並べるほどの上昇気流の書店であった。「王様の本」の特色は駐車場が広いことと、革製品を中心とした雑貨、CDに強い店であった。社長の藤川正克氏が本、催事をリードし、奥様が人気革製品の仕入を担当していた。藤川社長が急逝し、奥様と息子が頑張ったが負債額に対しては焼石に水であった。

　同じ年に業界を驚かせた閉店があった。松本の老舗・名門の鶴林堂書店の倒産であった。戦前の旧制松本高校とともに松本文化に貢献した書店であった。北杜夫、武者小路実篤、竹久夢二などが愛した書店であった。

　社長の小松平十郎氏の功績は1958年（昭和33年）に「書店新風会」を結成させたことである。北海道から鹿児島まで、各県の有力書店をまとめたのである。それぞれの県を代表する書店の集まりであるから、出版社が放っておかなかった。小松はスタート時23書店のまとめ役であった。書店新風会は上げ潮の景気にも乗り、73書店のボランティアチェーンに成長した。新風会会員になることが書店のステイタスだったからである。平成中期に新風会書店が多く倒産している。

　平成中期の取次受難期同様に書店受難だったのである。列挙してみると、古い順に八王子・鉄生堂（負債8億5000万円）、福岡・積文館書店（同49億円）、静岡・谷島屋（同9億円）、川崎・文学堂（同6億円）、姫路・新興書房（同21億円）、草津・村岡光文堂（同9億円）、函館・森文化堂（同8億円）、下関・中野書店（同6億5000万円）等であった。大阪の駸々堂書店が平成11年に負債30億円で倒産している。駸々堂書店は出版部もあり、駸々堂新書は今でも古書価が高い。書店、出版、レストランと手広い経営がアダとなってしまった。

　この年代、個性的な書店の廃業、倒産も多い。東京青山・童話屋（閉店）、名古屋・竹内書店（同5億円）、水戸・鶴屋（同35億円）、鹿児島・春苑堂（閉店）、神田・前田書林（廃業）、岐阜・大衆書房（3億5000万円）、東京銀座・近藤書店、神戸・三宮ブックス（閉店）、池袋・芳林堂本店（閉店）、六本木・青山ＢＣ（倒産、洋販支援）、花巻・誠山房（17億円）、自由が丘・自由書房（閉店）、仙台・アイエ（廃業・うさぎやＭ＆Ａ）などである。

　平成前期の10年間は、本が史上最高に売れた時代だったので、書店の廃業、倒産は少なかった。神保町・冨山房が書店部門を止めたくらいである。

3.12　コンビニの成長と雑誌市場

◇コンビニの雑誌売場の終焉

　コンビニ(CVS)の雑誌売場は激変している。過去の栄光から考えられないほど、体たらくである。平成30年間の歴史の中で、ピークは1998年の5571億円の売上げである。

　1994年から2005年まで12年間はコンビニ業界は、雑誌を5000億円以上売っていた。出版業界はコンビニの書籍・雑誌といっているが、実際には「書籍1:99雑誌」と言ってよいほどの割合である。書籍は地図位である。従って雑誌業界は、コンビニにおんぶにだっこだったのである。即ち1992〜2008年まで17年間、CVSは日本の雑誌売上げの30%以上を売っていたのである。

　2003年〜2006年までの6年間は38%台という高い売上であった。その雑誌売上げが2010年以降2000億円台になり、2015年からは1000億円台となってしまった。コンビニのみならず出版業界の雑誌売上げは低落し、2018年の雑誌売上げは5930億円となり、ピークの1996年の1兆5984億円に対して37%になってしまった。CVS業界だけをみると、ピークは1998年の5571億円で、2018年は1445億円であるから25.9%である。出版業界より下落率が激しい。そこで筆者はコンビニ業界の雑誌の終焉と申し上げた。

　別の面からもCVS雑誌売上げの陰が薄くなったことを証明する数字がある。それはCVS一店舗の売上げに対して、雑誌の貢献度である。2002年には7.2%の売上シェアがあったが、2017年は1.3%である。CVSスタート時は扱い誌は180誌であったが、好調時は300誌であった。雑誌販売台を4台から6台に増やし、今また4台時代となっている。商品回転率から見ると、貢献度1.3%の商品は、陳列に値する商品ではない。店頭に無くても消費者に迷惑をかけることは極めて低い。しかし現在も出版業界はコンビニに対して雑誌を送り続けている。これは業界のミスマッチ現象である。

　なぜこの現象が起こるのか？　それはコンビニ全体の雑誌売上げが今でも1500億円以上あり、24%はCVSに依存しているからである。この数字に惑わされているといえないか。もう一つはコンビニの総店舗数が5万6000店もあ

ることである。書店数は 30 年以上減少し続けている。ところがコンビニの店舗数は 30 年間増え続けている。この店舗数の魔術が、出版業界がコンビニを忘れられない原因なのである。

では、その成長の過程をセブンイレブンの歩みでみてみよう。

◇コンビニ（CVS）成長とセブンイレブン戦略

1989 年（平成元年）のコンビニの書籍、雑誌の販売額は 2954 億円である。当時の出版物総売上げは 2 兆 0145 億円で、その 14.7％であった。

東京のセブンイレブンの 1 号店は豊洲店で昭和 49 年（1974 年）の誕生である。当時のコンビニ業界ではセブンイレブンは NO.1 ではなかった。その後のコンビニの出版物売上高を伸ばした。当時セブンイレブンを立ち上げた一人に鈴木敏文がいた。彼はトーハン出身であり、出版物の流通に詳しかった。セブンイレブン 1 号店から 10 年たらずの間に店舗数が増え、88 年には 3653 店、売上げ 6800 億円に達した。

当時、丸善の売上げ 1024 億円、紀伊國屋書店の売上げ 730 億円であった。セブンイレブンの存在が出版業界で注目されるのは当然であった。

現在、セブンイレブンは、資本金 172 億円、売上げ 4 兆 8988 億円（2019 年 2 月）、従業員 9092 人。その売り上げは、業界 1 位であり、2 位ローソン 2 兆 495 億円、3 位ファミリーマート 2 兆 55 億円、4 位ミニストップ 3363 億円、5 位スリーエフ 797 億円で、セブンイレブンの優勢である。

セブンイレブンの凄さは、ローソン、ファミリーマートなどに比べて日商が高いことである。現在セブンイレブン 1 店の日商は 70 万円～ 73 万円である。月商で 2000 万円売っている。ところが、他チェーン店で日商 70 万円売る店はない。この生産性の高さは本の売上げにも　発揮されている。セブンイレブン 1 店の本の年商は 1000 万円～ 1200 万円である。他チェーン店は 700 万円～ 900 万円である。同じ発売日、同じ雑誌を同じスペースで売って、これだけの差がついてしまう。

これはセブンイレブンのマーケット分析の勝利に他ならない。商品開発、時代対応策など他チェーンをしのぐノーハウの存在にはみるべきものがある。

POS データの解析は優れている。返品率が他チェーン店より低いことがその証左であり、出版業界としても学ぶべき点が多い。

3.13　大手取次・書店の経営実態

◇出版流通の要である大手取次の経営実態

　有価証券報告書の経費項目を見ると経営の実状が詳細にわかる。取次は、出版流通の要であるが、現在、取次経営の最大の悩みは「本が書店に届けられなくなるかもしれない」ということである。ドライバー不足、出版輸送の非効率などの理由で運送会社から賃料アップが申込まれている。取次経営は危機的な状態にある。直近の決算ではトーハン販管費412億円に対し、運送荷造費は199億円で、販管費の48.3％を占める。日販は430億円に対し、同じく199億円で、46.3％になる。運送費の高騰で、両社共同で出版社に運賃協力金をお願いしている実状である（表1）。

表1　大手取次の経営実態

項　　目	トーハン		項　　目	日　　販	
	2018年	2017年		2018年	2017年
売上高 [億円]	3971.60	4274.64	売上高 [億円]	4390.40	4623.54
営業利益 [億円]	42.72	50.32	営業利益 [億円]	38.90	50.10
経常利益 [億円]	21.39	30.10	経常利益 [億円]	94.80	101.60
純利益 [億円]	65.20	18.18	純利益 [億円]	7.04	8.69
資本金 [億円]	45.00	45.00	資本金 [億円]	30.00	30.00
株主数 [人]	2,449	2,490	株主数 [人]	3,223	3,277
総資産 [億円]	3032.56	3142.72	総資産 [億万円]	2561.48	2645.80
自己資本 [億円]	1024.26	1019.42	自己資本 [億万円]	454.19	453.96
自己資本比率 [%]	33,7	32,6	自己資本比率 [%]	17,7	17,7
自己資本利益率 [%]	6,3	1,7	自己資本利益率 [%]	1,5	1,9
粗利率 [%]	11.7	10.9	粗利率 [%]	9.5	9.4
販管費率 [%]	10.5	9.6	販管費率 [%]	9.3	9.3
商品回転	24,0	23.8	商品回転	32,0	34,0
返品率 [%]	40.7	40.9	返品率 [%]	37.1	37.6
書店歩戻 [%]	1.3	1.3	書店歩戻 [%]	2.6	2.7
株価 [円]	1,528	1,520	株価 [円]	756	756
従業員数 [人]	1,236	1,277	従業員数 [人]	1,345	1,308
職制数（女性）[人]	592 (48)		職制数（女性）[人]	787 (46)	
平均年齢 [歳]	42.5	42.2	平均年齢 [歳]	41.4	40.9
平均勤続 [年]	19.4	19.5	平均勤続 [年]	17.8	18.2
年収 [万円]	560.2	561.0	年収 [円]	－	600.6

出所：トーハン・日販有価証券報告書より

トーハンの近藤敏貴社長が「マーケットイン型流通」を推進している。この推進は業界的な要請である。しかしPOS武装率が30％の現状をどうリードするか不安が残る。JPROの活用で事前注文を配本に生かして欲しい。これによって新しい仕入プラットフォームの構築を出来ることを期待したい。

日販は直近の決算が22年ぶりの赤字決算であった。2000年の赤字の際は、財務基盤が抜本的に改善され、以後の日販発展の起爆剤となった。果たして今回はどのように推移するのか不安材料が残る。文教堂をM&Aしたことが、日販にとってプラスであったのか。文教堂の上場保身でなければよいのだが…。

楽天ブックスネットワークの不透明も心配である。2大取次の中枢度は、さらに増している。デジタル出版（電子書籍）の成長で、書籍は23年ぶりに前年比を上回った。この状況を維持したいものである。

◇紀伊國屋書店書店の経営実態

表2は、紀伊國屋書店の直近5年間の決算数字を示した。業界が21年連続ダウンの中で、現在12年連続で、黒字決算を継続している事実は驚きである。

直近の店舗数は国内68店舗、海外37店舗，計105店舗である。中でも海外の発展は目を見張るものがある。アメリカをはじめ、ドバイ、シンガポール、バンコク、シドニー、クアラルンプールなどの各店舗は紀伊國屋文化と国際性が地域文化に貢献し、地元の信頼が高いことは日本人として誇りである。

紀伊國屋書店の出店ペースは時代に適合している。ナショナルチェーンの地方戦略の難しさをよく承知している。開発の終了、停滞、停止、下降の発見が時宜を得ている。紀伊國屋書店の社会的使命、機能を認識した発想である。

書店リーダーとして、流通改革を行ったことは尊い。日本の取次の欠陥を補う行動で継続して欲しいものである。全国書店の意識改革を生み、第三勢力に足りうる力である。アマゾン病に効く良薬である。紀伊國屋書店の指導力を各出版社が信じ、認識することが、今後の日本流の流通改革を生むことになる。

表2　紀伊國屋書店書店の経営実態

	2019年	2018年	2017年	2016年	2015年
売上高[億円]	1212.55	1221.97	1033.76	1059.6	1086.31
営業利益[億円]	15.17	18.27	13.11	6.54	7.31
経常利益[億円]	16.74	18.55	12.49	14.30	12.22
純利益[億円]	9.80	8.83	8.51	7.69	7.50

出所・紀伊國屋書店の決算報告書より

3.14 アマゾンの戦略と日本市場制覇

アマゾンが日本に上陸したのは2000年であるが、今や紀伊國屋書店と肩を並べる書店に成長している。紀伊國屋書店の2019年の売上が1212億円である。国内68店舗、海外37店舗、計105店舗の合計売上げである。

アマゾン・ジャパンの書籍・雑誌の売上げは、推定1200億円（2018年）で、アマゾン・ジャパンの全売上げは2500億円である。米アマゾンの総売上げ（2019年）は30兆5768億円で、前年比20.5％増、純利益1兆2630億円で同15.0％増である。トヨタ自動車の売上げや利益に匹敵する企業である。

米アマゾンの創業は1995年で、1998年イギリス、ドイツ、2000年フランス、日本の順に進出した。現在、アマゾンがサイトを運営している国は次の通り。2002年カナダ、2004年中国、2010年イタリア、2011年スペイン、12年ブラジル、2013年インド、メキシコ、2014年オランダ、2017年シンガポール、オストラリア、2018年トルコ、2019年アラブ首長国連邦の16ケ国である。

海外進出の中で優等生は、断然、日本であった。当初は本だけの販売であったが、今は違う。日本の市場は他国と全く異なり、肥えた土壌に驚いたらしい。その第一は再販制の徹底した国であること。第二は本の定価制が守られている国であること。値崩れがないことは利益の源泉である。第三はアメリカに比べて図書館の数が少ないこと。日本人は本は借りるものではなく、個人で買うもの、読書習慣を持った読書人が多い、個人読書が日本人の特性であった。

上記の読書の好環境がアマゾン・ジャパンを急成長させた。米アマゾンは出版物よりも食料品、日用品扱いの「アマゾン・ゴー」が注目されている。日本国内の電子書籍環境は2007年に発売された「キンドル」や「Kobo」によって整ってきた。販売にしてもリアル書店で見て、ネットで注文する読者が増えた。これは書店の注文環境が劣悪であり、本の到着まで日数のかかることである。アマゾンであれば翌日には到着する。読みたい時が買いたい時の読者心理をつかんでいた。しかも送料無料であれば、値引きされた感覚になる。

アマゾンの最初の取引先は大阪屋であった。商品調達を大阪屋に依頼したので、大阪屋の売上げは2005年から急激に伸びた。しかし調達力に限界を感じ

たアマゾンは日販に取次を変更した。数年して注文品の充足率が悪い、対応が遅いと不満を持ち、2017年バックオーダー中止を申し入れた。日販側はアマゾンと不仲ではないというが、それ以上にアマゾン側の出版社直取引意向が強く働いた。出版社側もアマゾンとの取引額、率は年々向上している実状をみると、直取引の無視は考えられない。

　読者は早くて、送料無料は大歓迎である。アマゾンの送料なしを止めさせなければ、アマゾンの市場制覇は時間の問題であった。政治力で抑止することは今の業界のまとまりでは期待できない。僅かに抵抗勢力の牽制団体として日本出版者協議会の眼が光るだけである。

　フランスは「反アマゾン法」によって無料配送を禁止する法案を上下院で可決している。中小出版社に福音な法であった。しかしその後、アマゾンは送料1円で対抗してきた。

　ドイツにもアマゾン阻止運動がある。取次リブリの傘下書店が地元電信会社と共同でデバイスを開発し、各店頭で読者にPR、アマゾンを抑制している。

　現在、アマゾンと直取引をした出版社は3631社で、前年より689社増えた。アマゾンでは取次会社を経由した場合より、アマゾン経由（直取引）の方が、取引マージンは4.7%改善されると主張している。直取引出版社で、取引金額が1億円以上の企業は172社、未満企業は3459社（取次口座を持たないe宅委託契約者を含む）である。現状では各出版社は、アマゾン取引により売上げ増の傾向にある。アマゾンの得意とするレコメンデーションサービス、カスタマーレビューなど、読者、利用者に還元されるサービスを研究してゆかないと、顕在読者をアマゾンファンにしてしまうであろう。アマゾンは著者との接点も思慮に入れている。著者直が実現した時は業界の終焉である。暗黒の出版業界になってしまう。今こそプロダクト・アウトの出版社の責任は重い。

　アマゾンを逆利用している企業もある。インプレスグループでは大学教授の論文をプリントオンデマンドで海外6ケ国のアマゾンストア（米、英、独、仏、伊、西）で受注生産し販売している。「毎月100万円を超える収入」のある著者もいるという。広島・庄原市のウィー東城書店は、米国アマゾンを通じて、和書、フィギャー、折り紙、ゲームコントローラーなど100アイテムを超える商品を販売している。為替変動により利益は固定化しないが、月2回定期的に入金されており、取引そのものに不信感はないという。

3.15　日本に上陸した誠品書店の素顔

　言語の違う国に書店が出店することは大変である。「日本語」という民族言語は国際的ではない。その日本に敢えて出店したのが、台湾の一番店である誠品書店である。台湾の書店事情を見てから誠品書店にふれてみたい。

　台湾には日本の日書連のような組織がないので、全国の書店数を把握することは出来ない。筆者の見当では1500店前後ではないだろうか。店舗数では金石堂書店が一番で、100店を超すチェーンである。台北を中心に発展したチェーン店である。駅前、繁華街、デパート内に30～80坪位の中型書店で、親しみやすい店なので20世紀に一気に成長した書店である。

　1945年から1983年の戦後すぐの書店誕生は、台湾の神保町といわれる台北駅近くの重慶南路にある書店群である。この地域は日本統治時代に最大の出版社であった東方出版社があったところで、この頃から重慶南路には出版社、書店が集積されていた。現在でも重慶南路書店街は存在し、個性的な活動を続けている。40店舗位の書店が軒を並べ、集密度は神保町より高い。神保町の場合は書店と書店の間にカバン店、レストラン、ラーメン店などがあるが、重慶南路は書店の連続である。世界でも珍しい光景である。

　現在の重慶南路で特徴的なことを追記しておこう。それは道を挟んで対峙する書店街が90:10の割合で北側に集中している。これは神保町でも同じである。重慶南路の場合、少ない側は教科書版元、出版社が主である。台湾の戦後書店史の第1ステージは重慶南路から始まったと言える。

　第2ステージの起動は金石堂書店である。その後、経済の成長に恵まれチェーン書店が目白押しに出来た。新学友書店、敦煌書店、三民書局、永漢国際書局、何嘉仁書店などで、これらの書店はみなチェーン書店で20～40店はある。

　2000年に書店革命があった。シンガポールの美術系出版社の「ページ・ワン」が書店として台北に進出してきた。2000年にオープンした世界一の高さ（当時）を誇る貿易センターの4階にページワンが出店した。同センターは新名所のショッピングセンターとなった。ページワンの特色はデザイン書、建築、美術、写真集などの専門性が売り物であった。お客様も多く入っていた。

　その貿易センターから約700 m離れた所に誠品書店・新義店(市内最大)がある。開店はペイジワンより早くオープンしていた。誠品書店をみてみよう。

　創業は1989年である。41店舗あり、売上高は110億元である。親会社はヨーロッパ、アメリカの料埋道具を輸入・販売する厨房製品販売会社である。2006年に出来た新義店はチェーン店のシンボルである。3000坪の超大型書店で、店に入った瞬間に他書店とは違う雰囲気を感じた。凄い店というのが印象である。日本にもこんな書店はないと思った。店の持つ文化性は抜群である。

　代官山ツタヤの台北版である。建物は自社物件の六層である。地下には500台収容の専用駐車場がある。

　1階はファッション衣料、ビューティケア、ファッション、生活用品、アクセサリー、フラワーショップ、スターバックスである。

　2階は新刊、音楽書、旅行書、ビジネス書、言語、ホビー、雑誌である。雑誌ゾーンだけで、200坪はある。

　3階は中文書ゾーンである。文学、人文、社会科学、コンピュータ、理工学、自然科学、資格試験、健康、飲食(フード&ビバレッジである)。このフロアーは誠品書店の目玉である。専門書の充実は、他店の追随を許さない読書ゾーンも用意されている。ブランコで読書できるのは世界でもここだけだろう。このフロアーの窓側に誠品喫茶 Eslite Tea Room 80 席がある。常時賑わってる。

　4階は日文書店、藝術書店があり、日本語の本、美術、デザイン、画集が300坪に優雅に　陳列されている。中央には楕円形の大テーブルがあり、20人が画集をゆっくり読める。

　5階は誠品児童館である。本の他に玩具、児童機能性家具、嬰幼児服飾用品、児童探索博物館がある。誠品書店のもう一つの顔になっており、レストスペースも用意され、長方形のベンチには20人が休める。専門書店の風格を飛び出した書店である。インフォメーションは店内各所にある。

　アジア最大の書店として、質、量、サービス、レイアウト、情報発信など、一見の価値がある。現在は新義店が旗艦店であるが、2005年までは敦南店であった。24時間営業で有名である。新義店の感覚で日本橋・室町コレドに上陸したのである。お客様にやさしい、趣味の書店である。都内の観光バスの観光スポットに指定され、多くの人が訪れている。実際に運営しているのは横浜・有隣堂である。誠品色を有効に生かしているのは、さすが有隣堂である。

3.16　書店の生き残り策を考える

　ニッチャー書店になろう。このジャンルに関しては「地域１番店だ」という自負部門を持とう。商品量では大型店に譲っても、知識、インフォメーション、サービス、接客、陳列、クリンネスで自信を持てばよい。１番店(リーダー店)、２番店(チャレンジャー店)は、無理であったとしてもニッチャー店には自助努力でなれる。フォロアー店だけにはなって欲しくない。

　毎月のキャッシュフローが計算できる書店になろう。取次店と相談して、毎月の送品金額を設定する。毎日の雑誌、書籍の送品金額の把握は当然である。同様に毎日の返品金額の計算もする。返品は入帳のタイムラグがあるから考慮にいれる。並行して今月の経費の累積を日次で行い、固定経費以外の突発的な経費を含め合算月次経費を出しておく。書店経理独特の延勘請求額、常備精算金額は支払金額にオンしておく。この金額は取次で事前にわかる。このように、仕入金額、売上げ、経費を正確に掴むことで資金繰りができる。問題は売上げが変動ということで、支払いに支障をきたすことが判明することがある。月半ばで、資金繰りの目途を立てたいものである。流動資金を持つことが大切である。仕入が重要な部分である。自主仕入主流が望ましい。まとまった注文は直取引を考える。献本がある時は、必ず内献本でもらうこと。

　売上分析を行い、一番売れている出版社はどこか。上位 100 社はどこなのか、中心になる版元を 10 社ほどは作りたい。この 10 社で販売金額のシェアが50％はあるであろう。これらの版元に限ってフェアをし、売上げを５％アップさせれば全体の 2.5％増ができる。自社に貢献度の高い出版社は協力度が高いはず。自店のマーケットサイズを知ることは、書店伸長の基礎条件である。

　書店である以上、再販制度を尊重することは当然である。書店は読者の変化を知り、変化に応えるべきではないか。再販制度の弾力的運用を積極的に行い。本のバーゲンセールを学習する必要がある。バーゲンブックにもロングセラーはある。洋書は非再販商品で、写真集や画集、辞書は大冊でも驚くほど安い。売場にアクセントをつける商品になれる。バーゲンフェアには期間限定販売か、売場独立の常設がある。八木書店に相談すれば、親切に指導してくれる。

第4章

平成の出版十大ニュースを読み解く

―年表で読み解く出版150年史―

ノセ事務所　能勢仁＋出版メディアパル編集部

この章の概要

　第4章は、日本の出版業界の「昭和・平成の出版が歩んだ道」を考えるために2つのセクションに分けた構成になっている。

　前半には、出版業界紙「新文化」編集部が選んだ直近10年間の「出版業界十大ニュース」を基に、「激変する出版業界」の課題を分析し、出版の「平成の出版が歩んだ道」を解説した。資料の提供などで、ご協力いただいた「新文化」編集部に厚く感謝申し上げたい。

　後半では、明治以降の「出版略年表」を作ってみた。出版年表の底本としては『日本出版百年史年表』（日本書籍出版協会編）があり、書協のWebサイトで閲覧が可能であるが、本章では、手軽に親しんでいただくために1年の出来事の中から3つほどの重要事項を選んでみた。

　この「出版略年表」でも十分に"出版の夢と冒険"に挑む、出版人の挑戦を感じることができ、若い方々が、先人の歩んだ道を学ぶことが出来るようにした。お役に立てば幸いである。

　なお、この「出版年表」は、若い世代のために教育用資料として、出版メディアパル編集部でまとめた。ご協力いただいた方々に厚くお礼申し上げます。

4.1　2010年の十大ニュースを読み解く

1.　電子書籍元年

　電子書籍は、縮小する出版市場のなかで、出版社にとっては希望と危機感が同時にやってきた感があった。民間レベルで電子書籍の話題を引っ張ってきたのはアップルの端末「iPad」であった。公的レベルでは総務・経済産業・文部科学の三省が乗り出した「電子書籍ビジネスのインフラ構築」であった。先行投資のメリットの有無と問題も多い。「電子書籍話題元年」であったかもしれない。

2.　トーハン・日販送返品適正化へ

　縮小する市場の中での供給過剰の原因は、多少返品が増えても売上を伸ばしたい気持ちが強いからである。日販は返品率の高い出版社と月毎の送品額を事前に話し合い、返品率の抑制と実売率の向上に取り組んできた。取引額1～150億円ぐらいの出版社で、返品率40％以上の社は返品率が3.2％改善された。トーハンも送品規制に協力を願い、日販同様に返品率は減少している。

3.　国民読書年　各地で多彩な行事

　文字・活字文化推進機構、国民読書年推進会議などの九団体・組織は「国民読書年宣言集会」を10月23日に上野公園の旧東京音楽学校奏楽堂で記念式典を行い、アピール文を満場一致で採択した。読書量の底上げ、社会人の言語力向上、学校図書館の充実がなされることを期待するものである。

4.　『1Q84　BOOK1・2』　ミリオンセラーに

　村上春樹はベストセラー作家で、ノーベル文学賞候補にも何度も上がっている。谷崎潤一郎、三島由紀夫も候補者であったが、選考中に亡くなってしまった。川端康成、大江健三郎は賞を掌中にしたが、春樹は未だしである。その後も国内では大ベストセラー作家で活躍中だが、国際的には声はかからない。ハルキストの応援ばかりが目につく。彼の噂賞が幻にならぬことを願うばかりである。

5.　書店の疲弊が加速している

　アルメディアの調査によれば、日本の書店数は2000年時は2万1664店であった。2010年は1万5314店である。29.4％の書店が消えている。業界売上を見ると、2000年は2兆5124億円、2010年は1兆9750億円で21.4％の減少率

である。書店の疲弊がわかる。出版社から提案される施策があるが、長続きすることが少ない。出版社、書店共提案の一策一策を追う必要があると思う。

6. 「もしドラ」がミリオンセラーに、ドラッカーブーム再燃

ダイヤモンド社がドラッカー生誕100周年事業の一環として発表した『もし高校野球の女子マネージャーがドラッカーの「マネジメント」を読んだら』（岩崎夏海著）がミリオンセラー（181万部）になった。読者も20～40代のビジネス関係者だけでなく、9歳から90歳まで幅広く読まれたことも頼もしいことである。

7. 雑誌の付録がアピール　宝島社に話題集中

書店活性化の名目で始められた宝島社の書籍以外の商品で、お客様を書店に呼ぼうとした付録作戦は成功した。店頭で付録をじっくり見る女性を見れば一目瞭然である。好評の原因は品物がブランド品であること、センスがよいこと、価格性が高いことなどである。書店側では雑誌に附録を装填する作業が大変だと困惑していたが、売上げ寄与賞品なので我慢しているようだ。

8. 「池上本」「内田本」のブーム

二人の共通点はテレビ出演が多いこと、独自の語り口であること、主張があることである。池上彰はかつてNHKの子ども番組でニュース解説をしていた。当時のわかり易さ、詳述さが今も持続されており人気の秘密である。池上彰、内田樹に刺激されてか人気作家の本が、茂木健一郎（35点）、和田秀樹（28点）、勝間和代（24点）、池上彰（19点）、佐藤優（19点）、内田樹（14点）が刊行された。

9. アマゾンの上昇気流

アマゾン・ジャパンの全売上げは2500億円で、そのうち書籍雑誌の売上げが約1200億、和書売上げが約1000億円という。アマゾンが日本で事業を開始してから9年になるが、その伸びは目を見張るものがある。アマゾンのシステムについては2019年になってから倉庫見学会を開いている。売上額でみると紀伊國屋書店に匹敵する。インターネット書店であるから、いつでも受注し、早いものは翌日配達が可能である。送料も購入額1500円以上は無料配送である。

10. 青少年健全育成条例

東京都は都議会本会議でマンガ規制を盛り込んだ青少年健全育成条例改正案を可決した。出版関係者のほか、漫画家自らによる反対意見は都に届かず、コミック10社の会は抗議として、2011年3月の「東京国際アニメフェア2011」への出展を取りやめるとの緊急声明を発表した。

4.2　2011年の十大ニュースを読み解く

1.　東日本大震災出版対策本部を設置

　書協、雑協、日本出版クラブの出版三団体は、東日本大震災に対応するため「東日本大震災出版対策本部」を設置、出版界全体の対応窓口に位置づけた。書店被害について取協は、「全壊・半壊」が104店、「浸水・水濡れ」53店、「商品汚損」630店の計787店、11月末時点での「営業停止店」は81店、「廃業した店舗」は19店とまとめている。取次会社における罹災品の返品額は本体価格ベースで16億円強と発表された。

2.　震災関連本相次ぐ

　震災直後、機動力のある新聞社から現地の惨状を伝える写真集が相次いで出版された。河北新報社刊の写真集『巨大津波が襲った3・11大震災』は売れた。1970年に刊行された吉村昭記録小説『三陸海岸大津波』は増刷を重ね、15万部が売れ、印税は被災地に寄付された。震災、原発関連書が約1000点発行された。写真集、ノンフィクション、啓発本、研究書等ジャンルは多岐にわたった。被災地県では昨年比3%アップの売上であり、全国的にもよく売れた。

3.　電子書籍の新たな展開

　2010年の電子書籍元年を受け、動向は新たな展開が見られた。村上龍の『限りなく透明に近いブルー』、立花隆の『電子書籍版　立花隆全集』、講談社の京極夏彦の新作『ルー＝ガール2』は単行本、ノベルズ、文庫、電子書籍の4形態で刊行された。北方謙三の『水滸伝』（全19巻）の電子化、新潮社の「新潮新書」の全電子化、岩波書店も「岩波新書」「岩波ジュニア新書」の電子化を発表した。

4.　「タニタ本」430万部に

　『体脂肪計タニタの社員食堂（正・続）』（大和書房）は合計430万部売れた。実用書は雑誌と並んで書店の主食である。時期を問わず、また書店の大小に関係なく売れる。実用書の中でいつも好調ジャンルは料理本である。さらに、その中で人気最高はダイエット本である。「タニタ本」がこの種の本を刺激したことは当然である。料理のレシピ本が健康ブームの後押しをし、メガヒットになった。

5.　消費税引上げの際、軽減税率導入を政府税調に要望

　日本出版書籍協会、日本雑誌協会、日本書店商業組合連合会、日本取次協会の4団体は政府税調に対して「消費税率引上げの際には書籍、雑誌など出版物に軽減税率の導入」を求める要望書を連名で提出した。

6.　書店大商談会　盛況

　2010年に続いて東京書店商業組合が「首都圏書店大商談会」を開催した。。会場を秋葉原駅前UDXに移し、展示会場も広くとった。今年から大阪でも、梅田スカイビルアウラホールで「BOOKEXPO」が開催され、出展社は東京96社に対し、124社と多く、来店書店数、商談件数、成立金額も大阪の方が多かった。2011年には北海道・札幌でも開催された。この三地区はJPICが主催している。県単位では愛知・三重・岐阜の名古屋、九州7県の会が福岡で実施されている。

7.　「自炊本」横行と対策

　2010年の電子書籍元年を受けて、大手出版社の対応は目覚ましかったが、既成の本をバラバラにして、スキャナーで読み取り、原稿を電子化する悪徳業者が出現してきた。自炊ブームで自炊代行業者が多く現れ、断裁済みの本を貸出したり、自炊済みの本をオークション出品するなど、私的複製の範囲を超えた行為が横行した。作家122人と出版社7社が質問状を送付する事態となった。

8.　日販、2015年までに返品率25％に

　古屋文明社長は、「新春を祝う会」で「2015年までに返品率25％に」と指針を掲げた。2年前に42.4％だった書籍の返品率を今年の中間決算で35.6％と、約7％改善し、「脱・委託宣言」から構造改革が進んでいることを実証した。

9.　「出版デジタル機構」設立

　講談社、集英社、小学館、新潮社、文藝春秋など出版社20社は出版物を電子化する場合のデータ作成・保管・配信業務なども代行し、電子出版ビジネスを包括的にサポートする共同出資会社「出版デジタル機構」（仮称）を設立することで合意した。

10.　再販制度についての動き

　日書連の大橋信夫会長は通常総会で、再販制度に対する日書連の方針を転換、弾力的運用に切り込むことを表明した。一方、出版流通協議会では、相賀昌宏委員長が再販制度について、諸外国の動向を注視しながら「非硬直的な運用を基本姿勢にする」と、弾力的運用推進を言明した。

4.3　2012年の十大ニュースを読み解く

1.　「緊デジ」難航するも目標達成

　経産省から10億円の助成金を得て、電子書籍の普及と東日本大震災の被災地支援を目的にした「コンテンツ緊急電子化事業」が出版社だけでなく、書店や取次からも注目を集めた。日本出版インフラセンター（JPO）から6万点の電子書籍を目標に、制作・管理・配信する運用スキームが発表され、2月から順次説明会が行われる。4月には、産業革新機構から出版デジタル機構へ総額150億円の出資枠が用意され、市場を創出する構想も動き出した。

2.　本格的電子書籍時代の幕開け

　楽天の子会社Kobo社（カナダ）は、7月電子書籍端末「Kobo Touch」を発売、アマゾンは11月「Kindle Paperwhite」を発売し、電子書籍時代の幕開けとなった。「Kindle」の契約条件に関しては、アマゾンと出版社の間で攻防もあったが、エージェンシーモデルとホールセールモデルを両立する形で落ち着いた。

3.　書店M&A　再編の動き急

　書店の経営権を巡って様々な動きがあった。3月には平安堂が、地元・長野県で鉄鋼原料や建設関連資材、OAシステムなどを手掛ける高沢産業に株式100％を譲渡した。同社は平安堂の10店舗と役員・従業員を引き継いだ。

　同3月、ジュンク堂書店は近鉄百貨店の子会社ビッグウイルの株式86％を取得し、屋号はジュンク堂書店に変わった。

　6月には、トーハンが明屋書店の株式の40.8％を取得、総株主の議決権数に対する割合は76.55％に達した。全国15の都道府県に84店舗を構え、売上高164億円を計上する明屋書店がトーハンに帳合変更したことも注目された。8月には、くまざわ書店が沖縄の球陽堂書房の株式100％を取得した。

4.　出版者の権利付与問題

　電子書籍事業が活発になる一方「出版者への権利付与」問題が難航した。電子書籍の違法な海賊版への対応や利用・流通の促進を目的に法制化への話し合いを進めた。衆議院議員の中川正春氏を座長に業界三者、図書館、作家、議員で組織する「印刷文字・電子文化の基盤整備に関する勉強会」（中川勉強会）

も活発に動いた。「出版者への権利付与」では、「①著作隣接権、②設定出版権の拡大、③（出版者に）訴権を付与する方法」などが検討された。

5. 送・返品同日精算で対立

日書連は4月の理事会で、日販とトーハンが返品入帳に関し、「優越的な地位を濫用して不当な取引をしている」とし、公取委審査部に申告することを決め、5月に実行した。書店団体が大手取次2社を相手取り、公取委に申告したのは初めてと思われる。"身内を売る"恰好になったことで、業界関係者の不安を煽った。この問題も本質は、書店側から取次業界に要望されていた課題で、「取次会社から書店に送品した月次請求分と、書店の返品入帳の期限を同時にして、相殺・精算するよう求めた」ものである。

6. トーハン社長交代騒動

5月中旬以降、トーハンの社長交代劇の騒動が続いた。ポプラ社の坂井宏先社長がトーハンの社長に就くという人事構想が伝えられ、山崎厚男氏（当時会長）、近藤敏貴氏（同社長）、上瀧博正氏（同取締役相談役）、小林辰三郎（同取締役）の進退情報が錯綜した。トーハンは財務顧問であった藤井武彦氏が社長に、近藤社長が副社長となる新体制を発表した。

7. 客注対応迅速化で実験　楽天が二次取次に参入

楽天が二次取次業に参入する…。9月に流れたこのニュースは、業界の耳目を集めた。日本出版インフラセンターが経産省から受託した「フューチャー・ブックストア・フォーラム」の一環で、11月から実験的に開始。楽天の在庫を利用して、書店の客注対応の迅速化を目的に行われている。

8. 太洋社が改革へ中期計画

太洋社は11月に東京・文京区の本社を賃貸ビルに建て直し、不動産事業に本腰を入れる中期事業計画を発表した。従業員の希望退職を募りながら、来年の秋をめどに東京・末広町にある自社保有のビルに移る。

9. 大震災復興基金

東日本大震災の支援を目的に、書協、雑協、日本出版クラブで組織した出版対策本部の「〈大震災〉出版復興基金」の義援金額は、2億2256万円となった。

10. ミリオンセラー年末にやっと　文藝春秋『聞く力』1点のみ

2012年のミリオンセラーは「文春新書」の阿川佐和子著『聞く力　心をひらく35のヒント』（文藝春秋）の1点に止まり、ベストセラー不作の年でもあった。

4.4　2013年の十大ニュースを読み解く

1．大阪屋、楽天などの出資暗礁に　臨時株主総会は来年に持ち越し

　大阪屋の南雲隆男社長が楽天をはじめ、講談社、小学館、集英社、大日本印刷と「資本・業務提携の協議に入っている」と公言したのは、6月5日に行われた「大阪屋友の会連合大会」の席上だった。その後ブックファーストがトーハンに帳合変更、夏にはジュンク堂書店の新宿店閉店、アマゾンジャパンの帳合変更と重大局面になった。前出5社の資本政策を進め、臨時株主総会で増資の決議を行う考えであったが、年内には臨時株主総会は開かれず、いよいよ重大局面に立たされた大阪屋である。

2．ミリオンセラー続出…豊作の年

　2013年、100万部を達成した書籍は11点で出版史上初である。小説の文庫本が6点を占めた。映像化で原作本が好調だったのである。村上春樹『色彩を持たない多崎つくると彼の巡礼の年』（文藝春秋）、東野圭吾『疾風ロンド』（実業之日本社）で前者は4月12日発売後、わずか7日でミリオンを達成した。近年好調だったダイエット本がベスト10にランキングされなかったことも特色である。

3．取次会社の明暗くっきり　中堅4社の厳しさ増す

　大阪屋、栗田、太洋社、日教販の4社は赤字決算であった。この背景には、既存店の販売不振・廃業問題もあるが、主要書店の帳合変更の要因が大きい。取次の書店争奪戦は見苦しい限りである。7月末には法経・ビジネスに強かった明文図書が自主廃業した。中央社は主要取引先、アニメイトの好調さを受けて4期連続の増収、増益決算であった。返品率も非常に低い。自主努力を大いに認めたい。

4．大雪・地震・台風の天災被害　遅配、客足減強いられる

　首都圏の大雪、北海道の強烈な寒波など、年初から天災に見舞われた2013年であった。その後も4月の兵庫・淡路島の地震災害、10月の関東地方を襲った台風26号で多くの書店は被害を受けた。首都高が全面閉鎖により、雑誌の輸送がとまり打撃であった。最低気温がマイナス20度を下回った北海道では店舗の売上げは30%減であった。

5．文化庁が報告書をまとめる

　紙の本が対象の「出版権」の範囲を電子出版にも広げる最終報告書を文化庁がまとめた。「紙と電子の一体的な出版権の設定」では「企画から編集、制作、

宣伝、販売という一連のプロセスを引き受ける出版者と著作者」が取り交わす
契約は「紙媒体での出版と電子出版に係る権利が同一の出版者に一体的に設定
される」と記された。

6.　武雄市図書館が物議　危惧される書店への影響

CCC（カルチュア・コンビニエンス・クラブ）が指定管理者となり、2013
年 4 月 1 日にリニューアルオープンした武雄市図書館（佐賀）が業界関係者の
間で物議を醸した。書店への影響が危惧されている。新刊書店のツタヤとスタ
ーバックスを併設。自動貸出機で T カードが利用でき、ポイントもつく。開
館時間も午前 9 時から午後 9 時までと異例づくめ。オープンから半年で来館者
は 3.2 倍になり、他市からの来店者が増えたことも特色である。

7.　「緊デジ」6 万点になる　約 70％が大手出版社

経産省が 10 億円の予算を出した「コンテンツ緊急電子化事業」が 3 月末で終
了する。そのタイトル数は 6 万 4833 点に及んだ。そのうち東北関連書は 2887 点、
全体の 3.5％と低調であった。約 7 割が自前で対応する予定であった大手出版社
のコンテンツであった。もっと多くの出版社の関心を引いて欲しいものである。

8.　講談社が快 "進撃"

講談社の 2012 年度の第 75 期（2012 年 12 月 1 日〜2013 年 11 月 30 日）決
算が 18 年ぶりに増収増益となる見通しである。売上高は前年より約 20 億円増
の約 1200 億円になるという。電子書籍の売上げも前年の 1.5 倍に拡大された。

9.　「特定秘密保護法」が可決・成立

国家機密の漏曳に厳罰を科す、「特定秘密保護法」が 12 月 6 日、可決・成立
した。これに対し日本書籍出版協会、日本雑誌協会、日本ペンクラブなどの業
界団体が一斉に猛反発の姿勢を示した。国民の「知る権利」「報道の自由」を
損なうことも懸念される。数多くの業界団体が廃案を求めている。

10.　各地で本屋大賞、商談会行われる

全国各地での「本屋大賞」の開催や商談会の拡がりなど、書店自ら企画して取
り組む動きが目立った。2004 年に創設された本屋大賞は、NPO 法人・本屋大賞実
行委員会が運営する文学賞で 2013 年で 10 周年を迎えた。新刊を扱う書店（オン
ライン書店含む）の書店員の投票によってノミネートされ、受賞作が決定される。
本を売る最前線の書店員の声が反映されており、人気度は高い。一方、「書店大商
談会」は東京、大阪、北海道、愛知、静岡と拡がっている（⇒ 78 ページ参照）。

4.5 2014年の十大ニュースを読み解く

1. 消費増税で書店の販売環境が悪化

2014年4月からは消費税が8%になったことで、書店の販売環境は悪化している。出版科学研究所の調べによると、上半期の販売金額は前年同期比5.9%減である。3月末には一部書店で駆け込み需要もあったが、低迷には変わりない。一方で電子書籍の点数は経産省の支援事業もあり、12月19日現在では72万点に及んでいる。2014年は電子書籍の売上げは1000億円を超えるとみられている。紙の書籍の落ち込みを電子書籍が補填するかたちになることが予想される。

2. 著作権法改正が成立　出版権、電子書籍に拡張

ネット上の海賊版を差し止めるため、出版界は著作隣接権の創設を求めたが、経済界などの　壁に阻まれ、出版権を電子書籍に拡張することで決着し、著作権法改正が成立した。

改正法では、紙媒体の出版行為やCD-ROMなどによる頒布を「第一号出版権」、著作物の複製物を用いてネットで自動公衆送信する行為を「第二号出版権」と規定、電子配信業者が出版権を締結できる道を開いた。

3. 大阪屋、本社売却し37億円を増資

10月の臨時株主総会では6社で37億円を増資することを決め、出資する楽天の出資比率を35.19%、講談社、小学館、集英社、KADOKAWA、大日本印刷はそれぞれ11.56%にすることを決議した。さらに11月の臨時株主総会では、出資した企業より、新たな取締役を選出、執行役員も含めて新体制を築いた。

4. 割引サービス、消費税免税…アマゾンが話題の中心に

学生を対象にした大幅な割引サービス「アマゾンスチューデントプログラム」では、緑風出版など日本出版者協議会加盟の3社が抗議の姿勢を示して自社出版物の出荷を停止した。有隣堂などは応援フェアを行った。あけび書房など4社は、同プログラムが「再販契約違反」に当るとして、日販に対する違約金も請求している。

5. 超人気！キャラクター「妖怪ウォッチ」　800億円市場創出

小学館の『妖怪ウォッチ』が大ヒットし、社会現象になった。その市場規模は800億円以上である。『妖怪ウォッチ』は、2011年からプロジェクトがスタ

ートした。約1年後漫画連載を始め、8ヶ月後にはゲームソフトを発売、5カ月後にはテレビ化、そして12月には映画が公開され、メディアミックスに成功した。

6.　文具・カフェ・雑貨…書店複合化進む

主要な書店を中心に「文具・雑貨」「カフェ」「コンビニ」を併設する店が増えた。日販はダルトンを子会社化して雑貨商材をヒットさせた。大阪屋も関連会社のリーディング・スタイルでカフェや文具・雑貨を複合化して、直営店を4店出店した。トーハンは明屋書店でセブンイレブンを隣接させた石井店（松山市）を開店。

7.　KADOKAWA とドワンゴが経営統合

2013年10月角川書店は、出版社10社を統合して、社名をKADOKAWAに変更した。その後、2014年はドワンゴとの統合を果たし、日本発の「コンテンツプラットフォームビジネス」の構築を始めた。

8.　ミリオンセラー、2014年は1点のみ

2013年の豊作から一転、2014年のミリオンセラーは、アスコム『長生きしたけりゃふくらはぎをもみなさい』の1点だけであった。一方、中国・韓国に対するバッシング本（いわゆる「ヘイト本」）が多く刊行され、ベストセラーにも入っていた。

9.　特定秘密保護法が 12 月 10 日施行

国民の「知る権利」や「報道の自由」を損なう恐れから、出版界が反対の声をあげ続けた特定秘密保護法が施行された。正当な取材行為も妨げられ、国民の知るべき公の情報を得ることが困難になることは極めて残念である。いつか来た道を再び歩む危惧さえ感じられる。

10.　「料理本レシピ本大賞」創設

書店員発の「本屋大賞」が全国各地で盛り上がっている中で、2014年は書店員有志と取次会社が実行委員会を組織して「料理本レシピ本 in Japan」大賞が創設された。これまで小説など文芸分野で本屋大賞をつくる動きはあったが、実用書部門は初めで、料理、お菓子の2部門が設けられ、88社、219点がエントリーした。主婦と生活社が『常備菜』『まいにち食べたい"ごはんのような"クッキーとビスケットの本』で両部門の大賞を受賞した。フェア開催店は約2000店に達し、増売効果も顕著に表れた。

4.6 2015年の十大ニュースを読み解く

1. 栗田出版販売が民事再生法を申請

　2015年、出版界で最も注目を集めたのは栗田出版販売の経営破綻である。6月26日東京地裁に対して民事再生法の適用を申請した。債権社約2000社（100％弁済を終えた少額債権者を除くと約900社）、債権総額約130億円（当時）の規模となり、業界全体に衝撃を与えた。…業界にはこうしたニュースが多すぎる。誰も責任をとらない体質が心配である。急に発生する事態ではない。従業員、家族、取引業者の迷惑を経営者、役員はもっともっと真剣に考えるべきである（⇒68ページ参照）。

2. 又吉直樹の芥川賞受賞作が248万部 『火花』書籍市場を牽引す

　お笑いコンビ・ピースの又吉直樹『火花』（文藝春秋）が文芸書の分野だけでなく、書籍全体の市場を大きく牽引した。2014年12月に同小説を掲載した文芸誌『文学界』が、創刊以来初めて増刷し、3月に発売された単行本は純文学作品としては異例の15万部でスタートした。

3. 定期購読で需要喚起も低落

　今夏、雑協、取協、日書連が行った「年間定期購読キャンペーン」では参加した2935書店によって12万1109件の定期購読を獲得し、145万部相当の需要を掘り起こした。雑誌の発行部数は1997年の65億冊がピークで、2014年は20億冊にまで落ち込んでおり、2015年はさらにそれを下回る。

4. 紀伊國屋書店が"春樹本"を買切り 書店卸し事業で注目集める

　スイッチ・パブリッシングが発売した村上春樹『職業としての小説家』について、紀伊國屋書店が初版10万部のうち9万部を買切って、全国の書店および取次会社に流通した。「アマゾンジャパンへの対抗策」「書店マージンの向上」「取次会社の配本パターンに依存せず、返品率を改善する」など構造的な改革に着手した。

5. 海老名市立図書館、TRCとCCCが共同運営

　武雄市図書館に続き、CCC（カルチュア・コンビニエンス・クラブ）が指定管理者で運営する海老名市立図書館、館内にツタヤが出店するなど話題にな

った。リニューアル段階で選書や分類に関するTRC（図書館流通センター）の意見が通らず、両社の間に亀裂が入った。

6.　元少年A手記、ヘイト本など波紋

太田出版が6月に出版した少年Aの手記『絶歌』は大きな波紋を呼んだ。通常どおり売る書店、シュリンクする書店、売らない書店など様々だった。一方で、いわゆるヘイト本「嫌韓」や「反中」をテーマにした書籍が多く出版された、売り方は自由である。

7.　カフェ複合の書店増える

有隣堂は新宿で「STORY STORY」を、啓文社は福山市で「BOOK PLUS緑町」、紀伊國屋書店も新宿本店でカフェをオープンした。その他、オリオン書房、大垣書店、勝木書店など複合化が進んでいる。

一方、取次会社による買収では、トーハンが住吉書房やアバンティブックセンターを、日販があゆみBooksの全株式を取得した。また、伊勢治書店は運営する4店のうち2店と外商センターを、同社の筒井正博社長とトーハンが出資した合弁会社に事業譲渡した。7月にはリブロ池袋本店が閉店し、跡地には三省堂書店が出店した。

8.　書誌情報登録窓口・JPROが稼働

日本出版インフラセンター（JPO）は、著作権法の改正で電子書籍に出版権が認められたことを受け、出版権情報を含んだ書誌情報の登録窓口となる「出版情報登録センター（JPRO）を創設させた。書誌情報の登録件数は12月16日50万点に到達した。

9.　「改正著作権法」が施行

1月1日、電子書籍にも出版権を拡張した「改正著作権法」が施行された。11月には同法を適用した初の逮捕者が出た。発売前の『週刊少年マガジン』（講談社）や『週刊少年ジャンプ』（集英社）の掲載作品を、海外向け海賊版サイトに不正公開したとして、配給会社勤務の日本人や中国人の男らが逮捕された。

10.　軽減税率適用求め活発な動き

消費税率10％引上げ時の出版物への軽減税率適用を求めて、業界全体が精力的に動いた。12月16日には与党税制改正大綱で、軽減税率適用の検討課題に「書籍・雑誌」が盛り込まれたことを受け、新聞と同様に軽減税率の適用を求めた。

4.7　2016年の十大ニュースを読み解く

1.　太洋社が自主廃業から一転・自己破産

太洋社は 2016 年 2 月 5 日、「自主廃業」の準備に入った向きを取引先にファックスで通達した。同 8 日には都内で説明会を行った。「太洋社が危ない」という噂は 2015 年夏ごろから出始めていた。ところが、自主廃業から一転して、倒産に追い込まれたのは、芳林堂書店が今年 2 月に自己破産したことが大きく影響していた。これにより太洋社は、さらに不良債権を抱え、倒産を余儀なくされた（⇒ 71 ページ参照）。

2.　書店の M&A, 資本提携相次ぐ

大手取次会社による買収案件が例年以上に目立った。4 月日販はユニーが運営する 57 店のうち 36 店舗を取得、ユニーの夢屋書店事業部は 8 月に廃止した。さらに文教堂グループホールディングスの株式 28.12％を取得し、文教堂の筆頭株主になった。日販は 16 億円を出資し、11 月に約 200 店舗の帳合を一本化した。一方、トーハンは 2 月に文真堂書店、6 月に住吉書房と八重洲ブックセンター、9 月に鎌倉文庫、10 月にあおい書店を傘下に収めた。

3.　新取次「大阪屋・栗田」が誕生

大阪屋と栗田出版販売が 4 月 1 日に統合、新取次会社「株式会社大阪屋・栗田」が始動した。旧大阪屋の大竹深夫社長が代表取締役社長に、日販の専務である加藤哲朗氏が特別顧問に就いた（⇒ 66 ページ参照）。

4.　熊本地震で書店が被災・休業

4 月の熊本地震では、県内の紀伊國屋書店、金龍堂、明林堂書店、ニューコ・ワンの運営するツタヤ、長崎書店、竹とんぼなど数多くの書店が被害に遭い、休業を余儀なくされた。そんななか、本震から 2 日後には、長崎書店が「元気に仮営業中！」の手書きポスターを店頭に貼りだして一部スペースで本の販売にあたった。業界では講談社や文藝春秋がいち早く義援金募集活動を始めたほか、〈大震災〉出版対策本部も業界横断的な支援に乗り出した。

5.　『週刊文春』がスクープ連発

「甘利大臣の収あい事件」「清原和博の後悔告白」「宮崎謙介議員の二股婚約

破棄騒動」など、『週刊文春』のスクープ記事がことごとく社会問題に発展し、国民の注目を集めた。その取材力が話題になった。2016年10月から「休業」していた新谷学編集長が復帰したことも大きな要因だった。書店では発売と同時に完売する店が多かった。社会がつけた綽名は「文春砲」であった。

6. "雑誌読み放題"に憂慮の声

電子版の読み放題サービスへの懸念が拡がった。トーハンでは、ｄマガジン参加雑誌の紙版の販売部数が、非参加雑誌に比べて落ち込んでいるとの調査結果を発表した。

また、アマゾンジャパンは8月、月額980円で雑誌を含む和書約12万点が読み放題となる。「Kindle Unlimited」を開始する。

7. メジャー雑誌　休刊相次ぐ

メジャー誌の休刊が相次いだ。「AneCan」（小学館）休刊、同社では1925年創刊の学年誌「小学二年生」も12月発売号で休刊する。「クーリエジャポン」（講談社）は会員向けデジタルサービスに移行した。

8. 初の12月31日「特別発売日」

12月31日の全国一斉発売「特別発売日」が初めて設定された。雑誌130点、書籍40点で、部数規模は840万部。すべてがその日のために制作された特別版である。大晦日から正月にかけての読者需要を喚起し、新たな市場創出を目指す企画である。当日の書店サポートや人員確保など懸念の声もあったが、多くの書店が増売に努める体制である。31日の「読売新聞」や同日昼のテレビニュースで報道される予定もある。年末年始の販売動向がどうなるか、今から気になる。

9. 『文庫X』全国660店に波及

「それでも僕は、この本をあなたに読んで欲しいのです」。さわや書店の長江貴士氏が企画した覆面販売企画『文庫X』が全国の書店に波及した。650書店以上で実施された。同店では5034冊を売り上げた。『現代用語の基礎知識』（自由国民社）の"世相語"として『文庫X』が立項された。

10. 教科書発行社が謝礼問題

教科書発行社による学校関係者への謝礼が社会的ニュースになった。文科省が7月に行った調査では、4社が140校に計約336万円相当の教材などを無償提供していた。

4.8 2017年の十大ニュースを読み解く

1. コミックス売上急落　紙版と電子版の売上げ同額に！？

雑誌コミックスの売上げ不振が業界三者に大きな影響を与えた。とくに単行本コミックスについては「2017年に入ってから落ち幅が大きくなった」という書店が多く、前年同月比で15％以上減少する月もあった。10月は同20％強減少した書店もあった。出版科学研究所によるとコミックスの2016年の推定販売金額は、紙版が1947億円（前年比7.4％減）、電子版が1460億円（同27.1％増）だった。その合計推定販売金額は過去最高になった。

2. 深刻さ増す輸送問題　　配送会社、出版輸送から撤退相次ぐ

トーハン「新春の会」で藤井武彦社長は「2017年は物流再生元年」と位置付け、日販の平林彰社長は「悠々会新年会」でこの配送問題に「出口がまったく見えない状況」と発言し、その深刻さを伝えた。日販の安西浩和専務やトーハンの川上浩明専務も各種会合でこの事情は説明している。藤井社長が京都トーハン会で、初めて出版社や関係各社にコストの一部を負担して欲しいと訴えた。

3. アマゾン、日販へのバックオーダー停止

アマゾンジャパンが6月末で、日販の非在庫商品を出版社から取り寄せる発注（バックオーダー）を停止すると発表した。同社によると売上上位数社の出版社では、日販在庫商品発注（スタンダード）の引当率改善に一定の成果があったものの、中規模以下の出版社のスタンダードがバックオーダーに回るなど、日販と定めた引当率目標とは大きな隔たりが出来てしまったと説明した。善後策として、出版社と直接取引する「e託販売サービス」を推奨。5〜6月に10回以上、出版社向け説明会を行った。各出版社では、ロングテール商品の売上げ毀損を憂慮しつつ、アマゾンとの直接取引の検討や、在庫管理方法を再検討するなど対応を迫られた。

4. 今年もM&A、倒産の動き激し

2017年も倒産やM&A,提携など、再編の動きが目立った。取次会社では太洋社に続いて、日本地図共販と関連会社のキョウーハンブックスが破産した。出版社ではガム出版、日新報道、創拓社出版、週刊住宅新聞社などが倒産した。

CCCは徳間書店、美術出版社を子会社化した。マガジンハウスは8月日之出出版と販売業務提携した。

5. 文藝春秋・松井社長　図書館に文庫貸出中止を提言

全国図書館大会で、松井社長は「文庫の貸出しをやめてほしい」と提言した。松井社長は15年に行われた同大会で、新潮社の佐藤社長が発言したベストセラーの複本問題にも触れ「その根源にあるのは、本は買うものではなく、図書館で借りるものという意識が読者にあるから」という見解を示した。文庫も新書も図書館で読めるという読者の意識を変えるきっかけとして訴えた。

6. 異色ベストセラーが目立つ

2017年のベストセラーは『いきもの』や『うんこ』、80年前に刊行された書籍を再編集するなど、ユニークな企画が目立つ。高橋書店の『おもしろい！進化のふしぎ　ざんねんないきもの事典』が大ベストセラーとなり、6月現在で141万部売れた。文響社の『日本一楽しい漢字ドリル　うんこかん字ドリル』は小学生を対象にした学参書。主婦層中心に話題化し、6点累計281万部。マガジンハウスの『君たちはどう生きるか』は80年前の本を漫画化、110万部のベストセラーとなった。

7. 万引犯情報を書店と共有

全国万引犯罪防止機構が「万引防犯情報活用システム」を考案した。「犯人・盗難被害品情報」を随時登録して、犯人の顔写真や映像を共有化するもの。当該人物が書店に入店した時点で、書店関係者に分かるような仕組みである。

8. 中吊り広告入手問題で、文春が新潮社に謝罪

文藝春秋が『週刊新潮』の中吊り広告を、トーハンから発売前々日に入手していたことが5月に発覚した。文春側は不正や盗用は一切ないと否定した。9月に文春松井社長が新潮社訪問謝罪した。文化を売る企業として猛反省すべし。

9. 工藤社長、岡副社長が辞任

丸善・ジュンク堂書店の工藤恭孝社長と岡充孝副社長が退任した。2014年度から3期連続赤字だったという。工藤氏は1976年創業以来の社長であった。

10. イシグロ氏がノーベル文学賞

長崎県出身の日系イギリス人作家のカズオ・イシグロ氏がノーベル文学賞を受賞した。イシグロ氏の8作品すべてを邦訳している早川書房に注文殺到。代表作の『日の名残り』44万部、『わたしを離さないで』74万部など、8作合計で117万部売れた。

4.9　2018年の十大ニュースを読み解く

1．取次会社が運賃協力金要請…版元には仕入条件の見直しも

　出版輸送問題は危機的な状況にある。2017年12月から出版社に対して運賃の協力金を要請し始めた。運賃協力および仕入条件の見直しを求めたのは日販、トーハン、大阪屋栗田、中央社。運賃については日販が約170社、トーハンが300社に声かけした。取次会社では運送会社のドライバー不足、高齢化、長時間労働、低賃金、燃料価格の高騰などと「待ったなし」の状態である。

2．楽天が大阪屋・栗田を子会社化

　大阪屋・栗田は5月25日、臨時株主総会を行い、第三者割当増資を決議。出資比率51％となった楽天が、大阪屋・栗田の経営権を取得して子会社化した。増資については、講談社、小学館、集英社、KADOKAWA,大日本印刷の5社も追加出資。楽天の執行役員で大阪屋・栗田の副社長だった服部達也氏が社長に昇任した。楽天の子会社になってからは、決算や部長級以下の人事異動は非公表になった。取引書店、出版社は現場の人物と物流をしている。部長以下の人事こそが、これからの新大阪屋・栗田に求められるものである。旧・栗田は決算数字を公表しなかったことが対応の遅れの要因となった（⇒67ページ参照）。

3．コミック市場回復基調に

　コミック市場は上半期、乱立した海賊版サイトにより売上不振が続いていた。しかし4月の「漫画村」閉鎖以後、売上げが上向き。また今夏に講談社、小学館、集英社が新刊コミックの本体価格を値上げした。これにより8月以降のコミックスは前年同期比でプラスになっている。外部要因として、映像化の影響もプラスに作用している。出版業界では海賊版サイトの対策を敢行。アムタスなど電子書店5社は、4月に日本電子書店連合会を設立した。

4．日販、トーハンが物流協業へ

　日販とトーハンは、両社における物流協業の検討を開始した。事前に公取委に相談し協議OKの回答をもらったものである。両社が手を取り合うことは前代未聞である。両社は今後、制度面、システム面を含め、出版流通の合理化に向けた協業について検討してゆくことになる。

5. 取次の書店直営化が加速

書店地図が激変している。トーハンは札幌弘栄堂を傘下に、三洋堂ホールディングスの筆頭株主になった。広島の老舗書店・廣文館の事業を継承することになった。日販は東武ブックスを傘下にし、店名をクロス・ポイントと改称した。また日販が文教堂の筆頭株主であり、11月の株主総会で嶋崎富士雄社長が辞任し、常務の佐藤協治氏が社長になった。CCC は旭屋書店と資本提携した。

6. スリップレス化、40社に

かつてのビジネスレターであったスリップが今や無用の長物になってしまっている。昔は有価証券でもあった。報奨券のことである。出版社に送付すれば、現金が送られてきた。POSの発達によって、販売記録はすべて取次、出版社に送られる時代である。スリップの機能が失われたのである。POSレジを導入していない書店や、スリップを売場管理のツールとして活用している書店からはスリップレスの困惑の声がある。

7. 自然災害で書店が被害

自然災害が多い。2月北陸の豪雪、6月大阪北部地震、7月西日本豪雨、9月北海道地震などがあった。これに対して業界ではトーハンが被害を受けた書店に対して、当月支払の一定猶予を実施した。従来は商品の入帳について優遇措置などあったが金融面での支援は初めてことで、書店にとっては有難い。

8. 『新潮45』が突如休刊

『新潮45』10月号の特別企画「そんなにおかしいか「杉田水脈」論文」を巡る騒動で休刊することを決定した。発刊後に「性的マイノリティへの差別・侮辱である」との声が出版業界内外で相次ぎ、社会問題化したからである。

9. 「本の日」初の展開

11月1日を出版業界で「本の日」と決めた。発案者は新風会会長の大垣書店の大垣守弘社長である。この発言から「業界全体の事業にしよう」ということになった（⇒83ページ参照）。11月1日は、すでに「古典の日」として知られている。河出書房新社ではこの日を有効に使っていた。

10. 「"こどもの本"総選挙」に12万票

ポプラ社が「面白い本と出会ってほしい」と企画した「"こどもの本"総選挙」に約12万8000票の投票があり、1位は『おもしろい！進化のふしぎ　ざんねんないきもの事典』（高橋書店）であった。このアイデア大切に育てたい。

4.10　2019年の十大ニュースを読み解く

1.　倒産、買収、合併相次ぐ

2019年も出版社、書店で倒産や買収、統合が相次いだ。書店では1月に大阪・天牛堺書店が破産、6月に札幌・なにわ書房が自己破産（大垣書店が引き継ぐ）、名古屋地区の強力書店であった、ザ・リブレット屋号の大和書店が破産した。20店舗を抱えていた。広島のフタバ図書の経営悪化のニュースは6月から始まっている。出版社では地球丸が破産、ゆまに書房は大修館書店に吸収された。マキノは文響社の子会社に、メディアドゥがジャイブを買収している。日本雑誌販売は自己破産した。凸版印刷が図書印刷を買収している。注目されたのは文教堂が事業再生ADR申請で上場廃止を免れているが、2020年8月時点で債権処理できなければ…そこまで追い込まれている。

2.　「マーケットイン」流行語に

出版社の間で「近刊登録」の意識が高まり、「マーケットイン」が流行語になった。トーハンの近藤敏貴社長が会合で「市場のニーズを起点としたマーケットイン型流通の構築」を繰り返し訴えた。この取組を支えているのが日本出版インフラセンターの出版情報登録センター（JPRO）である。10月のJPRO登録率は73.8％と過去最高であった。配信出版社数は670社で増加傾向にある。

3.　中国・九州1日遅れに

出版輸送が危険に晒されている。遂に中国・九州地方への雑誌・書籍の配送が1日遅れる非常事態である。やむなしの判断によるものである。全国同時発売はついに過去のことになってしまったことは残念である。輸送業界からは業量平準化と発売日・配送時間指定の緩和を求める声があがっており、取協と雑協は来年度以降、休配日を週2日設定する方向で検討している。

4.　海賊版サイト撲滅へ

海賊版サイト「漫画村」運営者、星野路実が7月にマニラで拘束され、9月に逮捕された。同サイトは2016年1月に開設されて以降、書店売上げに甚大の影響を与えた。被害金額は3000億円とみられる。昨年4月に閉鎖後、書店の売上げは回復した。出版科学研究所の発表によれば1～6月のコミックスの推定販

売金額は前年比 5％増、電子コミックが同 27.9％増である。無料で漫画を読める海賊版サイトは 500 以上存在し、大手出版社は厳しい姿勢で臨んでいる。

5. 日販、持株会社制に移行

日販は 5 月 27 日に臨時取締役会を行い、10 月 1 日付で「日販グループホールディングス」に社名を変更する。「取次」「小売」「海外」「雑貨」「コンテンツ」「不動産」「その他」の事業を担う子会社 26 社を事業会社として、新たなスタートを切った。第 72 期（2019 年 4 月 1 日〜 2019 年 9 月 30 日）の中間決算では、本業である日販単体の「取次」が赤字であることは、皮肉以外の何物でもない。

6. 「買切」の取組み続々

旧来の委託制度を見直し、返品率と書店マージンを改善する「買切」への取り組みが目立った。返品率改善を目的とした「直接取引する出版社からの買切仕入」がこれからは増えることは当然である。自社マーケットを掴めば買切条件でも十分商売になる。他の業界を見ればわかる。粗利を十分とる必要がある。

7. 軽減税率適用かなわず

消費税率が 8％から 10％に引き上げられた。出版界では長年、軽減税率適用を陳情してきたが叶わなかった。諸外国、先進国で出版物が軽減税率でない国はありません。特にヨーロッパはその傾向が強い。出版物を大事にしていることがわかる。諸外国では雑誌は売っていない。流通事情が違うのである。

8. 台風豪雨で書店被災

2019 年も全国的に自然災害が発生した。そのたびに雨漏り、商品損壊で休業したり、入帳問題で悩むことが多い。2018 年トーハンがこうした事情の書店に支払猶予策をとってくれたことが報じられている。結構なことである。

9. 樹木希林本ベストセラー

樹木希林さんが逝去した後、12 月発売の『一切なりゆき』（文藝春秋）を皮切りに関連書が続々と刊行され、書籍 7 点で計 250 万部売れた。多くの書店でフェアが展開された。時流もあるが、催事は書店にとって顔である。

10. 集英社、純利益 100 億円に迫る

集英社は 8 月に発表した第 78 期（2018 年 6 月 1 日〜 2019 年 5 月 31 日）決算において、100 億円に迫る最終利益を計上した。売上高は 1333 億円（前年比 14.5％増）で 10 年前の水準に回復した。「雑誌」「書籍」「広告」「その他」の全 4 部門で増収であった。V 字回復である。

4.11　年表で読み解く出版150年史

出版メディアパル編集部　下村昭夫

　出版年表を学ぶ前に、揺籃期に活躍した3つの出版社の歩んだ道を紹介したい。その「出版の夢と冒険」に挑戦する遺伝子は、現存する3800社の出版社にも受け継がれているに違いない。「出版年表」からその片鱗を学ぶことが出来れば幸甚である。

　近代出版社の歩みを1867年の「明治維新」を起点に考える風習がある。西欧式の活字が開発され、抄紙機が輸入され、洋紙の抄造技術や製本技術も確立されていった。その明治初期の「文明開化」の時期が、日本の出版業の夜明けということができる。その明治初期に生まれた出版社には、金原出版（1875年）、有斐閣（1877年）、南江堂（1879年）、内田老鶴圃（1880年）、三省堂（1881年）、冨山房（1883年）、河出書房（1885年）、博文館（1887年）、大日本図書（1887年）などがあり、130年を超す「長寿出版社」である。明治以前に遡ると、法蔵館（1602年）、吉川弘文館（1857年）などがある。

　だが、その道程は、決して平たんな道ではなかった。日本の出版業は、一気に「近代化の流れにのった」わけではない。明治政府は、1869年には、最初の出版規制法「出版条例」を制定し、怒涛のように押し寄せる西洋の自由思想を取り締まっている。出版を生み出す印刷・製本技術は急速に近代化されていったが、生まれたばかりの出版業の近代化は苦難の道を歩み始めた。

◇博文館の誕生と変遷

　博文館は、1887年（明治20年）、大橋佐平により創業されている。集録雑誌『日本大家論集』を創刊。著作権思想が確立されていない当時とはいえ、他誌に掲載された記事を無断で転載し、業界では"泥棒雑誌"と揶揄されたが、創刊号は完売し軌道に乗せ、『日本之数学』『日本之商人』などを創刊すると共に、取次会社・印刷所・広告会社・洋紙会社などの関連企業を創業し、日本最大の出版社として「博文館時代」を築き隆盛を誇った。博文館の経営戦略は、大量生産による廉価本の出版を基本としており、当時の出版界の総合商社となった。

　1891 年には、戦前、最大手の取次「東京堂」（四大取次の一つ）を発足させ、1893 年には、広告会社「内外通信社」を設立。1895 年には、初の総合雑誌『太陽』誌を創刊、黄金時代へと導く。1896 年には、博文館印刷所を設立（共同印刷の前身）。1902 年 6 月には、博文館創業 15 周年記念として、有料の私設図書館である「大橋図書館」（三康図書館の前身）を開設するなど目覚ましい発展を遂げる。1894 年の日清戦争および 1904 年の日露戦争時には、大陸進出を強める軍部に呼応する形で、写真入りで戦況を詳報する雑誌『日清戦争実記』および『日露戦争実記』を出版し、成功を収めた。

　今日、博文館の"光と影"の両面から検証されるべきであるが、「安価で大量生産を行い、時流を見る目や編集者・執筆者の開拓に成功し、印刷・取次・小売りに至る近代出版業の先駆者であった」ことは近代出版の走りであったことは否定できない。隆盛を極めた博文館の経営も明治後期の二代目大橋新太郎の時代には、次第に衰退していき、戦後の 1947 年、三代目の大橋進一の時代に、日本出版協会内の左翼系の出版業者から、講談社・主婦之友社・家の光協会・旺文社などとともに「戦犯出版社」として糾弾されたことを契機に、急速に事業への意欲を失い廃業し、三社に分割されたのち、1949 年、博友社として再統合された。これとは別に、1950 年に大橋まさ（進一の子）により博文館新社が設立され、現在は、日記の「博文館」として存続している。日記は創立以来のヒット商品であった。

◇実業之日本社の誕生と変遷

　博文館に続き、隆盛を誇った実業之日本社は、光岡威一郎が 1895 年（明治 28 年）に設立しているが、その光岡から、編集・発行権の譲渡を受けた読売新聞記者の増田義一が同社を退社し、1897 年 6 月 10 日に大日本実業学会雑誌『実業之日本』を創刊した日を設立日としている。増田は、のちに大日本印刷などの創立に参加、日本雑誌協会会長に就任している。

　実業之日本社は、日本経済の発展とともに飛躍し、看板雑誌『実業之日本』は 15 万部もの読者を獲得し、1906 年から 08 年にかけて『婦人世界』と『日本少年』『幼年の友』『少女の友』を相次いで創刊。博文館の先行雑誌との競争に打ち勝ち成功を収めている。増田がこうして実業之日本社時代を築いたのは、1909 年新年号から『婦人世界』に採用された「返品自由の委託販売制」の成

功により、飛躍的に発行部数を伸ばしたことに他ならない。

　大正期（1912年以降）に入ると、同社の五大雑誌は多くの読者を獲得し、1923年の関東大震災で大きな打撃を受けるが、1930年代には『少女の友』と1937年創刊の『新女苑』が若い女性に人気を博している。

　戦中・戦後の混乱期を経て、1950年代には『週刊漫画サンデー』、「ブルーガイドブックス」、「実日新書」、1970年代には『週刊小説』、『My Birthday』など、今日の出版活動の根幹となる雑誌・書籍が次々と生まれ、中堅の総合出版社としてその地歩を固めるが、近年は、苦境に立たされ、2015年12月には、フィスコとの業務提携契約を締結して、新たな出版ビジネスモデルの創出にチャレンジし、2016年4月に、シークエッジインベストメントを中心としたシークエッジ・グループの傘下に入った。

◇講談社の誕生と変遷

　講談社は、野間清治により1909年（明治42年）11月に創業されている。当初は、「大日本雄辯會」として設立され、弁論雑誌である『雄辯』を出版していた。社名の「講談社」はその名のとおり「講談」に由来する。『講談倶楽部』を創刊した1911年から大日本雄辯會と二つの名前を使用していた。評論家の徳富蘇峰により、「私設文部省」と評された講談社は、戦前の少年や青年たちに大きな影響を与えた。昭和期に入ると、1938年10月に野間恒が2代目社長に就任すると共に株式会社に改組、同年11月に野間左衛が3代目社長に就任した。戦後は、1945年に野間省一が4代目社長に就任した。その後1981年に野間惟道が5代目社長、1987年に野間佐和子が6代目社長に就任、2011年に野間省伸が7代目社長に就任し、現在に至っている。

　「面白くて為になる」をモットーに、戦前から大衆雑誌『キング』『少年倶楽部』などの様々な雑誌や発行し、雑誌王国「講談社」を築き上げた。書籍もたくさん発行し、『吉川英治全集』『日本語大辞典』などを出版する傍ら、多数の文学賞を主宰する日本を代表する出版社となった。

　講談社が所在する文京区音羽一帯に、子会社の光文社（1945年創業）をはじめ関連会社が存在し、日本の出版業界を二分する両雄の一つで「音羽グループ」と呼ばれている。もう一つの雄は、千代田区一ツ橋に本社を構える小学館で、子会社の集英社（1926年創業）などがあり、「一ツ橋グループ」と呼ばれている。

明治の出版が歩んだ道（1968年〜1912年）

年表作成：出版メディアパル編集部　下村昭夫

謝辞.『日本出版百年史年表』などを参考に編纂いたしました。記して，お礼申し上げます。

◇黎明期の出版…近代出版の夜明け

1867年 慶応3年	日本初の雑誌『西洋雑誌』創刊。幕府の開成所教授・柳河春三ら和紙木版刷。美濃紙半裁十数葉の小冊子、1869年明治2年）10月⇒第1号発刊。第7号まで発行。
1868年 明治元年	太政官布告、「新聞や出版は新刊・重版を問わず官許のないものの発売を禁止」する。9月⇒慶応4年9月から「明治」に改元。
1869年 明治2年	5月⇒「出版条例」公布。1722年（享保7年）江戸幕府による「町触れ」の規制を踏襲し、奥付に版元名、著者名など記載を明記。新刊出願制度、許可制度などで統制し始める。
1870年 明治3年	3月⇒本木昌造、長崎新町に活版製作所開所。明治初期の活版術確立の基盤となる。ウィリアム・ガンブルの活字から、鉛・錫合金の「明朝体・号数活字」を考案。
1872年 明治5年	6月⇒旧広島藩主・浅野長勲が洋紙製造会社・有恒社創立。イギリスから抄紙機を輸入、1874年（明治7年）⇒洋紙の製造開始。同年太陽暦採用、翌年1月1日より導入。
1873年 明治6年	2月⇒澁澤栄一、三井・小野・島田組と協力し製紙会社設立。後の王子製紙となる。5月⇒製本術の伝授。カナダ人パターソン、印書局に雇われ、洋式製本術を伝授。青野桑州（紙幣寮石版部）、わが国初の石版による2色刷印刷始まる。6月⇒森有礼、西周、福沢諭吉らが明六社創立。翌年3月⇒『明六雑誌』創刊。20頁、3000部
1875年 明治8年	1月⇒イタリア人キオソン、銅板彫刻術や透かし入り抄造法を伝授する。6月⇒「新聞紙条例」、「讒謗律」公布。言論の自由が抑圧され、『明六雑誌』等が廃刊。9月⇒新「出版条例」制定。内務省に届け出を義務付け、「版権（出版権）」を保障する。
1876年 明治9年	10月⇒佐久間貞一ら秀英舎を創立。後の大日本印刷の基盤となる。⇒1877年（明治10年）「西南戦争」起こる。⇒1879年（明治12年）「教育令」制定される。
1883年 明治16年	1月⇒大蔵省印刷局で、わが国初のコロタイプ印刷に成功。6月⇒「出版条例」改正。10日前に届け出制となり、罰則規定を強化する。
1886年 明治19年	4月⇒修養団体「反省会」設立され、翌年「反省会雑誌」創刊される。後に、⇒1904年（明治37年）に「中央公論」と改題。
1887年 明治20年	2月⇒徳富蘇峰ら「民友社」設立。「国民之友」を創刊。6月⇒大橋佐平「博文館」創業。集録雑誌「日本大家論集」を刊行、出版、取次、小売、印刷、広告の統合する近代的出版社の誕生。11月⇒東京書籍出版営業者組合が、組合員131名で活動を開始する。12月⇒「出版条例」改正、奥付に「出版者、印刷者の名前、住所、印刷年月日」を明記することを義務付ける。「版権条例」公布。
1889年 明治22年	2月⇒小川一真、わが国初の「コロタイプ印刷所」を東京・京橋に開所。⇒2月11日「帝国憲法」公布。翌年11月29日施行。同年、東海道本線全通。
1890年 明治23年	3月⇒「東京堂」創業、翌年卸売業を始め、日配統合まで「四大取次」の第一位。⇒11月⇒第一回「帝国議会」開く。⇒10月「教育勅語」発布。「商法」公布。
1892年 明治25年	8月⇒東京雑誌売捌営業担当者組合、組合員68名で創立。乱売防止を図る。
1893年 明治26年	4月⇒言論の取り締まりを一段と強化、「出版条例」廃止し「出版法」公布する。納本・検閲制度が定められ、多くの発禁本が生まれる契機となった。以降、敗戦まで、出版の取締法となる。同年、「版権条例」を廃止し、「版権法」公布する。
1894年 明治27年	1月⇒東京雑誌売捌営業者組合が「定価販売」を厳守協定。違反者には違約金5円を課すと決定。7月⇒日清戦争勃発。⇒翌明治28年10月「博報堂」設立、出版広告始まる。
1896年 明治29年	7月⇒「新声社」設立、後に「新潮社」となる。『新潮』創刊は1904年（明治37年）。
1897年 明治30年	6月⇒光岡威一郎「大日本実業会」創業、「実業之日本」創刊。1900年（明治33年）、増田義一氏に譲渡、「実業之日本社」となる。日清戦争を契機に実業之日本社時代を築く。7月⇒「博文館」10周年記念事業「博文館印刷所」（後の「共同印刷」）等を設立。
1899年 明治32年	3月⇒「著作権法」公布、「版権法」「写真版権条例」は廃止。4月⇒「ベルヌ条約」に加盟する。戦後、改正されるまで、著作権ビジネスの基礎となる。
1900年 明治33年	1月⇒「凸版印刷」創業。⇒翌明治34年7月、日本広告株式会社、後の「電通」設立。

1902年 明治35年	6月⇒「博文館」15周年記念事業として「大橋図書館」開設（現在の「三康図書館」）・9月⇒東京書籍商組合「図書月報」を創刊。学校・図書館などに無料配布する。12月⇒教科書疑獄起こる。　⇒翌1903年（明治36年）「小学校国定教科書制度」公布。 丸善、ロンドン・タイムズ日本支社と提携、「『大英百科全書』洋書月賦販売始める。
1904年 明治37年	4月⇒小学校「国定教科書」採用始まる 。　⇒同年2月「日露戦争」勃発。
1905年 明治38年	11月⇒「日米間著作権保護に関する条約」に調印。
1906年　明治39年	1月⇒実業之日本社『婦人世界』創刊。
1907年 明治40年	8月⇒逓信省、「第三種郵便物発行規則」廃止し、「第三種郵便物認可規則」制定。
1908年 明治41年	⇒大学館「書籍の委託販売」始める。実業之日本社『婦人世界』1909年1月号から「返品自由の委託販売」始める。
1909年 明治42年	⇒大日本雄弁会、後の「講談社」の創業。「面白くて、ためになる」雑誌王国の誕生。『雄弁』『講談倶楽部』『少年倶楽部』『婦人倶楽部』『少女倶楽部』『キング』等発行
1910年 明治43年	4月⇒「予約出版法」公布。　6月⇒「大逆事件」起こる。幸徳秋水ら処刑。⇒8月29日、「韓国合併」、35年間にわたる朝鮮支配始まる。
1912年 明治45年	1月2日⇒夏目漱石『彼岸過迄』を朝日新聞に連載開始（4月29日まで。3月⇒美濃部達吉「憲法講話」。⇒7月29日までは明治。

大正の出版が歩んだ道（1912年〜1926年）

◇大正デモクラシーの時代：円本時代の幕開け

1912年 大正元年	⇒7月30日「大正」と改元、10月⇒「怪盗ジゴマ」大ブームとなったが、子どもたちへの影響を恐れ、日本での上映禁止となる。
1913年 大正2年	8月⇒「岩波書店」創業、漱石『こころ』を始め、岩波文化の花開く。　⇒9月、日露戦争の講和条約に反対する国民集会をきっかけに発生した日比谷暴動事件起こる。
1914年 大正3年	3月⇒東京雑誌組合設立。「雑誌の乱売競争防止」を掲げる。4月⇒東京雑誌販売組合、定価励行を規定。10月⇒東京図書出版組合、定価販売を規定。6月⇒「平凡社」創業、下中弥三郎著『此は便利だ』発行。「第一次世界大戦」勃発。⇒11月「オーム社創業」。
1916年 大正5年	⇒戦争の激化に伴い用紙代・印刷代・製本代騰貴し、出版物の「定価」も騰貴する。 9月⇒東京家政研究会、後の「主婦之友社」創業。大正生まれの婦人誌に『婦人会』『婦人公論』『主婦之友』『婦人倶楽部』『女性改造』などがある。 10月⇒岩波書店、定価販売励行、奥付に「本店の出版物はすべて定価販売実行仕被下度候」と明記する。書籍・雑誌の「発禁事件」増加。出版物の取り締まりが強化される。
1917年 大正6年	10月⇒「ロシア革命」起こる。翌、1918年「米騒動」起こる。
1919年 大正8年	1月⇒「改造社」創業。 ⇒業者団体、雑誌は2月から、書籍は12月から「定価販売励行」を申し合わせる。
1920年 大正9年	5月⇒全国書籍商組合連合会設立、出席50組合 。 12月⇒洋紙の市価暴落、生産制限始まる。
1922年 大正11年	5月⇒東京出版協会宣伝機関誌『新刊月報』創刊。予約5万部を超える。1927年（昭和12年）『日本読書新聞』に引き継がれる。⇒8月、小学館創業。
1923年 大正12年	1月⇒『文藝春秋』創刊。 9月⇒「関東大震災」が起こり、出版界も大被害こうむる。
1925年 大正14年	1月⇒講談社『キング』創刊。50万部から74万部発行部数増大（昭和3年には150万部突破）。以後、雑誌王国への道を駆け上る。 10月⇒石井茂吉＆森沢信夫「写真植字機」発明。糸かがり機普及し、大量製本時代 4月⇒「治安維持法」公布。11月29日⇒ラジオ放送開始（東京放送局［JOAK］）。
1926年 大正15年	8月⇒「集英社」創業。 改造社『現在日本文学全集』全37巻の予約販売を開始。11月⇒円本時代の幕開け。

昭和の出版が歩んだ道（1926年～1945年）

◇戦争の昭和：抑圧される言論・出版「国敗れて山河あり」

1926年 昭和元年	⇒12月25日、「昭和」と改元。
1927年 昭和2年	1月⇒「紀伊國屋書店」創業→7月⇒「岩波文庫」創刊→12月⇒博文館「太陽」廃刊。円本競争激化、広範な読者の獲得、印刷・製本・用紙・広告・販売に大きな影響。
1930年 昭和5年	11月⇒日本図書館協会主催「読書週間」開始。エロ・グロ・ナンセンス出版流行。
1933年 昭和8年	7月⇒内務省「出版検閲制度」改革。出版警察拡充方針、左右両翼出版物の取り締まり強化。無届出版物の厳罰・発売頒布の禁止の権限強化 。 8月 ⇒「国際連盟」脱退
1935年 昭和10年	1月⇒芥川賞・直木賞が設立される。 4月⇒美濃部達吉「天皇機関説」で告発される。
1936年 昭和11年	2月⇒青年将校らが決起し、「二・二六事件」勃発。 7月⇒言論・出版統制のため内閣に情報委員会設置 。
1937年 昭和12年	3月⇒『日本読書新聞』創刊 （⇒同年、人民戦線検挙。日独伊防共協定、日中戦争勃発）6月⇒日本出版協会結成、加盟3団体。定価20%「値上げ」を主要新聞に広告。 11月⇒商工省「雑誌用紙の自主制限」方針を決定。
1938年 昭和13年	4月⇒「国家総動員法」公布。5月⇒「郵便規則」全面改正。 11月⇒「岩波新書」創刊される。
1939年 昭和14年	2月⇒「婦人雑誌」減ページ →5月初の「雑誌年鑑」日本読書新聞社刊行。 8月⇒商工省「雑誌用紙使用制限」実施。9月⇒雑誌協会「削減の緩和申し入れ」。岩波書店「買切制」導入（文庫・新書は1941年から実施）。
1940年 昭和15年	5月⇒内閣情報部「新聞雑誌統制委員会」設置 →6月、内務省「営利雑誌」創刊抑制方針。 7月⇒内務省「左翼出版物」一掃方針、30社130点発禁処分。各出版団体統合「日本出版文化協会」設立。12月⇒大政翼賛会設立。日独伊三国同盟結成。
1941年 昭和16年	5月⇒出版物の一元配給機関「日本出版配給」発足（資本金1000万円）。 6月⇒日本出版文化協会「出版用紙配給割当規定」を実施。「言論・出版・結社等臨時取締法」公布。12月8日⇒太平洋戦争勃発。
1942年 昭和17年	3月⇒出版用紙全面統制のため「発行承認制」を実施。
1943年 昭和18年	3月⇒新統制団体「日本出版会」発足。 ⇒『改造』掲載の細川論文を契機に戦前最大の出版弾圧「横浜事件」が起り、冬の時代へ。 7月⇒日本出版配給「書籍の全面買切制」を実施。11月⇒「出版事業整備要綱」を発表。
1944年 昭和19年	9月⇒日本出版配給、取次一元化のため、「日本出版配給統制株式会社（日配）」として新発足。
1945年 昭和20年	8月6日⇒広島に原爆投下、9日⇒長崎に原爆投下。8月15日⇒敗戦。「国破れて山河あり」：廃墟の中から「蘇る出版」、民主憲法下での出版活動。

横浜事件

　1942年9月、雑誌『改造』（8月号・9月号）に掲載された細川嘉六氏の論文「世界史の動向と日本」を谷萩大本営部長が「共産主義に基づく敗北主義」と批判、細川氏を検挙。一方、神奈川県特高は、アメリカのスパイとして検挙した川田寿夫夫妻の関係者の平館俊夫氏がもっていた一枚の写真に細川氏といっしょに写っていた『中央公論』『改造』の編集者たちを「共産党の再建会議」とでっち上げ、治安維持法違反の角で検挙、いもづる式に60名もの編集者を検挙した最大の言論抑圧事件。2005年に再審が開始されが、罪の有無を判断せず裁判を打ち切る「免訴判決」が下された。

昭和の出版が歩んだ道（1945年～1988年）

◇戦後の再出発：平和憲法と言論・出版の自由

1945年 昭和20年	8月⇒第二次世界大戦終結。残存出版社300社、書店3000店、日本出版配給統制株式会社（日配）1社。9月⇒ＧＨＱ、言論の制限に関する法令の全廃を指示。「出版法」「新聞紙法」効力を停止。「プレスコード」を発令、新聞・雑誌・書籍の事前検閲を開始。プレスコードのよる事前検閲開始。日本出版会解散。 10月⇒日本出版協会創立。民主主義出版同志会「戦犯」批判強める。11月⇒『日米会話手帳』ベストセラー、誠文堂新光社360万部、昭和裏面史を描いた『旋風二十年』鱒書房。総合雑誌『新生』『世界』『展望』『真相』『リベラル』続々創刊（48年頃までブーム）
1946年 昭和21年	4月⇒日本出版協会分裂→日本自由出版協会設立。 6月⇒『リーダーズ・ダイジェスト日本語版』創刊。 11月⇒日本国憲法公布－言論・出版の自由を保障。内閣府に用紙割当事務局設置。
1947年 昭和22年	2月⇒「カストリ雑誌」大流行（風俗・犯罪・性科学など49年頃までブーム）。 4月⇒「小売全聯」発足。7月⇒教科書の検定制度始まる。岩波『西田幾多郎全集』で徹夜の行列。9月⇒独占禁止法公布。出版物価急騰、日配が新刊書籍の委託販売制を復活。 10月⇒戦前最大の出版社「博文館」廃業。
1948年 昭和23年	1月⇒公職追放令発令、出版関係者も追放さる。 10月⇒小売全連（日本出版物小売業組合全国連合会）改称国立国会図書館法公布。戦前のような事前検閲のためでなく文化財保存のための納本義務規定。
1949年 昭和24年	3月⇒日配、ＧＨＱから閉鎖命令、出版社数4581社に発展。出版法・新聞法廃法、全国出版協会発足新取次会社創立。 9月⇒日本出版販売、東京出版販売、日教販、中央社、大阪屋など
1950年 昭和25年	1月⇒カストリ雑誌、エロ雑誌などの取締り強化。6月⇒『チャタレイ夫人の恋人』（小山書店）ワイセツ文書容疑で押収、発禁。（⇒朝鮮戦争勃発）
1951年 昭和26年	5月⇒用紙統制撤廃、第二次文庫本ブーム起こる。10月⇒民放ラジオ開局、講談社ラジオ宣伝開始。岩波書店『世界』10月号で講和問題特集。 11月⇒都内定価、地方定価の二重定価始まる。
1952年 昭和27年	11月⇒第一次「改造」争議（⇒1955年1月⇒第二次「改造」争議；そして『改造』は消えた）。『現代世界文学全集』（新潮社）、『昭和文学全集』（角川書店）全集ブーム。
1953年 昭和28年	4月⇒出版労組懇談会誕生（15組合1000名、「出版労連」の前身）。9月⇒ＮＨＫテレビ放送始まる。独占禁止法改正。出版物「適用除外」再販制適用始まる。10月⇒日本出版クラブ発足。松川裁判に対する批判論文『文藝春秋』『中央公論』に掲載。
1954年 昭和29年	2月⇒新書判ブーム『女性に関する12章』（中央公論社）38万部など。 6月⇒トーハンに電算機導入。9月⇒講談社テレビ初ドラマ「水戸黄門漫遊記」（日本テレビ）に「講談全集」刊行記念で提供。 10月⇒『週刊朝日』100万部突破、『サンデー毎日』（→印刷の技術革新、高速カラー輪転化進む）。光文社 "カッパブックス"『文学入門』刊行。創作出版ベストセラーの始まり。
1955年 昭和30年	3月⇒新書判の大氾濫、新聞系週刊誌の部数拡大（月刊誌から週刊誌の時代へ）。『世界大百科事典』（平凡社）刊行開始。悪書追放運動、マスコミ倫理懇談会設立。
1956年 昭和31年	1月⇒日本雑誌協会発足。2月東販「全協・出版科学研究所」発足。2月⇒『太陽の季節』太陽族流行。初の出版社系週刊誌『週刊新潮』創刊（→取材網、販売網、広告収入など新課題に挑戦）。6月⇒再販売価格維持（定価販売）契約実施。 10月⇒文部省教科書検定強化のため検定調査官発令。
1957年　昭和32年	2月⇒初の女性週刊誌、河出書房『週刊女性』創刊、筑摩書房など高額の豪華本の出版開始。日本書籍出版協会発足。 3月⇒「チャタレイ裁判」上告棄却、有罪確定。10月⇒「出版倫理綱領」制定。
1958年 昭和33年	1月⇒紙業界不況、上質紙など操短。 3月⇒日本出版労働組合協議会結成（33組合・3106名、出版労懇改称）。 5月⇒著作権法改正、©表示を確認。『週刊明星』『週刊女性自身』など相次いで創刊。
1959年 昭和34年	2月⇒週刊誌創刊ブーム、ペーパーバックス時代。主婦と生活社争議『週刊少年マガジン』『週刊少年サンデー』創刊（→『週刊現代』『週刊文春』『週刊平凡』）。
1960年 昭和35年	6月19日⇒新日米安保条約が自然成立。『中央公論』7月号〈湧きあがる民主主義〉を特集。 7月⇒韓国の民主化進み日本の出版物の輸入を自由化。同年アフリカ諸国の独立相次ぐ。

1960年 昭和35年	6月⇒新安保条約発足。→60年「安保闘争」が巻き起こり、浅沼稲次郎氏刺殺事件起こる。 11月⇒日本図書普及協会設立、12月⇒「全国共通図書券」制度できる。

◇高度成長期の出版（1961年から1988年までの出版）

1961年 昭和36年	2月⇒「風流夢譚事件」。右翼少年、中央公論社長宅を襲撃。『思想の科学』発禁処分。 12月⇒平凡社『国民百科事典』刊行、25万部ベストセラー 。小売全連「書店経営白書」発表。
1962年 昭和37年	4月⇒日本出版クラブ「第一回日本出版人大会」開く。取次協会「出版取次倫理綱領」制定。 6月⇒割賦販売の本格化（平凡社『国民百科』小学館『日本百科』）。少年マンガブームに。
1963年 昭和38年	10月⇒雑誌協会「雑誌編集倫理綱領」、小売全連「出版販売倫理綱領」制定。教科書無償措 置法成立。12月⇒書協・雑協・取協・小売全連4団体で「出版倫理協議会」発足。
1964年 昭和39年	5月⇒紀伊國屋書店・本店（東京新宿）、大型書店に改装（800坪→書店の大型化始まる）。 4月⇒職能教育の確立を目指し、出版人養成のための「日本エディタースクール」設立。 初の若者向け週刊誌『平凡パンチ』創刊―雑誌のセグメント化始まる。
1965年 昭和40年	6月⇒百科事典ブーム。全集ブーム（『日本の歴史─全10巻』ベストセラー、各刊平均40 万部）家永三郎、教科書検定を違憲と訴訟。大学生にマンガブーム起る。 11月⇒大学生100万人突破。ＡＢＣ雑誌部数調査始まる。雑誌のワイド化始まる。
1966年 昭和41年	2月⇒全日空羽田事故で、乗客全員133名死亡。出版関係者24名が遭遇。 5月⇒東京で「ユネスコ・アジア地域専門会議」を開催。
1967年 昭和42年	1月⇒公取委「出版業界の過当褒賞の自粛」を促す。出版倫理協議会「自主規制」を強化。 9月⇒小売全連「全国書店経営実態調査資料」を公表。 11月⇒「出版コンピュータ研究会」発足
1968年 昭和43年	5月⇒河出書房倒産。10月書籍「割賦法指定商品」に指定。（大学紛争激化）書協「日本出 版百年史年表」刊行。11月⇒川端康成「ノーベル文学賞」を受賞。
1969年 昭和44年	3月⇒ＮＨＫ大河ドラマ「天と地と」ベストセラー第一位、テレセラーの始まり。日本出 版学会設立。12月⇒ブリタニカ販売で消費者運動起る。紀伊國屋書店・梅田店開店。
1970年 昭和45年	1月⇒創価学会・公明党による言論・出版妨害（藤原弘達『創価学会を斬る』日新報道出版 部）。2月⇒『an an』創刊。初めてのショッピングのためのファッション誌。 4月⇒「光文社争議」。5月⇒新著作権法公布（翌年1月⇒新著作権法施行）。大阪万博開催。 70年安保闘争。11月⇒「三島由紀夫事件」起こる。
1971年 昭和46年	3月⇒雑誌正味2%引き下げ。婦人誌新年号ブーム＋4誌557万部。『朝日ジャーナル』3月 19日号回収（赤瀬川原平「櫻画報」；編集権と経営権をめぐって労使が対立）。7月⇒『講談 社文庫』一挙55点刊行（第三次文庫ブーム『中公文庫』『文春文庫』『集英社文庫』）。
1972年 昭和47年	6月⇒国際図書年。6月改正・割賦報公布、7月情報誌『ぴあ』創刊。9月⇒日書連が一部 出版社の書籍を不買運動─ブック戦争。9月⇒マージン要求（書籍正味2%引き下げ）。 最初のムック別冊太陽『日本のこころⅠ・百人一首』刊行（1200円、20刷、30万部超）
1973年 昭和48年	9月⇒石油ショック─ 第四次中東戦争。用紙高騰で出版物の高定価時代へ。日本出版労 働組合連合会（出版労連）発足。11月⇒「日本ブッククラブ」解散。
1974年 昭和49年	2月⇒用紙難続く。三省堂辞書「シール事件」起こる。11月⇒三省堂「会社更生法」申請。 『文藝春秋』立花隆「田中角栄の研究─その金脈と人脈」掲載。9月⇒地方正味格差解消
1975年 昭和50年	10月⇒出版産業1兆円突破─月刊誌部数、週刊誌を抜く。郊外店開業続く。ベトナム戦 争終結。講談社『日刊ゲンダイ』創刊、リクルート『就職情報』創刊。 12月⇒文庫正味統一78掛
1976年 昭和51年	4月⇒地方・小出版流通センター開業。地方出版物展示会、各地書店でブックフェア開催。 10月⇒横溝正史『犬神家の一族』映画化、メディアミックス─角川商法話題。
1977年 昭和52年	1月⇒返品率の減少をめぐり「責任販売制」論議。11月復刊「情報検索システム」完成。5 月⇒公取委「再販制度の観点から見た出版業の実態について」を公表
1978年 昭和53年	⇒八重洲ブックセンター開店─在庫100万冊の日本最大の店舗。7月⇒筑摩書房更正法申 請。再販問題起る。公取・橋口委員長「再販撤廃」を表明。金大中事件起きる。
1979年 昭和54年	⇒国際児童年開幕。新雑誌創刊ブーム起こる。日書連「再販制廃止反対」100万人署名・ 全国書店決起大会。
1980年 昭和55年	⇒「雑高書低」雑誌の時代。『少年ジャンプ』320万部。 5月⇒出版労連「職業技術講座（出版技術講座）」開校。労働組合の「本の学校」誕生。 10月⇒新再販実施（部分再販・時限再販・単独実施・任意再販）。

1981年 昭和56年	1月⇒日本図書コード発足。ISBN（国際標準図書コード）実施。3月「三省堂神田店」オープン。3月⇒『窓ぎわのトットちゃん』記録的なミリオンセラーに。『Drスランプ』180万部。10月⇒写真週刊誌『FOCUS』創刊。ワープロによる本づくり始まる。
1982年 昭和57年	1月⇒書籍新刊発行3万点。タレント本5点ミリオンセラーに。書協「書籍返品現象マニュアル」配布。8月⇒学習研究社「東証二部」へ上場。10月⇒『FOCUS』創刊1年で、55万部突破。TBS「ザ・ベストセラー」放映開始。
1983年 昭和58年	1月⇒酸性紙問題が提起される。2月⇒日書連「返品減少運動」提起。4月⇒日本編集プロダクション協会設立（→日本編集制作会社協会）。
1984年 昭和59年	1月⇒『週刊文春』疑惑の銃弾連載、『FRIDAY』80万部完売→写真週刊誌3FET時代に。6月⇒東販「TONETS」、日販「NOCS」構築。大手取次の情報化対応進む。11月⇒平凡社『大百科事典』（全16巻）、小学館『日本大百科全書』（全25巻）刊行開始。
1985年 昭和60年	6月⇒生活情報型女性誌『オレンジページ』創刊。郊外店ブーム700店に。11月⇒「国家機密法（案）」に反対する出版人の会発足。12月書協・雑誌日書連相次いで反対表明。
1986年 昭和61年	4月⇒サン・ジョルディの日制定。三修社、CD-ROM版『日英独最新科学技術用語事典』発売。9月⇒日本電子出版協会設立。10月⇒本の宅配「ブックサービス」開始。
1987年 昭和62年	7月⇒郊外型書店急増2000店、SA（ストア・オートメーション）化・複合化進む。岩波書店CD-ROM版『広辞苑』発売。12月⇒角川書店の「買切制」話題に。
1988年 昭和63年	1月⇒出版4団体「売上税反対」表明。10月⇒「日本複写権センター」設立。婦人誌2誌に女性誌ブーム。本づくりのDTP編集始まる。「ちびくろサンボ」が消える。

平成の出版が歩んだ道（1989年～2020年）

1989年 平成元年	1月8日⇒「平成」と改元。4月⇒消費税導入。定価表示で混乱。コミックの売上げ4000億円超える。流通対策協議会消費税導入後の価格表示で「公取委の見解」撤回要求訴訟。
1990年 平成2年	7月⇒日本図書コード管理委員会「JANバーコード」導入を表明。電子ブック相次ぎ発売。8月⇒径書房『ちびくろサンボの絶版を考える』刊行。10月⇒ドイツ・ブーフメッセで「日本年」。
1991年 平成3年	2月⇒出版VAN構想スタート。印刷・制本業の人手不足深刻で危機に「本が危ない」。「有害コミック」青少年保護条例で書店員逮捕。3月⇒出版文化産業振興財団設立。9月⇒日本複写権センター発足。被害コピー年間14億万枚。11月⇒ヘアヌード解禁『Water Fruit』（樋口加南子）宮沢りえ写真集『SantaFe』（朝日出版社）発売、年内160万部突破。
1992年 平成4年	4月⇒CVSのセブン・イレブン、出版物の売上高1000億円突破。5月⇒東京都青少年保護条例改正による有害コミックの規制強化。朝日新聞社『週刊朝日』5月29日号で休刊。
1993年 平成5年	1月⇒主婦と生活社『主婦と生活』4月号で休刊を発表。3月⇒出版文化産業振興財団、読書アドバイザ養成講座開講。4月⇒講談社書籍正味69掛で統一。
1994年 平成6年	1月⇒公取委「出版取次業の市場構造に関する実態調査」を実施。書協「須坂構想」中間報告。6月⇒『週刊文春』（6月15日号）をJR東日本が管内キヨスクで販売拒否。
1995年 平成7年	1月⇒阪神・淡路大震災で出版界にも大被害。日販王子PBセンター24時間稼働。9月⇒米子／今井書店「第一回本の学校＝大山緑陰シンポジウム」開校。
1996年 平成8年	1月⇒公取委「規制緩和に関する施策の検討状況の中間報告について」を公表。4月⇒須坂構想実現に向け、ジャパンブックセンターを設立。9月⇒日本最大規模の紀伊國屋書店新宿南店オープン。⇒この年、出版物の推定売り上げ最高レベルに達す。以後、マイナス成長期に入る。
1997年 平成9年	3月⇒書協・雑協「出版VAN合同協議会」設置。出版関係者「再販制シンポジウム」開催。4月⇒消費税5％にアップ、本の価格を「外税表示」に変更。12月⇒行革委規制緩和所委員会「著作物の再販価格維持制度の見直しについて」を公表。
1998年 平成10年	⇒公取委「著作物再販制度の取扱いについて」継続検討を必要とするとの見解を発表。電子書籍コンソーシアム設立。翌年総合実証実験を開始。⇒角川書店が、東証二部へ上場を申請。中央公論社の営業権・資産譲渡を読売新聞社が取得。
1999年 平成11年	児童買春・ポルノ禁止法案が成立、出版倫理協議会が見解発表。日販が出版者と共同出資し、ブックオンデマンド出版「ブッキング」。
2000年 平成12年	⇒駸々堂が負債135億円で自己破産。2月日販「不良債権処理」90億の赤字決算。TRCなどがWeb書店「bk1」を設立。11月⇒アマゾン・コム日本語サイト開設。警視庁、通信傍受法に基づく盗聴開始。12月⇒トーハン客注システム「e-hom」稼働。

◇ 2001年から2020年まで：マイナス成長時代

2001年 平成13年	3月⇒公取委／著作物再販制度の存廃について「当面、同制度を存続する」との見解発表。東京都「青少年の健全な育成に関する条例」を可決、「区分陳列」による規制強化。
2002年 平成14年	⇒メディア規制法浮上、「知る権利」への規制強化と危惧深まる。8月⇒「住民基本台帳ネットワーク」稼働。朝の読書1万校が実施。『ハリー・ポッターと炎のゴブレット』(第4巻)、「買切」初版230万部でスタート
2003年 平成15年	5月⇒個人情報保護法案可決、有事関連法などメディア規制を含む「戦争5法案」一気に可決。⇒出版倉庫流通協議会」発足。8月⇒「住民基本台帳ネットワーク」本格稼働。
2004年 平成16年	3月⇒日本インフラセンター（JPO）ICタグの実証実験開始。6月⇒。貸与権、出版物にも適用著作権改正成立。7月⇒青山ブックセンター経営破綻洋販が経営権を取得
2005年 平成17年	3月⇒日本と書コード管理センター、13桁のISBNに移行。8がつ⇒トーハン「桶川SCMセンターを竣工。『電車男』100万部突破（新潮社「文字・活字文化振興法」が成立。）。
2006年 平成18年	4月⇒自費出版社の碧天舎自己破産。6月⇒アマゾン直販で「e宅販売」商法を開始。6月⇒平安堂「古書セント」を設立。12月「本の街神保町を元気にする会」発足、
2007年 平成19年	2月⇒出版物貸与センターが貸与量徴収を開始。3月⇒大日本印刷と図書館流通センターが業務提携開始。10月⇒「文字・活字文化推進機構」設立。書協と雑協が「50年史」を刊行。
2008年 平成20年	3月⇒再販問題で、公正取引委員会が出版社などにヒアリングを開始。6月⇒大阪屋と栗田出版販売が業務提携。11月⇒日販と日協販が業務提携。12月⇒丸善とTRC」が「共同持ち株会社CHI」設立、経営権統合を図る。
2009年 平成21年	1月⇒大日本印刷、出版業界再編加速。丸善・ジュンク堂書店・図書館流通センターなどと業務提携。3月⇒世界中を巻き込んだ「グーグル検索和解問題」で論議。日本は対象外に。責任販売制で業界の模索続く、「電子タグの活用」「35ブックス」など
2010年 平成22年	電子書籍元年、業界、急ピッチで対応策健闘。10月⇒国民読書年「記念式典開催。12月⇒村上春樹の『1Q84　BOOK1・2』大ブレーク、アマゾン上陸10周年、紀伊國屋書店の売り上げに迫る。12月⇒東京都青少年健全育成条例可決。
2011年 平成23年	出版業界、電子書籍時代へ急展開。3月⇒東日本大震災発生。出版デジタル機構設立。デジタル化をめぐる違法な自炊代行会社横行。
2012年 平成24年	3月⇒経済産業省「コンテンツ緊急デジタル化事業」に10億円支援。7月⇒楽天「kobo」・9月⇒アマゾン「Kindol」など電子書籍市場活性化。
2013年 平成25年	7月⇒明文図書「自主廃業」へ、中堅取次受難の年。佐賀県武雄市図書館CCCに管理委託。3月⇒「緊急デジタル事業終了。電子書籍6万点達成。12月⇒「特定秘密法案」可決・成立。
2014年 平成26年	4月⇒消費税8%にアップ。書店の販売環境悪化。著作権法改正、新たに「電子出版権」生まれる。10月⇒KADOKAWAとドワンゴが経営統一。12月⇒「特定秘密法」施行。「知る権利」「報道の自由」危機と危惧深まる。
2015年 平成27年	1月⇒電子出版権を認めた改正・著作権法施行。日本出版インフラセンターJPO、「出版情報登録センターを創設。6月⇒栗田出版販売「民事再生」を申請。紀伊國屋書店、春樹本新刊の9割を買占め。⇒出版業界、消費税引き上げ時に「出版物への軽減税率適用」の向け、運動強化。
2016年 平成28年	2月⇒太洋社自主廃業から倒産へ。4月⇒大阪屋と栗田出版販売が統合、新取次「大阪屋・栗田」を設立。「dマガジン」など急成長。紙の雑誌の苦悩広がる。7月⇒教科書発行会社の学校関係者への謝礼金問題社会的批判に。
2017年 平成29年	1月⇒深刻さ増す、出版物の輸送問題で取次首脳陣、出版社へ協力要請。5月⇒中つり広告事前入手問題で、文藝春秋が新潮社に謝罪。6月⇒アマゾン日販へのバックオーダー停止。出版業界の激震。12月⇒日系イギリス人カズオ・イシグロ氏ノーベル文学賞受賞。
2018年 平成30年	5月⇒大阪屋・栗田、楽天の傘下に。日販とトーハンが物流で協業合意。11月⇒出版業界、11月1日を「本の日」と制定。イベントに取り組む。12月⇒POSレジの普及に伴いスリップレスの動き活発に。
2019年 令和1年	1月⇒大手取次首脳陣「マーケット・イン型出版産業」への転換を提唱。5月⇒日販、持ち株会社制に移行。7月⇒「漫画村」運営者逮捕。出版業界、海賊版サイト撲滅へ対応策強化。10月⇒消費税10%に引き上げ、出版物の軽減税率適用かなわず。
2020年 令和2年	3月⇒コロナウィルス世界中に蔓延。出版業界も苦境に。電子書籍の需要高まる。6月⇒書協・新体制に移行。小野寺優氏(河出書房新社)が理事長に就任。

廃墟の中、よみがえる出版の自由

　玉音放送とともに戦後の出版活動も息を吹き返した。戦前の相次ぐ言論統制下で、生き残ったのは、取次は国策会社とも言える日本出版配給株式会社（日配）1社のみ、出版社は300社、書店は3000店にしか過ぎない。

　廃墟の中から立ち上がった出版界を象徴する出版物に『日米会話手帳』がある。終戦後、わずか1ヶ月足らずで刊行された『四六半裁判・32ページ・定価80銭』というパンフレットのようなこの出版物は、誠文堂新光社の創業者である小川菊松氏が玉音放送を聞いた直後に企画したと伝えられる。

　日常会話など79例を収録したこの小さな本が、360万部（初版30万部）という戦後初のベストセラーとなり、1981年の『窓ぎわのトットちゃん』が現れるまで、その記録は塗り替えられることはなかった。

　もう一冊、戦後を語る出版物に、45年の12月に鱒書房から刊行された『旋風二十年（上・下）』がある。サブ・タイトルの『解禁昭和裏面史』という衝撃的なキャッチ・フレーズは、活字に飢えていた民衆の心をつかみ、上巻が発売されると、東京・神田の書店街には行列ができ、初版10万部が一週間で売り切れ、翌年、春に発行された下巻と合わせて80万部に達したという。この本の企画も玉音放送を聞いた鱒書房社長の増永善吉氏の企画によるものだが、昭和裏面史に光を当てたのは、当時の毎日新聞社の森正蔵社会部部長をはじめとする中堅記者たちであった。

　前者は、占領軍の進駐という事態を受けての緊急出版、後者は、真相を知らされることのなかった15年間に及ぶ侵略戦争に初めてメスを入れた歴史的出版物である。

　戦後の民主憲法の下、再び、権力の手による言論抑圧の恐れはないかもしれない。だが、国民の知る権利や表現の自由をしばりかねない「個人情報保護法」「国際平和支援法」「改正PKO協力法」「改正周辺事態法」「改正自衛隊法」「特定秘密保護法」、さらには、「共謀罪」の導入などとともに「自衛隊の海外派遣に道を開いた」いま、「いつか来た道」への懸念を強く感じ、戦前の悪法「治安維持法」の再現を危惧せざるを得ない状況下にある。

（出版メディアパル　下村昭夫）

第5章

昭和・平成の古書業界の歩んだ道
―貴重な古書文献を後世に伝える仕事―

八木書店会長　八木壯一

この章の概要

　本章は、世界的に見ても貴重な存在である東京都千代田区神田神保町一角にある「古書業界」の歴史であるとともに、その代表格である八木書店の「昭和・平成の歩んだ道」を収録している。

　八木書店は、1934年（昭和9年）に創業者八木敏夫が神保町の古書店一誠堂から独立、『日本古書通信』を創刊するとともに古書店六甲書房を開業したことに始まる。創業時から『日本古書通信』に出版社の見切品を扱う卸店の目録を掲載するとともに、自らも出版社の過剰在庫を買い取り、同業の古書店に卸していた。その85年の歴史と神保町の発展を振り返る。

　本章は、次の3つの項目から成り立っている。
　第1節　紙魚の昔がたり　八木敏夫 VS 反町茂雄対談
　第2節　神保町と古書店の今昔物語
　資　料　出版・古書業界・日本古書通信・八木書店年表

※第1節は、反町茂雄編『紙魚の昔がたり　昭和編』(八木書店、1987年)より転載させていただきました。また、第2節は、『神保町が好きだ 第13号』(2019年10月11日、本の街・神保町を元気にする会発行)から、要約版を収録させていただきました。

第1節

紙魚の昔がたり
八木敏夫 vs 反町茂雄　対談

1.1　神戸の小売書店へ

反町茂雄　今日は八木書店の八木敏夫会長においでいただいて、波瀾の多い、ご立身のお話をゆっくり伺いたいと存じます。お若い時から、この業界にお入りになる前後のことから、どうぞお願い致します。

八木敏夫　過分のご紹介を受けましたが、明治41年12月に兵庫県の二見町東二見、現在は明石市に編入されていますが、そこで生まれました。父は米穀商をやっていました。凡々としているのが嫌いな人で、当時の米屋には相場がつきものでしたが、大きく相場をはり、同時に船を何艘か持っていまして、廻船問屋のようなこともやっていたようです。生半という屋号で、「半」という旗印の船です。代々半兵衛を名乗っていました。

反町　お名前は何といわれたんですか。

● **出席者**（対談実施日：1979年8月～1985年7月にかけ3回対談）
　語り手：八木書店創業者　　　　八木敏夫（やぎとしお、当時会長）
　聞き手：弘文荘主　　　　　　　反町茂雄（そりまちしげお）
　ゲスト：八木書店　二代目社長　八木壮一（やぎそういち、現会長）
　記　録：郡田純一（ぐんだじゅんいち）

八木　磐太郎（いわたろう）といいます。5代目半兵衛ですが、磐太郎で通しました。若い頃から学問が好きで、学校の成績も良く、『加古郡誌』の編輯に携わったり、二見港の改築に努力をしたりしたようでした。欧州大戦（第一次世界大戦の別称）の時に鉄鋼業に手を出し、家の周囲にあった貸家を工場にかえました。神戸から職工を呼んできて、造船に使うナットなんかを造っていたのです。ですけど、戦争の終わると共に失敗して、すっかりすったらしい。それから不動産業をやって、山を買ったり、田を買ったりしていましたが、私が学校を出る頃は、もっともピンチの時だったらしいんです。

私は二見の尋常小学校を大正10年に卒業しまして、神戸の育英商業学校に入りました。昭和2年に卒業すると同時に、神戸の福音舎という新刊小売店へ住込小僧として入りました。その年の7月に岩波茂雄さんが、新聞の1ページ大の広告で、岩波文庫の創刊を発表されました。今まで2円、3円の定価の本が20銭とか40銭で買えるわけです。3円の本で2割あれば、60銭の利益があるわけですね。それが今度、20銭の本で2割、わずか4銭しかない。それじゃ新刊屋は食べて行けないという気がしました。何か別の仕事を考えなくっちゃいけないと思ったんですが、入店時の約束が徴兵検査までということだったから、徴兵検査まで勤めました。

1.2　古本修行に東京へ

反町　岩波文庫が出始めたのは、あなたが入った年ですか。

八木　その年、入ってしばらくしてからです。

反町　面白い動機ですね。

八木　徴兵検査の結果が乙種合格、兵隊に行かなくてもよくなったわけです。そこで当時の福音舎の社長の塩倉さんに、新刊の小売屋はやれないから、出版をやりたい、それには先ず古本屋から勉強したい、東京に行きたいと思う、と話しました。ちょうどその時に、東京の稲垣書店にいた人が一人、福音舎に入ってきたんです。その人に聞きましたら、「東京に行ってやりたいんなら、一誠

堂が一番いいよ。一誠堂には、いま、帝国大学を出た若い人が1人入って、隆々とやっているから、修業するのには、あそこが1番いいはずだ」と教えてくれました。そこで決心をして、主人の塩倉さんの添え状を貰いまして、一誠堂へ手紙を出しました。

反町　ちょうど一誠堂がどんどん発展している盛りでしてね。昭和4年でしょうかね。人も次ぎ次ぎに入れていた時で、その手紙が来たわけです。商業学校を出たというし、手紙の文章も筋が通っている。その頃、商売の用事でしばしば関西に行ったもんですから、そのついでに、神戸の元町の福音舎さんを訪ねました。そんな縁で、八木さんに来て貰ったわけです。

八木　私が一誠堂に入った頃には、明治40年・41年生まれの店員が5、6人いたんですよ。その時分ですから、前垂れをかけて着物。入店後、数ヶ月たちますと、毎日古本を自転車に積んで、売り込みに学校回りに行くのが、主な仕事でした。当時、先輩がすでに、東京大学とか明治大学とか、日比谷図書館とかをまわる担当になっていました。私は、郊外の大正大学とか駒沢大学とか、ああいった遠くの大学に、自転車で売り込みに行くのです。幸いに、じきにおなじみになり、引き立てて貰いまして、大正大学の中村康隆先生なんか、今日もなお、うちに来られます。現在は大正大学の学長さん。その時分は助手か副手だった。

反町　その頃の一誠堂のやり方は、大きな学校や図書館へ、売り込み又は御用聞きに、1月に何回かずつ、店員を伺わせるやり方でした。年長といっても20歳・21歳ぐらいですが、それぞれ担当をきめて、主な大学や図書館へ出かける。東京大学は小島君とか、今の山田書店の山田朝一さんは高等師範、今の筑波大学ですね。あの人は高等師範と東京外国語学校（現・東京外国語大学）などが担当でした。

八木　自転車の後ろに古本をつけてね。その頃、店にはいい本がたくさん入ったんですよ。図書館の予算は決まっていて余裕がない。ですから、研究室を片っ端から回ったわけです。大正大学には、宗教学研究室とか、仏教学研究室とか、

国文学研究室とか、漢文学研究室とか、研究室がたくさんありました。中村康隆先生に、これが出たから買って下さいと頼むわけ。そこで売れないと、また東京大学の宗教学研究室とか、売れそうなところを紹介して貰って、ぐるぐる回るわけです。あっちこっちの大学の研究室をずいぶんまわりました。そんなふうにして一誠堂で約5年、昭和8年の12月まで、勤めさせていただきまして、その12月にご主人の了解を得てやめる。反町さんはその前に、確か昭和7年におやめになりましたですね。

反町　八木さんはその頃、学校方面の開拓を、大変よくやってくれましてね。新しく来て、新しい方面を開拓したんです。当時の店員の名は、姓で呼ばない。名の上の1字にドンをつける。八木敏夫さんはトシドン、山田朝一さんはアサドンでした。私はトシドン、トシドンっていって引き立てたもんですから、みんなが、反町さん(私だけは姓で呼ばれました)は、自分で神戸から連れてきたものだから、トシドンばかり贔屓<ruby>贔屓<rt>ひいき</rt></ruby>するって、陰口をきかれたくらいでした。

1.3　一誠堂での店員生活

八木　ついでですから、一誠堂の、その時分の生活を話しますと、朝7時に起きまして、清掃をして、前日に買ってきた本を、反町さんの机の上に持ってきて、値段付けして貰って、店の棚へ納める。前の日に買ってきたものは、その夜10時に閉店してから、みんな集まりまして、反町さんが中心になって、この本は2円とか、1円50銭とか、1円80銭とか、1冊1冊値踏みして、レッテルに書き込む。

ですから、お客様から仮りに何冊かを10円で買ってきたとしますと、その10円とは無関係に、1冊1冊を業界の相場に評価して、それを原価として記入する。記入した値の合計が、15円になる時もあり、18円の時もある。また8円にしかならない時もある。何人かの店員が、思い思いに仕入れてきますから、人によってデコボコがある。それらの全部を、反町さんが一応値ぶみ仕直して、統一をして、それを新原価として記入。あくる日の朝は、それを基準にして売値をつける、そういうやり方でした。ですから、踏値<ruby>踏値<rt>ふみね</rt></ruby>は符牒<ruby>符牒<rt>ふちょう</rt></ruby>で入れるわけです。

　私はその時分から高買いの傾向があって、「高買いのトシドン」と言われて、

値踏みの時にはヒヤヒヤしていました。それと同時に、落丁繰りといいまして、市で仕入れた本の全部の、落丁の有無を1冊1冊検（しら）べる。そういったことをして、夜は大体11時・12時まで、それからお茶菓子が出て、みんなで一緒に銭湯に行きました。初めのうちは、私も落丁繰りをしましたが、途中からそれを免除して貰いました。その時分、全国に学校や図書館がどんどん出来ましてね。それらに対して売り込みの運動を展開するには、はやくニュースをキャッチしなくちゃいけない、ということに気がつきまして、反町さんに話して、官報と、東京中の新聞や地方版をとって、それを私がスクラップする。どこの学校に、いくらの予算が出たとか、誰が死んだとか、誰が転勤したとかいうのを、スクラップしまして、それを反町さんに見せて、計画を立てる。調査部的な仕事をするために、落丁繰りはしなくていいということになりました。

それから新しい学校へ売り込みに回る時ですね。その時分、一誠堂には大きな目録があって、それを持って回ったんですが、そういった大きな目録は、無駄もあるし、一誠堂に余分もない。分類別の薄いのを作られたらどうですかといって、分類の目録を反町さんに作って貰って、農学校に行く時は動植物のものを、普通の中学校なら国文のもの、新設の図書館なら基本図書目録、といった調子で、行き先によって目録を変えて、運動したもんです。

店の方針で、売り込み活動を全国的に拡張し、さらに私と小島君とで、朝鮮の新義州まで、台湾へは山田君というように、その目録を持って、売り込みに行かされたりしました。売り込みの先ざきで、いろいろな面白い話もありますが、そうこうして、一誠堂には5年間勤めました。

1.4　『大阪古本通信』を譲り受ける

八木　昭和7年頃から、大阪にプリント刷の『大阪古本通信』という相場ニュースの小誌が出来まして、そこで東京のニュースが欲しいという話で、これも反町さんのご紹介で、君、送ってやったらどうかということで送りました。他にも2、3人に頼んであったようですが、私が最も多かったでしょう。

反町　富樫栄治という人でしたね。

八木　ええ。こんな謄写版刷りの3頁物で、1部10銭、月3回発行です。

反町　あなたのところでは、よくとってありますね。何年ですか。書いてありませんか。

八木　昭和7年3月1日が創刊号です。創刊号からの揃いは大阪の津田喜代獅さんから貰いました。

反町　そのくらいの時期でしょうね。

八木　昭和7年ですね。そうこうしているうちに、昭和8年頃になりますと、『東京古本新聞』とか、『東京古本市場通信』とかいうようなものが出る動きが起こりまして、富樫さんも、ちょっと動揺されたようです。私は、こういうものの編集は、大阪よりむしろ東京の方がいいんじゃないかと考えて、反町さんにその話をしましたら、じゃあ富樫さんに会って相談なさい、ということになり、反町さんの紹介で大阪に行って、富樫さんに話しましたところ、快く判ってくれまして、自分は身を引き、仕事を私に譲ってくれました。

反町　富樫という人は大変感心な人でしてね。東京の方のニュースも取りたい、ニュースというのは主として古書相場のことですね。東京は全国の業界の中心ですから。手づるがないから、力を貸してもらえないか、という話がありました。そういう新しい仕事なら、お手伝いしましょうと言って、ニュースをはじめは私自身の手で送ってあげていたんです。彼は非常に喜んで、私を頼りにしていました。八木さんは、一誠堂でニュースの整理的なことをやってもらっていたし、そういうことが好きであることも判っていたので、店をやめたら、あんた、古本通信のような仕事をやったらどうですか、と話をしたら、それは面白い、やりたい、という話だった。
で、富樫君と競争になるとまずいから、仲良く助け合った方がいい、ということで、何かのついでの時に、一緒に大阪へ行った。そして富樫さんに八木さんを紹介して、どうか仲良く、東西両地のニュースを交換し合って、共存共栄されたらいいでしょう、とすすめました。富樫さんは、しばらく考えていましたが、

そうですか、よくわかりました、それじゃ私がやめますって言う。私は正直の
ところ、びっくりしました。あなたはやめる必要はありませんよ。あなたが開
拓なすった仕事で、今急におやめになったらお困りでしょう、と話しましたが、
案外あっさりした人で、いや私は早晩こうなるだろうと思っておりました。八
木さんは、私より大分お若いし、東京で始められるとすれば、遠からぬうちに、
お客さんは、みんな八木さんの方に行くに違いない。わかりきっていることだ
から、私はやめます。何とかして食うくらい、やっていけますよ、とサッパリ
した態度でした。私はこのやめ方に強い印象を受けました。権利代とか、買収
費とかいうものもなしに、無条件で譲ってくれた。それだけでなく、確か顧客
の名簿さえも、八木さんにくれた筈です。その態度は非常に立派でした。

八木　私が当時一誠堂で貰っていた給料は、昭和8年1月に月給32円、ボー
ナスが40円。12月に辞めた時には、退職金を150円貰いました。昭和9年の
1月から、『古書通信』を発行しました。

1.5　『日本古書通信』の創刊

八木　今だから言うんですが、実は日本古書通信社は、始めは反町さんと私
と2人の協同出資でした。資金面でも応援をしてもらったわけです。私が650
円出し、反町さんから350円出していただいて、1000円の資本で始めたので
す。通信の送り先として、全国の組合加入の古本屋の名簿と、沼津の古典社か
ら出ていた古本年鑑に載っていた古本屋さんの名簿、それから手に入る古本屋
の名簿を全部調べて、その合計の部数だけ創刊号を印刷して、無料で配りまし
た。中に振替用紙を封入しまして、1年分の誌代3円20銭、半年分は1円70銭、
1部15銭、1ヶ月30銭と誌代を明記した振替用紙を入れて、ご希望の方は申
し込んでもらいたいという挨拶状を同封しました。
有難いことに、1年分の前金をたくさん送金して頂きました。当時は、この創
刊号に書いてありますように、色々な方の推薦の言葉を頂きました。特に有難
かったのは、フランク・ホーレーさん、当時東京外国語学校と東京文理大学（現・
筑波大学）の先生。とっても本が好きな方ですが、欧州の古書相場掲載のいく
つかの雑誌の紹介を書いて、その日本版として『日本古書通信』を推薦してくだ

さったことを、よく記憶しています。それこれで、東京はもちろん、全国から大勢の方が、半年分とか1年分の前金を送ってくれました。当時私は印刷屋の隣の洋服屋の2階に下宿していたんですが、洋服屋のおかみさんが驚きまして、八木さん、こんなに毎日お金がくるんでは大変ですねっていう。すっかり安心しました。

第2号には文求堂さんとか、3号には巌松堂の波多野さん、6号には岩波書店の岩波茂雄さんなど、当時業界一流の先輩たちの談話を聞いて掲載しました。その10月に、河野貞三郎氏がやっていた『古本新聞』というのを合併しています。結局、『日本古書通信』が、こういった通信の唯一のものになったわけです。この場合も、富樫さんと同じように、河野さんの預かっていた誌代の前金は、私の方で『日本古書通信』をお送りすることにして清算をつけ、その代りに先方の読者カードを全部貰いました。

八木壮一　創刊の時で何部ぐらい刷りましたか。

八木　その記憶はないんですが、1000部ぐらいは刷ったでしょう。宣伝の意味で、ばらまいたわけですから。

反町　ことに1号などはそうですね。

八木　2号まではばらまいて、3号からは送金された人にしか送らないことを厳守しました。それがかえってよかったようですね。

反町　あの当時としては、全国的に古書相場を知らせるものは、日本では初めてですから、非常に清新な感じを、業界にも与えたことは確かですね。

> ● 2012年11月号で通巻1000号を達成した『日本古書通信』の横顔
> 創刊1934年(昭和9)1月。創刊以来、古今東西のあらゆる書物や、古書探求にまつわる人々の話題を研究的にまた読んで楽しい随筆として紹介、また、各地で発行された知られざる特殊文献の紹介、古書即売会などイベントの情報などを掲載している。

1.6　明治大学入学、有力教授達を識る

郡田純一　第1号は何年ですか。

八木　昭和9年ですね。1月25日号です。滑り出しよくやっているうちに、私自身商業学校しか出てないもんですから、編集や執筆に力が足りない。そこで明治大学の新聞学部に入りました。新聞学部は大学の卒業生じゃないと入れない学部なんです。実は佐々木さんといって反町さんのお友達ですが、その方が地理学の教授で、明治大学で教えておられたので、その先生にお願いして、新聞学部に入れて頂いたわけです。夜間ですから、昼間は古本の市場を回って、ニュースを取って編集をし、夜5時頃から行く。自分でいらないと思う学科には出ない。新聞の編集法とか、雑誌の編集法とかの講義にだけ出る。その時分の先生が大審院判事で明治文化研究会会長の尾佐竹猛さん、この間亡くなった木村毅さん、畑耕一さん、それから読売の井沢弘さん、平凡社の沢田久雄さん、こういう先生方に近づきました。

反町　その頃はのん気な時代でね。ぼくの親しい友人で佐々木彦一郎君というのは、地理学をやってたんですが、東京大学では助手、明治大学では教授なんです。で、何とかよろしく頼みますと頼んだら、簡単に計らってくれました。八木さんは人付き合いのいい人ですから、間もなく尾佐竹さんだの、木村さんだの、有力な先生方に可愛がられて、いろいろ引き立てられ、それが直接間接、大変役に立ったようです。

八木　段々に仕事が忙しくなりましてね。いま『日本古書通信』をやっている八木福次郎ですね、私の弟ですが、それが佐々木先生のお世話で古今書院という出版社に入っていたのを、ひまを頂かせて、編集を手伝わせた。確か3年目の、昭和11年8月です。手伝わせかけた時に、東京古書組合の役員会で、古書の相場の公開を禁ずるという決議をしました。私としては、全国の業者から喜ばれ支持されて、雑誌も毎号創刊号の2倍以上のページ数になり、部数も大いに増加する。そこで別に、図書祭記念に『全国古本屋聯合綜合古本販売目録』というのをはじめて、それも当たり、第2号を発行しようとしていた時でした。資

金も楽になったので、反町さんの分はお返しして独立し、大阪はじめ、神戸・京都・横浜・名古屋・広島・福岡・札幌等々、各地に10いくつもの支局、又は通信部が出来ました。油の乗った盛り、仕事を拡張しようとした矢先きだったもんですから、この決議にはショックを受けて、大いに弱ったのです。

1.7 組合が古書相場公開禁止

八木　反町さんとか、文求堂さん、その他大勢の方が大変心配して下さって、いろいろ尽力応援して下さった。地方の同業からずいぶん沢山手紙や電話で激励して頂いたんですが、結局組合は、総会にもかけずに、決議1本で、公開を禁ずという断を下しちゃった。仕方ないから、東京の相場欄の部分は、相場だけを白紙にした号を作り、発送したわけです。事情をよく知らぬ地方の人が驚いて、激励のハガキ・手紙を続々と送って来ました。

反町　あれは何年でしたかね。

八木　昭和11年10月9日付です。創業して3年目です。

反町　これは八木さんの大厄難でしたね。東京の古書の相場を知らせる、というのが最大の眼目で売り込んだ雑誌です。あの頃は、業界の相場は業者の大事な秘密で、東京の業者の間では、それをお客様や地方の業者に知らせるなんていうのは、もってのほか、という考えの人が多かった。そういう面もいくらかあるでしょうが、外国では、そういうことを堂々とお客様にも発表している。大きな目で見れば、全国の業者がみんな便利をし、喜んでいるし、その人々の営業活動が活発になれば、回り回って東京の業者にもいいことがある。第1、営業が公明正大になっていいから、どうか理解をしてほしい、と必死に理解を求めました。

八木さんはもちろん一生懸命でありますが、私も一生懸命だった。それから本郷の文求堂さんという、中国書専門の有力者でありましたが、この人も熱心に応援してくれたのですが、当時の神田の通りのおえら方の大部分が禁止説の味方。結局、仕方がない、相場欄はやめよう。やめたら雑誌の売れ行きは減るが、

記事にうんと魅力をつけて、カバーしてやってみよう。面白い新しいニュースを豊富に集めることで、人気をつないでいこう、と話し合いました。八木さんは若い頃から非常によく働く人でありましたが、それからまた大馬力で働く。有名人や図書関係の魅力のある先生たちの話や原稿を集めるのに、昼夜兼行で奔走。その努力で、どうやらこの大厄難を乗り切りました。

八木　皆さんのおかげです。

反町　いくらかそれもありましょうが。

1.8　難局打開の新方策

八木　その頃の本の好きな御大と言いますと、第1が徳富蘇峰先生。ここにお願いする。明治大学の先生方でも、ジャーナリズムの世界で重きをなしておられた尾佐竹猛さんのところに行きまして、原稿を頂きましたが、先生は忙しい人でしたから、書かれた本から適当な文章を抜かせて頂いて、掲載することも了解してもらいました。これでずいぶん助かりました。木村先生からは原稿ももらいましたが、次から次へ筆の立つ人を紹介して頂いて、渡辺紳一郎さん、高橋邦太郎さんなんかも、木村先生の紹介でした。明治文学研究会の有力メンバーには、片っ端から紹介してもらったわけです。

さて、『日本古書通信』の創刊の当時、古書通信社をもつのと同時に、六甲書房という名前で古本の売買もしました。その六甲書房では、古本を取扱うかたわら、少し後には特価本、つまり出版屋さんの売れ残り出版物を、安く買い切って、古本屋さんに卸し売りする仕事をはじめました。当時私は、特価本を古本の一種、その大量的な取扱いだ、という考えでした。ポツポツいろいろの出版屋さんのものを引取りましたが、一番はじめに扱った大口は、内外書籍株式会社のでした。古事類苑とか読史備要、それに復古記・広文庫・皇学叢書・日本文学叢書など、古本屋さん向きの良い出版物が多く、それらを1手に引受けましたが、よく売れまして、相当な利を得ました。それからその当時、斎藤昌三さんの書物展望社の事業が行き詰まりで苦しくなり、私に話がありましたので、そこの単行本を全部引受けて、これも相当な成績をあげました。

反町　その時、『日本古書通信』という名前じゃ具合がわるい、何という名前にするかって、相談があった。八木さんが、六甲書房というのはどうでしょうかという話。六甲って何ですかと聞くと、いや神戸の後ろに六甲山っていう山があって、大変いい山だからと言う。面白い、語呂も良いし、それになさいっていうことで決まりました。書物展望社の方は、内外書籍の本とは性格がかなり違いますが、書誌的なものが多いので、これもまた八木さんの六甲書房の扱い易いものでした。そんなことで、一時はどうなるかと心配したのでありますが、次々に新しい途を切り開いて、かなりの速度で、経営が段々に良い方向に向かうのが、外側からも見えました。この方面で特筆すべき八木さんの功績は、特価本屋さんの大部分は、大衆小説や赤本の類、精々で二流・三流の字書など甘いものが主だったのを、古事類苑だの復古記だのという、学術的な価値の高い、堂々たる書物を特価本として扱い、しかもよく成功したこと、同時に、当時品薄になやんでいた古書業界を相当にうるおした点です。

1.9　公定価格問題で活躍

八木　そうこうするうちに、太平洋戦争が始まるわけですが、その前に、物資の不足から来る物価の急激な上昇を抑えるため、政府の指示で、あらゆる物に公定価格ができた。古本の価格も、その手でしばらなくちゃいけないということで、商工省から申し出があり、警視庁からも市場のことなどに干渉がありました。当時組合の仕事をされていた三光堂の高橋さん、反町さん、その後には三橋猛雄さんなどが交渉を担当して、あまり苛烈なマル公をつくられちゃ困るので、必死に運動をされる。私も驥尾に付して、前田さんという担当官にちょっと縁がありましたので、その自宅へ訪問したり、商工省へ行ったり、関係の記事を書いてもらって、『日本古書通信』にのせたりしました。公定価格は、官報に掲載をして、効力が発生するんですが、掲載前にもれてはならぬとのことで、三橋猛雄さんと磯部芳三氏と私の3人で箱根湯本とか伊豆韮山の旅館にカン詰になって、官報の校正をした思い出があります。戦争の前にはマル公の問題が一番大きな問題でしたね。

反町　昭和15年から16年のことでしたね。商工省のお役人で前田福太郎さん

という人が担当官で、しっかりしていて、しかもいばらない、いい人でした。組合では三光堂さんが副組合長で、実際の仕事をしておられ、私は理事で、このことの実務を担当し、後には三橋猛雄さんに引継ぎました。業界にとって重大な問題なので、前田さんと盛んに折衝しました。偶然、前田さんは『日本古書通信』の愛読者でしてね、本好きの人だった。八木さんは、この時まだ組合の役員ではないのでありますが、前田さんの八木さんに対する好意を、利用したり、利用されたりで、業者にとってひどく都合が悪くないように、また前田さんの役所の方の顔も立つようにと、一生懸命力を合せてやったわけです。で、最初の公定価格が決まったのが、昭和16年のはじめだったと思います。

八木　私は昭和17年の3月に理事に任命され、同年9月に全聯事業部長に選任されています。事業部では小川勝蔵さんという業者の人と協力して、前田侯爵家の尊経閣叢刊の在庫品の残りを買い入れたり、雄山閣文庫を組合のために仕入れて配給したりしました。

反町　大変よく働いて下さった。

八木　小川さんも熱心でしたね。

反町　あの人も、相当な実力者だった。

1.10　召集で中支・南支・北支と転戦

八木　太平洋戦争が、段々激しくなって昭和19年の3月に召集されて、郷里に近い姫路の連隊に入る。もうこの頃は軍も資材が不足で、軍服が支給されない。私服のまま、朝鮮の平壌に送られました。
徴兵検査の結果は乙種ですから、それまでに訓練は全然受けてない。平壌で教育を受けたんですが、教育が終わる頃に、四国の鯨部隊というのが中支にいて、勇敢すぎて大損害を受けて、人員が激減した。その補充として、平壌から中支にまわされました。そして中支から南支へ、そこからまた北支へ転々としました(当時、中国のことを支那呼び、中支、南支、北支とは、中国の中部・南部・北部地方のこと)。

終戦を迎えたのが中支で、現地の百姓家に分散して泊まっていました。もちろん、陛下の終戦の放送なんて聞かない。1週間か10日過ぎてから知らされました。全員が兵器を返納して、後の指示を待つということになった。南京に集結して、部隊全部が捕虜。で、小学校が宿舎で、道路工事などをする。ちょうど監視する憲兵隊長の実家が、小学校のすぐそばで豆腐屋をやっていました。ある日、そこへ豆腐とかオカラを貰いに行きましたら、向うの憲兵が支那文の新聞を読んでいる。私は読めないが、写真に目をやったら、グーリックさんという、東京で和蘭大使館に1等書記官で勤務していた方の写真が戴っている。で、その憲兵に、俺、この人知っているって言ったら、そんなら会わせてやるって言うわけ。グーリックさんも本好きで、東京で何度もお会いし、原稿も書いてもらった間柄。ちょうどその時、南京の外交団の団長をしていられたのです。憲兵隊なんかも、1目も2目も置いているんですよ。その人と逢わせてもらった。その後は憲兵は、いろいろな便宜を図ってくれました。それというのも、結局『日本古書通信』を出していたお蔭です。文求堂さんの紹介で、何度も会っていました。そんなエピソードもありまして、結局部隊全部は、21年の3月に博多に帰還しました。

八木〔壯〕　メタボリンの話というのは、平壌から戦地へ行く時ですか。

八木　入営した時、何故だか、私は時計を2つ持っていきました。いよいよ平壌を離れて南支へ行く時、異国で健康にあまり自信がなかったから、なるたけ身軽にした方がいいと思い、時計とか毛のシャツとか、いくらか金めのものは、古年兵に頼んで売ってもらって、その金でメタボリンを買った。それをポケットに入れておきましてね、行軍に弱って来ると、口へ入れたのです。栄養失調にもならずに、元気で帰って来られた大きな原因だと思っているんですがね。

郡田　メタボリンって何ですか。

八木　その頃はやった栄養剤で、結局、胃腸をやられて死ぬのが多かったんです。

反町　戦地の不自由さで、変なものを食べていたから。

八木　食料は内地から全然こないでしょう。で、現地で調達する。大豆などで補給したのです。が、不自由がちだから、何でも食べる。胃腸をやられて下痢をし、それがつづくと体力が衰えて、行軍に一緒についていけなくなる。敵国の中で、一人で残れば殺されるから、自殺するんです。

反町　ずい分ひどいものですね。

八木　すべてが命がけです、戦地では。

1.11　統制で『古書通信』廃刊

八木　昭和21年の3月23日に博多着。24日に兵庫県明石の郷里に帰りました。ちょうどその頃は、農地解放といいまして、地主のもっていた田畠は、自作可能の分とある枠内の保有分だけを残して、その他の全部は、政府の命で耕作者に譲渡するように強制されました。私の応召する時に残して置いた金で、両親が田や山を買って置いたもんだから、田は大部分取られてしまって、わずかばかりのを耕作して食べて行かなければならない。それでは仕方がない。そこで、大阪・京都あたりの業界の様子を見に歩いた。その時に、京都の3条の京阪書房で、たまたま天理教の中山正善真柱さんにお会いしました。復員後すぐに、真柱さん、文求堂さん、反町さんとか井沢さんとか、木村先生とか、有力な後援者のところへ、アイサツ状を出しておいたんです。で、その時、真柱さんから「君、これからどうするんだ。何なら俺のところへ来ないか」って、お勧め下さったんですが、東京へ帰りたいですから、とお話して、間もなく東京へ出たわけです。

八木〔壯〕　天理の養徳社と合併したっていうのは？

八木　それは戦争に行く前、出版社の統合があった時です。用紙配給の関係で、日本中の出版社が、みんな他の1社または2社と合併を強制された。で、『日本古書通信』も、警視庁から、『新聞之新聞』と合併しろと指示がきた。『新聞之新聞』と『日本古書通信』は性格が全く違うから、合併出来ないと頑張ったんで

すが、私の言うことを聞いてくれない。仕方なしに、明治大学の井沢先生が読売新聞の論説委員だったので、相談に行ったら、じゃおれが電話をかけてやるからと言って、警視庁詰のデスクに電話をかけてくれました。

読売新聞のデスクというのは、警視庁じゃ顔がきくんですね。じきに効果があって、性質が違うんなら仕方ない。何か1つか2つ、小さな雑誌を買収しろっていう。形式だけでいいんだよ、これは廃刊しようとしてるからって、短歌雑誌社の名を教えてくれました。また古今書院の紹介で大坪草二郎の『あさひこ』も買収。

　そんなわけで『日本古書通信』は残った。それは第1回目の話。その後も段々切迫して、第2回、第3回の統合がつづく。結局、『日本古書通信』は休刊を余儀なくされました。六甲書房の方にも出版権がありましたが、その方は天理の養徳社と合併したんです。とにかく何かというと、統制々々で、エライ時代でした。

1.12　売る物なしのデパートで古書部開店

反町　戦争の影響で用紙が極端に不足したから政府は消費を無理にも減らすために統合を強制した。紙は配給制ですから、数社が合併しなければ配給しないという指令を出したわけですね。

八木　東京へ出てきたが、神田のすずらん通り、東京堂のすぐ側にあった私の店は、留守を託した弟の福次郎が、田舎に帰る時に売ってしまって、権利も何もない。田舎に山や田はあるが、金が全然ない。21年ころは、今日からは想像も出来ない程の物資の不足時代で、東京で一流の各デパートには売るものがない。売場がガラガラに空いてしまって、格好がつかない状態でした。そこで古本屋を歓迎して、何でも商品さえあれば並べてくれという状態。三越は一誠堂、白木屋は明治堂、新宿の伊勢丹は北川書店等々、各デパートに古書部をもうけていた。デパートなら、そう資金はなくてもやれるかな、と考えました。たまたま本郷の井上書店に寄ったら、上野の松坂屋が古書部をやりたがっていたよ、と教えてくれました。すぐに松坂屋に行く。飯田さんという人が営業部長、堤さんが支配人。飯田部長は本がとても好きで、デパート人らしくない文化人

でした。飯田さんは書物展望社の斎藤昌三さんとも親しく、後で斎藤さんへ飯田さんから照会があり、斎藤さんも私を推薦してくださったらしい。また古書業界では、本郷の井上さんや、古屋柏林社さんからも推薦してもらって、松坂屋に入ることにきまりました。

　向こうは、月給で入れたかったようなんですね。こちらは自分の計算で自由にやりたい。他のデパートでは、全部そうしている。他のデパート並みにして下さいと頼んだら、幸いに承諾してくれました。金はあるかと聞くから、多少はあります、万一の時は山を売りますと言ったが、実は有り金はたいても、いくらもなかった。21年9月から始めることにして、開店の準備に、大至急古本を集めなければならない。そこで8月11日の『朝日新聞』に、古本買入の広告を出した。11、12と2日間続けて。その広告料の領収書は、記念に現在持っていますが、それが何と742円。本紙が700円で、神奈川版が42円でした。9月1日には650円の広告をしていますね。この買入広告が大当たりで、仕入れがワンサワンサときました。持ってる金は、たちまちなくなっちゃった。有り金は全部古本に変っちゃった。家内を郷里の二見へやったけれど、なかなかそんな急な金なんて、持ってきてくれないし……。

1.13　松坂屋古書部として大発展

反町　誰れもが金の一番ない時期でしたね。それというのは、21年の3月に、新円と旧円の切り替えでね。どんなにたくさん金を持っていても、一定限度以上は、政府は新円と取りかえてくれない。最高が5百円限度です。それで、あとは生活費を毎月いくらかずつ、家族の人数に応じて、新円を旧円と取換えてくれるだけ。何百万円の財産を持っていても現金はない。そういう時代だから、新聞に広告すると、現金で本を買ってくれるか、それじゃ売ろうということで、たちまち売り手が押しかけてきたわけでしょうね。

八木　最初松坂屋と契約をする時に、君にまかせるけども、対外的には松坂屋が経営しているようにしなさい、ということでした。ですから、松坂屋の名で広告した。お客が売りにきたら、金がない、では通らない。そこで支配人のところに行って、実は大変好成績で仕入が多く、持ち金を使い切ったが、買った

本は全部松坂屋に置いてある。今後仕入する分も、ここに置いておくから、9月1日の開店までの間、金を貸してくれと頼んで、はじめに、松坂屋から2万円借り出している。そのあとも、仕入が多くて、22日にはまた3万円借りていますね。合計5万円、1冊の本も売らずでの借り出しですから、当時店内では評判になりました。松坂屋始まって以来、1銭も売上げをせずに金を借りたのは、八木だけだってことで……。しかし、このお金は11月30日に返済の約束でしたが、仕入れた本が、開店早々にドンドン売れましたから、10月の31日までに、2回に分けて完済しています。

復員して帰って、上野の松坂屋をやらせてもらった時には、銀座の松坂屋にも古書部がなかったもんですから、銀座の方がいいと思って、銀座を先にと、営業部長の飯田さんに頼んだんです。松坂屋としては、銀座より上野の方を重く見ている。銀座は、いずれやるとすれば、君にやらすけれども、先に上野をやるようにということでした。幸いに上野が軌道にのって、仕入れもジャンジャンありますし、売上げもドンドン伸び、大いに信用を得ました。営業部の方も気をよくして、銀座の方でもやっていいということで、21年9月頃に、話が来ました。ただし、君は上野の本拠に残って、君の店員に銀座をやらせてくれということ。当時私の方の直接の店員は4人いたんですが、それらは上野の方の仕入と販売で全く手いっぱい。仕方ないもんですから、反町さんに、こういう話があるんだけども、誰か適当な人はいないですかと相談しましたら、山田朝一君(今の神田の山田書店主)がいいんじゃないか。目下、郷里の山口県に疎開したまま。当人は上京したがっているんだけども、職場がなくて困っているから、同君に話したらどうかということ。すぐに山田君のところへ手紙を出しました。直ちに上京して来まして、是非頼むという話でした。この人なら、一誠堂時代から、お互いによくわかっていますから、こちらも安心。来てもらうことに決定しました。で、一旦田舎に帰って、資金の都合をしてすぐまた出て来るという話でしたが、あの頃は誰も似たような事情で、資金が出来なかったらしい。何とか都合してくれと、田舎から依頼状が来ました。困った時には助け合うのは友人の情誼、じゃ何とかしましょうという返事をしましたら、とても喜んで、感激した手紙が来まして、今も保存しております。こうして、銀座の松坂屋の古書部は11月に開店しました。

反町　あれは何年でしたかね。

八木　21 年です。私が上野松坂屋をやったのは、21 年の 8 月です。ですから、銀座も間もなく開店したんです。至極順調に、スピーディーに運んでいます。

　さらにまた、22 年の 3 月には、名古屋の本店でもやってほしいという話。で、名古屋の方は、私の代理に藤園堂の伊藤為之助さんと、大観堂の小室五郎さんに依頼しました。引き続いて静岡の松坂屋でもというので、ここには池田哲二君という人に、同じ条件で頼みました。ですから私が上野にいて、銀座と、名古屋と、静岡の間を、業務連絡にぐるぐる回っていたわけですね。連絡旅行中に、汽車の中で、現金入りのカバンを網棚に置いて、万引きされたこともありましたが。

反町　あの頃は、万引きや置き引きが多くて困りましたね。人心の退廃はひどいものでした。

八木　4 ケ所にそれぞれの責任者をお願いしてあるんですが、全部私の名義です。成績は 4 ケ所ともよかった。大阪の松坂屋には、以前から古書部があって、ここは地元の業者で、私より先輩の鹿田松雲堂さんと荒木伊兵衛さん、小関春雄さんその他 4、5 名でやっていましたが、成績が上がらない。で、私に引受けるようにと、松坂屋から持ちかけられましたが、この方は先輩に敬意を表して辞退しました。

1.14　ウブな大口仕入の数々

八木　で、仕入の方は、他の店があまり広告をやらない時代に、朝日新聞の東京版と地方版を使って、相当盛んに広告したもんですから、月に何回もトラックで運ぶような大口の仕入がありましてね。1 つ 2 つをあげて見ますと、神奈川電気の社長をやっておられた松田福一郎さん。この方は美術書。随分良い物がたくさんありました。外に百万塔陀羅尼を 7 つ、8 つ、同時に頂いたことを、よく覚えています。

反町　松田さんの小田原のお宅ですね。

八木　立派なお家で、庭が広くてね。で、百万塔をいくつも持っておられまして、全部くださいってわけで……。

反町　私は古典籍を、国宝の『古今集註』など、良い物を5、6点頂いた記憶があるが、その時は百万塔は全然なかった。多分あなたの方が先ですね。

八木　第一書房の長谷川巳之吉さんが鵠沼におられまして、ここからやはり美術書を主に、たくさん仕入れました。フランス語の『ル・アール』という大判の美術雑誌を合本にしたものが505、6冊あったのなどを買ったんですが、大量なので、トラックはもちろん、自動車もろくに動かない時代のことだから、運ぶのに困りました。第一書房の豪華本をつくる時の参考にされたんだと思いますが、フランスだとか、イギリスの豪華な装幀の洋書を、何10冊もいただきました。自分で出版された『山中常盤』の12巻箱入の複製だとか、その他いろいろのものがありました。

　ほぼ同じ頃に鎌倉で、永井荷風の関係者の方から、荷風がアメリカで恋人宛てに書いた手紙を、未投函のまま持ち帰ったのを、荷風関係のいろんな本と一緒に分けてもらったことがありました。これは第1回の松坂屋古書展に出品しましたが、出版社や新聞社の方が大きく取り上げてくれました。また別の人からですが、大珍本の『ふらんす物語』の初版など、珍しいものの数々も買入れました。明治物の稀書の仕入れが、偶然ですがたくさんあったもんですから、昭和22年の2月に、上野の松坂屋で、明治大正のものだけの古書展をやったんです。明治古典会という名前で、大先輩の玄誠堂の芥川さんを会長に、反町さん、一誠堂さん、菰池さん、木内さん、井上さん、進省堂さん、それらの方々と私の松坂屋古書部と共同で。この時には、ビックリするようないい物がずいぶんたくさん集まっています。

　私の出品では、正岡子規の『七草集』、これは子規の自筆の原稿百4枚に、漱石が朱筆でたくさん書入をしたもの。『和光帖』という子規の自筆帖。それから森鴎外の書簡だとか原稿だとか。鴎外の原稿は『性欲雑誌』というのが毛筆で

21 枚。これが 3500 円。それらの外に、私の出品ではないが、鷗外の『伊沢蘭軒』の再訂原稿とか、漱石の良い長い書簡など幾つも。

反町　戦後の百貨店での古書展としては第2回目でした。第1回は21年の11月、東京古典会の白木屋展。これが非常な好成績。松坂屋のは明治物が中心なのが特徴。これまた大盛況で、これがキッカケになって、今日の明治古典会が始まるのです。そういう意味で、22年の松坂屋展は重要なものです。しかし、八木さんが子規のものを根岸の子規庵の寒川さんの手から買われたのは、もっと以前じゃないですか。

八木　即売展より以前に買ったのを、ここに出品したのでした。またそれとは別に、非売品で、並べて展覧に供するだけという条件で、20点ばかり特別に出品してもらっております。この特別出品した分を、その後、明治古典会が市会として正式に発足した時に、寒川さんに頼んで売り立てに出してもらったんです。

1.15　子規庵の子規草稿本を引出す

反町　その話をも少しして下さいな。子規庵の本をあなたが引出したことは、明治物の市場では、特筆すべき大きな事件ですから。どういう経路で……。

八木　御承知の通り、根岸の子規庵は戦災でやられて、焼けてしまいました。ですが庭に土蔵がございまして、中に入れてあった原稿類は、幸いに全部無事に助かったわけです。で、焼け跡に仮りの家をバラックで建てたんですが、何とかして庵を復興したい。しかし、「先立つもの」がない。その時分のことですから、子規門下の有力のみなさんにお願いするといっても、金は集まらない。やむを得ず、蔵書の一部分を処分して、その金で再建しようという、子規庵継承者の寒川鼠骨さんのご意向でしてね。私は寒川さんとは前から若干親しくしていただいておりました。それに上野松坂屋が子規庵に比較的近いもんですから、ちょいちょい来店されたし、で、その話が出ましたので、是非分けて下さいとお願いして、差しつかえないものを現金で分けて頂いて、展覧会で売った

わけです。今の『七草集』のほかに、『明治俳諧十六家集』『和光帖』『蕪村七部集』だとか、『分類俳句集』だとか、それ以外にも何点もありましたがね。その時、別に展観用に非売品を 20 点ほど出品して頂いた。それを明治古典会の市会としての第 1 回目には、人気を盛り立てるために、特にお願いして、今度は買取りではなく、委託で売立させて頂いたんです。

反町　子規庵の売立は何点くらいありましたかね。

八木　その記録がないんです。

反町　簡単な 1 枚ものの売立目録ができた記憶があるんですが、どうしても見つからない。子規というと、戦前では明治の名家の自筆本の中で 1 番高いものでした。非常に少なかった。それが、まとまって出たから、驚いた。

八木　数十種とだけ書いてありましたね。細目は書いてない。

反町　われわれは売らないんだと聞かされていたら、急にそれが市場に出たので、ビックリした。たいへんな波紋でね。精 1 杯買いたいと思いましたけれども、全体の 3 分の 1 も買えない。その頃は和本の売れない時代で、私はいらない不動産なんかを売ったりして、資金をつくって買っていたんですが、それにしても思うようでないから、結局 4 分の 1 くらいしか買えなかった。あとは皆さんの手へ散ったのですが、とにかく市会はたいへんな緊張ぶりでした。非常にハッキリとあの市のことを記憶しています。その後 2 年ほど経ってから、寒川さんはまたお金が入用で、国立国会図書館へまとめて売られたようですね。

八木　それは少し違うんです。寒川さんが売られたんではない。鼠骨さんが売られることに正岡家からクレームが出たんです。私のところへも正岡家から手紙が来て、今でも保存してありますがね。寒川さんとしては、子規庵を復興するために、善意で売られたわけです。しかし正岡家としては、勝手に売られては困る。別に寒川さんをどうこうと非難するわけじゃないけれども、という町噂なお手紙でした。結局分散してはまずいから、国立国会図書館の方へまとめ

て、正岡家から納めたのです。これには私は関係しませんでした。

反町　それ以後、また子規庵復興のために金が入用になって、寒川さんは、子規自筆の『俳句分類』という厖大な枚数のものを、今度は 1 枚ずつ売られた。寄附金をもらって、その御礼として贈るという形でしたね。

八木　その時かその前の時かに私も評価しているんです。私の手帖には、45 冊、1 万 2000 枚で、60 万円と書いてあります。

反町　もうひとつ、やっぱり 1 枚のものにして売ったのは、何でしたっけ。

八木　「承露盤<ruby>承露盤<rt>しょろばん</rt></ruby>」ですね。あの時代だから、仕方なかったのでしょうね。

1.16　500 万円の大口

八木　それと同時に、松坂屋時代の、子規よりももっと大きな思い出は、久原文庫のことです。現在の大東急文庫の基礎になっている大蒐集ですが、当時すでに久原家の都合で、所有権は親戚の藤田家に移っていて、現物は京都大学に寄託してありました。この頃、22 年かと思いますが、藤田さんの方でお金が入り用で、売りたいという話がありました。その時分の金で、確か 500 万でした。500 万という金は、とても大きな金で、どこでも出来なかった。

反町　あのことは、私も到底忘れられない。藤田さんは、五島慶太さんに買わないかって勧めたんです。久原と藤田は、古い親戚。久原は、ご承知のように大実業家で、後には政治家になって、政友会の総裁になりました。藤田は財閥の藤田の家です。藤田家と五島家も姻戚でした。

八木　藤田さんの娘さんが、五島慶太の息子昇さんの奥さんなんです。

反町　そういう関係で親しい。ところがさすがの五島慶太も、あの当時は 500 万の金が出来なかった。たまたま五島さんのところへ出入りしていた浅倉屋の

主人、数年前亡くなったあの久兵衛さんに相談した。自分のところでは、せいぜいで250万円くらいしか出来ない。君の方で、残りの250万円を、どこかで工面してくれないか、共同で買おうという話。時世とはいいながら、ずいぶんおかしな話ですが、本当の話です。その頃、私は浅倉屋さんと非常に懇意でした。古典会の市がすんだ帰り、夏の暑い盛りでしたが、2人で天ぷらを食べながら、ビールを飲んでいたら、途中で浅倉屋さんが、実は大変に大きな口があるんだけども、お金が出来ないだろうかって、相談を持ちかけた。私はその折に、大して金もなかったんですが、まあ若干あったし、本も買いたいもんだから、1体何ですかと問いただしたら、秘密だけれども、久原文庫を売る話があって、五島さんが半分買う、あと半分は250万円出せば、こっちで買えるんだという話。250万円は、とても出来ない。現在手元にあるお金は、60万円か70万円くらい。久原文庫の内容は、大体は知っていた。その半分を250万円で買えるなら、よい買い物だと思いました。それじゃ有力な業者に話をして、共同で買おうと思いつきました。その頃、大口の出ものが多かったものですから、有力な人々に呼びかけて、共同仕入れのグループをつくっていました。一誠堂さん、村口氏、古屋氏、それから井上書店の先代、以上の4人と私と、合計5人で。

1.17 五島慶太と張り合う

反町　グループ共同仕入を実行して成功したのは、桑名の松平家、有名な白河楽翁さんの家の本。ずいぶんの大口で、小石川のお屋敷にあったもの。その全部を50万円か60万円かで買った。それは、そっくりまとめて、天理の中山正善さんに売りました。すでにそういう実績があった。で、急に皆さんに呼びかけて、金を出し合う相談をしたが、すぐに250万円はとてもまとまらない。仕入れの多い時代でしたから、それに備えて、誰も手元金の全部を出すわけに行かないんです。

八木　そこへ私が飛び込んだんです。そういうふうに、反町さんの方でやっておられたのとは別に、松坂屋の私のところへ、直接に藤田家の人が話を持ち込んで来られた。久原文庫といったら有名ですから、ぜひ買いたい。いくらなんですかと聞いたら500万円だっていう。当時の500万円って大金。容易なこと

でない。そこで反町さんのところへ相談に行ったら、反町さんから、五島―浅倉屋ルートの話を聞きました。そこで私もグループに1枚加わって、その代り、足りないお金の工面は私が松坂屋に頼んでみましょうということで、飯田営業部長に頼んだ。そうしたら、その品を全部松坂屋で売るなら、金を出すように努力しよう、と条件をつけられました。そこで反町さんに相談したら、お金さえ出してくれればそれでもいいだろう、ということで、こちらの腹は決まった。とにかく、京都へ行って現物を見ることにしました。その時分は、汽車の切符がなかなか手に入らないんです。ようやく2等切符を5,6枚用意しました。出発に先立って、私のところに藤田家から持ち込まれていた久原文庫の総目録の原本、一部分が火災で焼けこげていましたが、それを反町さんのところへ持って行った……。

反町　これはいい物が来た。一まずこれで全体の、ザッとした評価をして見ようと、皆が集って目録で評価したわけです。それまでは話ばかりでしたが、今度は明細な目録がありますから。先代の井上さんを中心にして、みんなで協力して、1つ1つを評価して見ました。ずいぶん難しい本が多いし、それに大変な量かつ質でした。ごく大体で800万円くらいになった、500万円なら買っても大丈夫、と判明しました。そこで京都行きの手配をつけたんです。こうしてやっとメドがついたと思ったら、急に浅倉屋さんの方から、反町君、すみませんけども、五島さんから、自分の方でなんとか金の都合がつくから、前の話は取り消しだって言って来たんです、という話。これには私も驚いた。ずいぶん手前勝手の話。こっちはさんざん骨を折ったし、飯田さんもずいぶん無理をして下さった。松坂屋にしても、当時の500万という大金を、右から左に貸してくれるわけではなく、その額の手形を貸してくれる。その手形を、われわれの手で割引いて、金を用意するという形なんです。やっとお金を工面したのに、突然に一方的にパタッと、話が変った、やめる、ではあんまりひどい。

　それではこちらも覚悟をきめて、五島さんと対抗しても、ぜひ手に入れようと、私と八木さんが、直接藤田さんを訪問しました。藤田さんは、その時、石油だか船舶だか国家的な公社の総裁でね。その本部が、日比谷公園の先きの、その頃としては第1級の立派なビルの1つ。その最上階に総裁室がある。そこへ乗り込みました。じつはこういう話になっておるんですが、私たちはぜひお

分け頂きたい。550万円の現金で買いますから、ぜひ売って下さい、と直接交渉しました。藤田さんは60前後の、背の高い、少し太り気味の堂々たる紳士でした。ものやわらかな応対ぶりで、話はよくわかった、けれども、五島は親戚で、少しくらいの金額の差で、五島がせっかく骨を折って金の工面をしたのを、断るわけには行かない。あんたたち、気の毒だけれども、我慢してほしいと、ものやわらかに言われました。こうなると一種のくらい負けで、それでもどうぞ、とは押せない。とうとう話は立ち消え、こちらは泣き寝入りになりました。

1.18　樋口一葉の日記など

八木　それで、そのうちに何か埋め合わせするからってことだったんですが、まだ何もない。……それでその時の目録は現在でも私の手元にあります（笑い）。もうひとつ別の失敗談があるんです。終戦後の、第1回の芥川賞をもらわれた由起しげ子さんの受賞作で、『本の話』という題の小説があります。そのモデルになってしまった。だいぶ大きな損害を受けた記憶がありますが、長くなるから略しましょう。

　それこれの失敗もありましたが、いい仕入れはたくさんありました。小杉天外さんの蔵書、鈴木三重吉さんの蔵書、それに博文館の大橋新太郎さんの、一葉関係の原稿や手紙の一括だとか……。

反町　鈴木三重吉もそうですか。

八木　ええ。三重吉さんの子供さんから頂いたんですが、この中には、漱石自筆の「猫」の死亡通知の葉書なんかがありました。「猫」の死亡通知は、もう1枚名古屋でも買いました。漱石は全部で4通出したそうですね。その4通のうち2通は、私が扱ってるんです。大橋さんから買った一葉関係の一括というのは、一葉自筆のものは少なくて、大部分は、妹の邦子さんが一葉の死後、大橋家にいた時に、一葉の日記などを写して置いたものでした。それを私は一葉の自筆だと思って買ったんです。塩田良平先生に見てもらったら、これは、君、邦子さんの写本だ。しかし樋口家にある自筆日記が、どういう理由か、ところどころ破られて無くなっている。この邦子さんの写しには全部あるから、学問的に

は重要なものだ。一葉じゃないから、価格としては安いんだろう、という話。そこで、安く見切って一括で、塩田先生が教授をしておられた大正大学に納めました。

　もうひとつ面白いのは、津軽のお客さんで、りんご林をたくさん持っている人から、肉筆の鷗外の俳句の幅を買いました。鷗外は和歌の幅はありますが、俳句は極く少ないものです。これは鷗外全集の巻頭に載っています。あの頃は実にいろんなものを買いました。野村胡堂先生に買って頂いたのですが、島崎藤村の『若菜集』の『五人の乙女』の藤村の自筆のを、一節ずつに切って軸装にしたもの、全部揃っていて、見事なものでした。

　終戦直後に大阪の松坂屋古書部をやっておられた小関さんから、樋口一葉の『たけくらべ』の、『文学界』に載った原稿を買いました。持って帰ったところへ、勝本清一郎さんがひょっこり来られて、是非わけてほしいと、持って帰られました。『たけくらべ』は、『文学界』に7回に分載されたものですが、その一部分を既に持っておられて、私が買って来たものと合わせたら、大体が揃うということで、とても喜ばれました。

反町　勝本さんという人は、勝れた蒐集家でしたね。

八木　情熱の人でした。

1.19　『我楽多文庫』の原稿を2000円で

八木　勝本さんの話が出ましたので順序は前後しますが、尾崎紅葉の『我楽多文庫』[*1]の原本の話をしましょう。昭和14年1月に、大阪日本橋の天牛書店の2階で、生田文庫という明治物の収集家の売り立て会がありました。その時に、尾崎紅葉が19歳の時に、山田美妙・石橋思案等の友人たちと一緒に、肉筆の回覧雑誌をつくった。本当は1から8までのうち、1冊がなくなってしまって、現在は7冊だけ。天下一品です。それにつづく印刷非売本が8冊、これも非常な珍本で、揃いはほとんど出たことがない。そのあとが印刷公売本

*1　『我楽多文庫』とは、尾崎尾崎紅葉らが主宰した近代日本文学初の文芸雑誌のこと。同人雑誌の先駆的存在と位置づけられている。発行元は、硯友社(けんゆうしゃ)。

で全 16 冊、これは複製の出来ておる珍本。最後が単に『文庫』という名前に変っ
てからのもので 11 冊、と全部大揃いのものが一括で出ました。それが大変な
呼び物だったんですが、これを私は、2101 円という、妙な半端をつけた値で
落札したんです。2 番の人が 2100 円だったと聞いていますが、うそか本当か、
1 円の違いで取れたんです。この時分の 2000 円といいますと、大した金でし
て、一寸した家が 1 軒買えただけの金なんです。これが勝本清一郎さんの注
文でした。

反町　あの時はあれを、八木さんえらい値で落札したのにはビックリしました。
勝本さんっていう人は、非常に熱心な収集家で、その上なかなか金持ちだった
んですね。

八木　そうですね。鉄屋さんの息子さんで、お父さんのやっておられた仕事は
弟さんに任せて、それで自分は好きな文学の道とか、美術の道を歩まれまし
た。慶応の美学を出られた方なんですが、若い頃から作家生活に入られて、左
翼の方にも関係されたようです。なかなかの艶福家で、いろんな話題の持ち主
でした。私たちのところへこられていた時には、ドイツ人の奥さんと向こうで
結婚されておりました。日常の生活は大変につつましくって、店に見える時で
も、自動車なんか全然使われずに、電車で来られる。酒も煙草ものまない。晩
年、身体が弱ってからは、息子さんが運転して、乗って来られました。慶応大
学の病院で亡くなった。ガンだったんです。私の『日本古書通信』にも何回か寄
稿して頂きました。

1.20　漱石の『道草』の自筆原稿

八木　あの方(勝本清一郎氏)が言っておられたことですが、若い時は活字だと
か肉筆の原稿を集めていたけれど、年をとって目が悪くなってくると、絵の方
に移っていく。最後には陶器へいく。触覚で追求するようになったから、おれ
もこれで終わりだってことを言っておられました。
　これもどなたから買ったのか忘れましたが、朝日新聞の関係の方から、夏目
漱石の『道草』の原稿の揃いを買いました。これは、当時のお金で 2 万 5000 円

で中山正善さんに買って頂きました。

反町　誰から買ったのかわかりませんか。

八木　覚えていないんです。朝日新聞の関係の方だったと思います。銀座へ行って買ったんですが、そのお家の記憶はあるんだけれども、名前がわからない。

反町　漱石の原稿は、ご承知のように、明治40年から全部『朝日新聞』に載るのですが、それで、社内には原稿が残るわけですね。その頃は呑気（のんき）ですから、漱石は原稿を返してくれなんて言わない。で、自筆の原稿が、そっくりそのまま印刷部に残る。そうすると社内では、おれにくれ、おれにくれっていう人が多くって仕方がない。じゃあクジ引きで分けようってことで、印刷部の方でクジ引きで分けたんだそうです。もちろんタダです。これは本当の話です。私は上野精一さんからお聞きしました。原稿が社にきているんだけれども、済んでしまうと、下の連中がクジ引きで分ける。私がくれって言えばくれるんだけれども、なんだかそう言うのは悪いような気がして、控えていた。今になってみると、惜しいことをした、と言っておられました。あの方は立派な紳士でした。私がお近づきになったのは昭和4年からで、朝日新聞社の専務、それから社長になられましたが、元来大きな収集家でしたから、漱石の原稿を集めてほしいって頼まれましてね。ところが、その頃には、もう漱石の原稿はなかなか手に入らない。『道草』なんて、手に入ったのは奇跡的なことで、戦後の混乱時だったからですね。私は、まとまった原稿では「琴のそら音」だけ、あとは不完全のものを1つ2つ、上野さんへ納めてあります。今、八木さんが言われた朝日新聞の人というのも、クジが当たった人なんでしょうね。

八木　昭和28年の手帳に書いてあったんです。で、これを買ってきて、2階へ上がったところへ、中山さんがひょっこり、前触れなしにやってこられました。これを今買ってきたんですって言ったら、それはおれに分けろって言って、有無をいわさず、持って行かれたんです。奇跡的と言いますか、中山さんはあの通りの本好きですから、偶然の幸運にぶつかったわけですね。

1.21　入江文庫の大コレクション

八木　つぎに先ほど反町さんが言われた『入江文庫』の件、これも最初私に話のあったもの。手帳を見ましたら、総売上げが103万円になってましたですね。

反町　それは第1日の分……。

八木　ええ、古書会館でやった分です。

反町　それから翌日本郷へ行ってやった分が20万円余り。2日分合わせて120万円ちょっと位でしょ。

八木　目録が全然ないもんですから……。

反町　私のところに目録もありますし、資料もみんなあります。『入江文庫』というのは、明治物の売立では、今日までのところ最大のものです。あれは、どうしてあなたのところに、最初に話があったんですか。

八木　神戸のロゴス書店の前田さんからです。入江さんは、ロゴスと大変に親しい、パトロンのような関係だったと思うんです。大口だったので、私は反町さんに相談した。で、結局3人の「ノリ」になったんです。

反町　入江さんっていう人は、材木屋さんでしてね。戦前及び戦中に、南洋から材木を輸入することが本業でした。もとから裕福な人だったようですが、昭和7、8年頃から、非常に金廻りがよくなられたらしい。本がお好き、ことに明治物が大好きだったものですから、それらを非常にたくさん集めた。同じ本でも、よりきれいな本が出ると、金を惜しまず取り換えたお人で、蒐集品は、どれもみんな大変きれいな本ばかりでした。後にはさらに和本にまで手を延ばして、古版本、江戸時代の珍書を蒐集されました。売りこんだのは、神戸のロゴス書店の前田楳(うめ)太郎さん。これもちょっと変った面白い古本屋さんでした。戦争がやんで、南方からの材木の輸入が不可能になる。収入はない、

物価は上がる。やむを得ず、21年にまず和本を手離すことになりました。ロゴスさんは、和本だから反町に頼もうというので、私のところにもって来てくれました。その目録を見ましたら、仲々良い物が揃っている。古版本では、至徳3年版の法華経音訓とか、明応版の論語とか、江戸時代のものでは、西鶴の五人女の美本とか。仲々優秀です。それじゃ、公平に入札売立にしましょうと話をきめて、私が札元で、大阪で入札しました。これでかなりまとまったお金が入りました。

　あの大インフレ時代ですから、2、3年で金がなくなってしまったらしい。仕方ないから、思い切って秘蔵の明治物を売ろうという話になった。明治物なら、東京の八木さんが、例の生田文庫の入札会で、『我楽多文庫』を2101円で買ったことが、前田氏の頭にこびりついていたんですね。八木君に頼もうっていうんで、八木さんに頼んだ。八木さんは、どうも大口すぎて、1人じゃ手に負えそうもないので、ぼくのところへ相談に見えたわけです。

　それで23年の12月に、2人で神戸の郊外の海岸、たしか垂水の入江さんのところへ乗り込みました。家中、本がいっぱい。予想してたより、はるかにたくさん、はるかにいい本がたくさん。2日がかりで1応全部見た。一生懸命ソロバンをはじいて、総計で72万円だか73万円になった。その頃は安かったもんですね。この通りですって、正直に一々見積りのノートを見せましたら、入江さんはとてもそれじゃ売れない、せめて100万円に、と言われる。われわれも真剣に相談したけれども、とうてい100万円じゃ買えない。結局、委託入札ということにきまりました。大阪ではとうてい消化しきれないから、お預かりして東京に持って帰ることで、諒解を得ました。せめて100万円になるようにして下さいと言われて、せいぜい頑張りますとお約束する。

　さて、昼夜兼行で目録をつくったが、その頃のことですから、目録らしい目録は出せない。翌年1月に大判の1枚物の目録を出して、諸方へ配って、熱心に宣伝をする。ところが、何しろ品質が勝れているから、いざ入札して見ると、たいへんな景気でしてね。私のところに、今もあの時の入札の封筒が、ソックリそのまま保存してありますが大変な沸騰で、びっくりしました。出来高の総計が、さっきお話しした120余万円。入江さんもロゴスさんも大よろこび。それで、これがまた1つのキッカケで、明治物が一時盛んになりました。それも話の起こりは八木さんからです。

1.22 デパート古書部をやめる

八木　古書の方は、まだいろいろお話もあるんですが、私自身は、最初に話しましたように古本と特価本と出版と、それから美術の書画幅とをやってまして、各部門でお話があります。特価本は書物展望社の本が最初で、スタートを切ったわけですが、つづいて改造社・日本評論社・鉄塔書院などを手がけました。鉄塔書院は、岩波におられた小林勇さんが、岩波から独立してやられた出版社。出版点数は少なかったですが質的にいいものが多い。小林さんが岩波書店に復帰されるについて、残本はこれも私が引き受けました。それから太陽少年社・目黒書店・河出書房・アルス等々、数え上げればキリがないほど、たくさんいろいろな出版社の特価本を引き受けさせて頂きました。アルスでは、北原白秋の『邪宗門』の肉筆の原稿も、一緒に頂いたことを記憶しています。これは天理に納めました。

反町　それで松坂屋は、どうしてやめることになったんですか。

八木　25、6年から以後は、一般商品の生産がドンドン殖える。三越も白木屋も、すべてのデパートは、商品がない時は古書部を歓迎してくれたのですが、回転の早い新商品がどんどん生産されてきましたから、もう古書部の時代じゃないと、全部やめてしまう。松坂屋も、まず銀座の方をやめ、山田君には上野に来てもらって、吸収合併にしました。最初は2階のいいところを広く使っていたんですが、4階に上げられたり、5階に上がったり、また中2階へ降ろされたりで、場所の縮小つづき。で結局、最後には、今度やる時には、お互いに協力しよう、というような約束で、やめたわけです。

反町　何年ですか。

八木　昭和28年3月21日です。デパートとしては一番長くやってたわけですね。

反町　とにかく八木さんは、百貨店の古書部中で一番盛んでした。本腰で一生懸命にやったからでしょう。売買の成績もよかったし、松坂屋側との折合もよ

く、非常に円満でしたね。

1.23　特価本方面で大活躍

八木　ですから、松坂屋で古書部と同時に、別館で特価本卸部というのをやらせてくれたわけです。

反町　それも成功でしたね。

八木　特価本というのは、あの頃ずいぶん盛んでした。しかし失敗もあります。講談社にいた人が独立して、『太陽少年』という月刊雑誌を発行していました。この社では、ずいぶん儲けさせて貰いましたが、最後には雑誌の発行を引き受けて大きな損失をしました。又、誠文堂新光社の小川菊松さんと、学校図書販売株式会社というのをつくろうとしたことがありました。その頃景気が思わしくなくて出版社がどんどんつぶれていた。出版社には、在庫品がたくさんあるんですが、銀行は在庫の書物では金を貸してくれない。ところが学校図書館協議会というところで松尾さんという人が中心で、全国の学校へ図書の推薦をする仕事をやっておられたんです。それで、特価本でも、中には質のいいもの、学校図書館向きのものもいろいろあるからそれらを推薦してもらって、一手で学校に納める機構をつくろうという案を、小川さんと2人でつくりまして、各方面と連絡をとり、原案をまとめました。

　その時分の金にして、年間約1億900万円の仕入れで、それを1億3000万円に売り上げるという案でしたが、肝心な小川さんの方の内部から反対があって、結局実現せず、これも無駄骨折りでした。出版界では、現在在庫品の処理が大きな問題になってますが、その解決策の一つになるものだと思います。

反町　八木さんの特価本方面での功績は、これまでの特価本屋さんたちが、ごく大衆的な読みもの、いわゆる赤本の類を主としていたのを、堅い学術的な書物の方面に切りかえるのに努力し、相当成功した点にあるように思いますが、どうでしょうか。

八木　そういうふうにとって下さると、ありがたいですが……。

反町　特価本はその程度にして、今度は、大体40年から以後、今の明治古典会が盛大になった頃、あなたが会長をやって、再び明治物の方を本腰でやるようになられましたが、その頃からあとの話をして頂いて、まとめとしましょうか。

1.24　白木屋古書展の空前の成功

八木　明治古典会の会長は、3期か4期仰せつかって、つとめさせてもらったんです。30年代には、私は全国のデパート、約60軒ほどと契約をしまして、特価本販売をやりました。どこのデパートとも、コネがあったわけです。その関係で、古書の即売会も同時にやってほしいという、デパート側の要求があって、あちこちで開催しました。その中で、反町さんと相談して、37年の5月に、日本橋の白木屋で、文車（ふぐるま）の会の主催でやったのが大成功でした。ここにその会の出品目録がありますが、和本はもちろん明治物もいいものが非常にたくさん出ています。子規の『はてしらずの記』『和光帖』の自筆原稿、漱石の『思ひ出す事など』『太平洋画会』の原稿、藤村の『故国を見るまで』、芥川の『袈裟と盛遠』『妖婆』、茂吉の『金槐和歌集』、それに夢二の自筆スケッチ帖等々、第1級品が豊富に出品されている。テレビでも、古書のことを取り上げてくれまして、話を放送してほしいということで、反町さんと一緒に、TBSでしたかね、本を持って行きまして、それを示しながら、いろいろ説明したんです。

反町　それで思い出しましたが、あれは非常に大きな即売展でした。出品内容は確かに空前のものです。

八木　新聞が取り上げて、じゃんじゃん書いてくれましたね。

反町　百貨店を利用した古書展は、昭和21年から27、8年頃にかけて、大変流行して、あちこちで催され、われわれも本気で努力しました。みんな成功しました。20年代の終り頃になると、生活必要品の生産が豊富になって、百貨店は、古書展に会場を貸すほどの場所的な余裕がなくなったわけです。我々古

書業界の方でも、用紙も豊富、印刷も容易となって、自分の目録がドンドン自由に出せる。それこれの事情で、28年頃から、百貨店における古書展は急に衰えました。私たちはまったくやらなくなりました。それが約10年をへだてて、37年から、この文車の会の白木屋展の大成功をキッカケにして、再び盛んになる、その最初であります。そして、この話を持ってきたのが八木さんで、自分はデパートに特価本を入れているが、白木屋で古書展をやってくれないかとの話。よし、それじゃ、久し振りだからやろうか。今度は若い人々を中心に、文車の会の主催でやろう、と話をきめました。10年ぶりだから、盛んな会にしよう、と決心しました。この時は「善本精選1万点」ってのを謳い文句にしました。ンという音の韻をふんでるんです。それから、新しい味をつけるために、古書展の代りに、フェアという名称を新しく発明しました。

八木　錦絵もいくらかありましたね。

反町　巌南堂、小宮山書店、高山書店、それから八木書店、そういう人たちが洋装本を出しまして、それから松村書店と、佐藤崇文荘さんが洋書を、和本は私と、それから井上書店が若干出しました。先立って、白木屋（この時はすでに東急の経営に移っていますが）の店長さんが、いくら位売れますか、ときかれましたから、1200万円から1500万円、最低で1200万円と約束をしました。その頃の古書展としては最大の金額でした。景気を盛り上げるために、初日の前夜に、ご披露のパーティーを催しました。業界としては初めてでした。

八木　この時はみんな気をそろえて、大いに張り切りまして、前夜祭をやろうじゃないか、ということで、前の晩にお客様をたくさんご招待し、東京の華客はもちろん、天理の中山正善さんなども、それに新聞社の人なんかをお招きして、大々的に披露しました。三笠宮もいらっしゃって下さったと思うんです。

反町　八木さんは宣伝がうまいですから、新聞方面を担当してもらいました。それからテレビ局へも働きかけました。

八木　目録が出来るとすぐにNHKを始め各放送局、新聞社へ2日掛りで廻り

ました。その頃としては珍しく、テレビも取り上げてくれましてね。NHKの102です。102は、あの当時、たしか8時15分から始まるんですが、デパートが開くのは10時からです。102に出て説明する時に、宣伝的なことは1切言っちゃいけないんですが、ついウッカリして、現在すでに会場の前に、何10人かの人が行列して、開場を待っています、と口をすべらせてしまった。それがよく利いたらしく、白木屋の前に、ぞくぞく人がならび始めました。10時までには、まだ時間が相当ありましたから、東京中から人が集まってきて、ずいぶんな大騒ぎでした。テレビの影響も大きいですが、あの時分の古書展は、予約を受けつけないで、早い者勝ち。早く入場しないと、自分のほしいものが取れない。で、先きを争って並ぶわけです。とにかく、えらい人気でした。

反町　ふたを開けて見ますと、たいへんな景気で、お客さんが、ドーッと押し寄せるように入って来られて、10時開場のが、10時半くらいになりますと、200坪あまりの広大な会場が、すっかり満員になった。身動きができないくらい。通路の中ほどに入った人は、もう本に近づけない。これを買う、と言われても、そこからカウンターまで、持って行こうとしても歩けない。人がいっぱいで、通れないんです。それで、これじゃ商売にならない、それに怪我人が出たら困る、とにかく客止めをしよう、と腹をきめました。急に白木屋に頼んで、エレベーターのところから、会場入口にかけて、太いロープをズッと張りまわして、入場を全部止めちゃった。大いそぎ、日本橋署へ電話をかけて、たいへんな騒ぎだから、警察の人に来てくれるように、と白木屋から頼んでもらいました。おまわりさんが3人、すぐに来てくれる。入口をすっかり閉めちゃって、10分置きに、会場から出た人数だけの人を入れてもらうことに、おまわりさんが整理をしてくれました。長い私の業界生活でも、初めての経験でした。従って売上も大幅にのびて、ノルマの3倍近くで、空前の大成功を収めたのであります。これも八木さんの紹介のおかげで、これからまた古書展が盛んになるわけです。

1.25　明治古典会の新出発

反町　明治古典会は、昭和30年代には余りふるわないのですが、明治本も相

165

当よく売れるから、明治古典会を、もう一度盛り立てよう、という気運になって来ました。明治古典会の再興のキッカケの一つになったのであります。ちょうど昭和42年が明治百年、43年が満で100年に当たります。このオポチュニティを活かそう、この商機を把握して盛大にしようってことになって、ここで明治古典会の大改組を断行しました。会員が全国に95人もいたのを解散して、明治物を一生懸命やる人だけを集めて、15人に減らしました。八木さん、時代やさん、西塚さん、一誠堂さん、友愛さん、内藤さん等々と、堅くスクラムを組んで、再出発した。これがまたありがたいことに、非常に成功したのであります。再出発の最初の会長が西塚さん、次ぎが反町、3代目が八木さん。この間、約5年ほどに、明治古典会は大発展し、売上は10倍以上に伸びました。この頃から、八木さんも、また明治古典の世界に立ち戻って、活動をされる。

八木　43年に私が明治古典会の会長の時に、本番の明治100年に当たりました。待ちに待ったチャンスなので、思い切ったスケールの大入札会をやることになり、大会委員長を反町さんにお願いしました。下見及び入札会を西武デパートで開催するという、未曽有の新企画。西武もたいへん乗り気で協力してくれて、7階の広大な会場を立派に装飾して特設し、提供してくれました。

　43年の12月13・14日の両日を、招待客だけの特別下見日とし、15・16の両日を1般公開下見として、入札会が17・18日。前後6日間、大会場を借り切って、古書の入札会をやったわけ。空前絶後の壮大な企画でした。入札会ですから、デパートとしてはあまり利益がないわけ。すぐ売上げにつながらないですから。お礼はどういう形にしたんでしたかね。

反町　お客様には新鮮な感じを与え、業界では、みんなビックリしましたね。

八木　これがその時の展観入札目録です（実物を示す）。

反町　あっ、これこれ。大きさといい、カラー入りの写真版、また内容の充実した豊富さから見ても、この種としては前後に比のない物でしたね。

1.26 西武デパートの優秀社員

反町　全体の出来高の3パーセントかを支払ったように記憶しています。出来高が大きいから、わずか3パーセントとしても、相当な金額です。とにかく、西武もわれわれに思い切ったサービスをしてくれました。あの頃私たちは、しばしばあそこで古書展を催し、十分な成績をあげていたせいもあるでしょう。それに、係りの佐野さんという人が、誠実で熱心で、よくしてくれましたね。西武もあの頃は、今日ほど盛んになっていない時代でしたから、明治百年記念という呼びかけと、我々の商品の持つ魅力及び業者の一種の力で、相当多くの新しい華客が集まるだろうと予想し、計算していたのでしょう。大変に親切にしてくれました。

八木　新聞広告もずいぶん大きなスペースを使ってくれたんです。これがそれです(切抜きの実物を示す)。これまでの業界では例のない、大きなスペースです。

反町　(手にとる)ソーソー、これでしたね。朝日の全一面の2分の1くらいですか。

八木　全8段くらいですね。

反町　八木さんの会長時代に、どれだけ明治古典会が盛んだったか、わかりますね。

八木　これを朝日・読売・毎日・日経の4紙にのせたわけですからね。デパートさん側の負担でやってもらった。われわれの頼むことを、ほとんどみんな聞き入れてくれた。奮発してくれました。

反町　あちらの佐野さんの努力、それに上司の大塚さん。これが果断なお人で、話をきいて、良いと判断すると、即決する態度、人の言を信用する姿勢が立派でした。ここには人物がいるな、と感心しました。新しいことをやるのは、八木さんも私も大好きでしたから、好機を生かして、思い切ったことをズンズン

167

決行。ありがたいことに、それがみな当たり、大成功でした。八木さんもえらいが、私たちは好運だったんですね。

1.27　名家自筆本は八木書店の特色

八木　この時には大入札会目録に全部底値を入れて、入札方法を説明しています。逍遥・紅葉・露伴・鷗外・子規・漱石・鏡花・一葉・節・左千夫・藤村・独歩・荷風・龍之介・茂吉・潤一郎・光太郎・康成・西田幾多郎等々の原稿・書簡の良い物が驚くほどたくさん出ました。特別出品として、『明治大正文学名作初版コレクション』178点一括入札底値580万円、『幕末志士・明治元勲政治家等自筆書簡類』28点一括入札底値1380万円也、などが出ました。

この時にはある知名な方に紹介の名刺を書いて頂いて、財界・政界方面など新しい分野に目録を持って回りました。

明治物の話に関連して、その前後に私が関係した企画は、読書週間の記念催事として、明治・大正・昭和の文豪遺墨展というのを、日本橋の三越で、35年の11月1日から6日間やりました。世話人代表が尾張真之助さんで、出版界の人々や読書推進運動協議会という団体の後援でした。この時には、もちろん全部非売ですが、ずいぶんいいものが出品されましたね。これが明治百年祭の先駆みたいな格好になっているわけです。

反町　明治もの屋さんとしての、八木さんの今日までの動きを通観しますと、一つの顕著な特徴は、名家の自筆のものが多かったということですね。初版本よりも自筆本をよく売買された。珍しいものを発見されたことも多い。私も自筆本好きで、たくさん取り扱いましたが、八木さんも断然多い。時代やさんとか玄誠堂さんなどのお方々は、明治物ではわれわれよりもズッと先輩ですが、この方々は版本、とくに初版本や文学雑誌の類が主で、自筆本は比較的に少ない。八木さんの場合は、偶然とはいいながら、初めから、我楽多文庫の原稿本の落札入手から出発して、その後もズーッとつづいている。今でもそれが主力のように見えますから、縁があったんでしょうね。一葉の原稿自筆本なども、誰れよりも多い。1つの功績です。

1.28 特価本を全国デパートへ

八木　じつは私の仕事といいますと、いまの明治文学、古書関係だけじゃなしに、出版の方も相当なものをいろいろ出させて頂いたり、それから特価本の方も、業界で1番盛んにやらせてもらってると思ってるんです。その方面は現在は別会社で、第二出版販売株式会社という名でやってるんです。全国の主なデパート・スーパーの約80会場と契約しています。出版社からは、同業の他の店よりもズッと数多く、ご相談を頂いているもんですから、どうしてもストックが殖える。で、倉庫に本がうんとあるから、売る方法を考えなくちゃならない。それでデパートでの特価本の即売展を始めたわけです。この方面のデパート展の糸口は大阪からでして、大阪の特価本業者と東京のそれとが、連合で昭和27年11月に、梅田の「そごう百貨店」で即売会をやったのがはじまり。

　成績がよかったもんですから、その後、各デパートから申し込みがございまして、その後は更に単独で各デパートと契約し、全国的に開催し、非常に好成績をあげました。今から考えると、何社の出版物を引き受けたか、とても記憶していないのですが、ずいぶん多数の出版社のものを手掛けました。1番大きく印象に残ってるのは、河出書房のを引き受けた時のことです。あの時分の金にしては巨大な金額ですし、量も大変でした。品物が割れたら困るので、同業の人と3人連合でやりました。私が代表みたいな格好でした。この時は、出版界及び大取次業界との間に、いろいろ複雑な問題が生じて、お話をすれば長くなりますし、ちょっと本題を離れますから、ここでは省略しましょう。

1.29 倒産出版社の本

反町　戦後は、とにかく紙もない、印刷業界もなかなか復活しないということで、新本が少なかったのですが、それがだんだん復活して、出るようになる。出たものがみな大変によく売れる。売れるから、各社が競争的にドンドン出版する。やがてそれがオーバー・プロダクションに転化した。河出などはその典型的なもので、一時は大変な景気でしたが、間もなく行き過ぎになる。結局行き詰まって、身動きが出来ない。最終的には破産して投げ出す。そういうケースが30年代に次々殖えたわけでしょうね。それは大体いつ頃から始まったん

ですか。いつ頃最も盛んだったんですか。

八木　私が松坂屋にいた頃ですから、26、7年頃からでしょう。松坂屋の別館に特価本部をつくりました。よく売れたので、2階の売場にも並べました。ですから、20年代の終わり頃には盛んでした。それからですね。

反町　現在は、その当時ほどは盛んじゃないようですが、何年頃が全盛だったんですか。40年頃ですか。

八木　全盛時代っていったらおかしいんですが、大口の1番よく出たのは、河出さんの取り引きがあった頃ですね。

1.30　書画方面へも進出本

八木　さきほどお話したように、特価本の他に美術品・書画を、現在美術倶楽部の会員としてやっておりますが、美術をやりだしたのも、つまりはデパート展で売上げを伸ばす方便でした。松坂屋にしろ他のデパートにしろ、初めは6日間の総売上げが4000万とか5000万ですんだのが、次の年には1割増し、2割増しを求められて、後になると、1億円台を越すようにと希望される。私たちにとっては、本だけでは、それだけの金額にすることは非常に困難なので、つい段々に美術の方に手を出すようになりました。

反町　前後3回にわたって、いろいろ面白いお話をきかせていただいて、どうもありがとうございました。要約しますと、八木さんは、『古書通信』から出発されて、戦後の混乱期に古書に移って、主として明治物方面で大いに活躍し、そのあと特価本業界に新風を吹きこむと同時に、事業的に大きな成果を収め、かたわら出版でも堅実な歩みを進め、現在は明治文学方面のものを盛んにやるとともに、余力の若干を割いて、美術品、とくに文士・名士の書や書簡・絵画に向けておられるということのようですね。

八木　いや、それほどでもありませんが……。

反町　二世の壮一さん、朗(あきら)君の二人が、あとを分担して、しっかりやっているようですし、しあわせな人生の一つの縮図のようなものですね。

八木　イヤー、イヤー、どうも(笑い)。

〔出典〕反町茂雄『紙魚の昔がたり　昭和編』(八木書店、1987年)より。オンデマンド版としてご購入できます。

● **反町茂雄『紙魚の昔がたり　昭和編』(八木書店、1987年)**

反町茂雄編　本体12,000円＋税　初版発行:2013年12月25日
A5判・並製・カバー装・704頁　ISBN 978-4-8406-3463-2 C0095

【内容説明】
弘文荘主反町茂雄等が12人の古書店主から聞き出した古書業界の激動史。柏林社・古屋幸太郎、村口書房・村口四郎、井上書店・井上周一郎、一誠堂書店・酒井宇吉、丸善本の図書館・八木佐吉、時代や書店・菰池佐一郎、巌南堂書店・西塚定1、山田書店・山田朝一、友愛書房・萱沼肇、青木書店・青木正美、八木書店・八木敏夫、各氏秘蔵の話は、貴重な古典籍移動の文化史であるとともに立志伝的な魅力に溢れる。

【目次】
まえがき
1　昭和60年間の古書業界(弘文荘　反町茂雄)
2　財界巨頭の買いっぷり、売りっぷり(柏林社書店　古屋幸太郎)
3　諸名家の宝庫を渉猟する(村口書房　村口四郎)
4　古医書・本草書の世界(井上書店　井上周一郎)
5　終戦直後の混乱に棹さして(一誠堂書店　酒井宇吉)
6　洋書珍本の中の半世紀(丸善株式会社　八木佐吉)
7　明治古典の草分け時代(時代や書店　菰池佐一郎)
8　法経関係と資料物の事など(巌南堂書店　西塚定一)
9　永井荷風本を中心に(山田書店　山田朝一)
10　日本古書通信・明治珍本・特価本(八木書店　八木敏夫)
11　キリスト教関係古書に生きる(友愛書房　萱招肇)
12　下町古本屋の生活と盛衰(青木書店　青木正美)
おわりに

第2節

神保町と古書店の今昔物語
― いかにして"本の街"はできたのか
八木　壯一

八木書店会長・「本の街・神保町を元気にする会」事務局長
（初出誌：同会発行の「神保町が好きだ！」第13号から要約収録）

　江戸時代、旗本の「神保長治」の屋敷があったことから名づけられた神田神保町。本の街として、日本のみならず海外にもその名は知られています。

　大型の新刊書店や世界一の軒数を誇る古書店、多くの出版社や編集制作会社もある"知の集積地"です。

　加えてカレー・喫茶・和食・中華・洋食など、古くからの老舗店からニューウェーブの店まで、神保町は魅力ある一大グルメタウンでもあります。少し足を延ばせば、お茶の水は音楽と楽器の街、小川町はスポーツの街、そして昔も今も学生街であることに変わりはありません。

　そんな新しい街・神保町の歴史を紐解き、主に明治以降の150年の歩みにスポットを当てました。

2.1　江戸時代は辻斬りや仇討ちが横行する土地だった

　本の街・神田神保町は、書店街として形成されてから一世紀以上の歴史があります。今から113年前の1906（明治39）年には、既に106軒の書店がひしめいていました。

　遡って、江戸時代は当時、神田地域は東側に町人地、西側に武家地という二面性があり、とくに神田神保町から神田錦町辺りにかけての一帯は「護持院ケ原」と呼ばれていました。

　護持院とは将軍家の祈願・祈祷を勤めた真言宗寺院のことで、1717（享保2）

年に火事で焼失し、以後、護国寺（現・文京区）に移転し、その跡地が防火のための広大な火除地になったのです。森鷗外の作品にも『護持院原の敵討』という短編があり、武家屋敷があった近くに、護持院ケ原という土地があったのです。

このような地域周辺の武家屋敷には、元禄年間（1688〜1704）に、現在のさくら通り（救世軍本部の横）沿いに神保長治という旗本の屋敷があり、その前の通りが「神保小路」と呼ばれていたことから、明治期に入り「表・裏・南・北」が頭に付いた「神保町」という地域が誕生しました。

ちなみに一ッ橋はさらに歴史が古く、徳川家康が江戸入府の頃、平川（現在の日本橋川）に架けられた橋の名称に由来するものです。

尾張屋版切絵図　文久3年（1863年）にはおびただしい数の武家屋敷の中に、有斐閣近くに「神保」と「神保小路」という名前が見て取れる。今の明治大学山の上ホテルに行く左手に見える「亀井吉十郎」は三省堂書店の創業一族です。

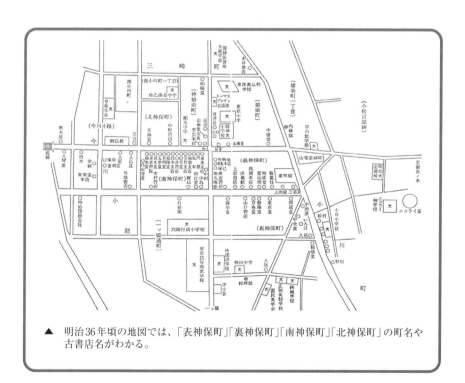

▲　明治36年頃の地図では、「表神保町」「裏神保町」「南神保町」「北神保町」の町名や古書店名がわかる。

2.2　明治時代は、４つの街に分かれていた神保町

　江戸期の武家地には、地域の俗称(小川町・駿河台など)はあっても、町人地ではないので町名はついていませんでした。1871 (明治4)年に大区小区制が敷かれ、神保町辺りは「第四大区一、二小区」となり、町名も付けられました。さらに1878 (明治11)年11月に大区小区制が廃止され、「東京府神田区」が誕生し、神保町地域もその一部となりました。

　現在、神保町(町名としては「神田神保町」)は１つですが、かつては「表神保町」(現・神田小川町三丁目や三井ビルディングの地域)、「裏神保町」(現在のすずらん通りと靖国通りに挟まれた地域)、「南神保町」(現在のさくら通りと靖国通りに挟まれた地域)、「北神保町」(現在の靖国通りの北側の地域)の４つがあり、これらに「仲猿楽町」「猿楽町」「今川小路」「一ツ橋通町」を加えた大まかな範囲が神田神保町です。

2.3　護持院ケ原に作られたもの、それは東京大学だった！

　近代国家になるために、明治政府は教育を重視したので学校の建設を進めました。この神保町一帯は江戸時代の武家屋敷や火除け地などの広い土地が多かったため、明治10年代には、多くの学校が設立され(最初は官立学校)、周辺には学生相手の下宿屋が建ち並びました。

　今でもその息吹を感じられるのが神保町のランドマーク的存在でもある学士会館です。この一帯は江戸時代後期、護持院ケ原の一部でした。もともと洋学研究と教育のために、1856 (安政3)年に発足した江戸幕府直轄の教育機関＝「蕃書調所」が移転されたのがきっかけでした。この時期、洋学は国家の急を要する教育的課題となり、そのために大きな施設が必要だったのです。

　この施設が母体となって「開成所」「南校」と名称を変え、明治維新後この学士会館の場所に「開成学校」が作られて、1877(明治10)年、東京大学の三 学部(法学・理学・文学)が誕生したのです。しかしこの地にあった期間は短く、1885 (明治18)年までに本郷へ移転しました。

　そして、この明治10年代は東京大学の誕生をきっかけにして、いくつかの官立学校と私立学校が設立され、ここに名だたる「神田の学生街」が誕生しました。

　1880（明治13）年、神田駿河台に東京法学社（法政大学）開校。京橋区木挽町に専修学校（専修大学）開校（5年後に現在の神田神保町三丁目に移転）。1885（明治18）年、神田錦町二丁目に英吉利法律学校（中央大学）開校。1886（明治19）年、共立女子職業学校（共立女子学園）開校。同年、有楽町から駿河台に明治法律学校（創立は1881（明治14）年、明治大学）が移転。1889（明治22）年、日本法律学校（日本大学）開校、というように続きます。

　また明治時代になると、新政府の高官や京都から東上してきた公家たちが住むようになり、その土地が払い下げられて、神保町は大学や下宿屋が建ち並ぶ街になりました。

　一方、高台にある駿河台は官僚、三菱財閥二代目社長・岩崎弥之助、元老・西園寺公望らが住む高級住宅街でした。これらの要因が重なり合って、学生たちが教科書や参考書を売り買いしたり、高官たちが得意客になることによって、現在の古書店街を形成する端緒となったのです。

2.4　学生街の発展と共に、街もモダンな様相を呈してきた

　明治時代、大学などの教育機関のほかには、勧工場（現在の百貨店）、貸席（集会や演説会のための施設。会合や食事のために料金をとって貸す部屋）、旅館、映画館、カフェー、病院などの様な施設が神保町に建ち並びました。

　勧工場は、明治30年代頃には東京だけで20ヶ所以上が建設され、神保町界隈にも数多くありました。勧工場には生活用品・文具・衣服などの商品が並び、また楽隊やダンサーによる演奏も行われて、人々の購買意欲を誘いました。

　洽集館（表神保町1番地）1882（明治15）年開業。煉瓦造りの大型施設でしたが、10年後の神田の大火により焼失。新築しましたが新たに開業した東明館との競合に敗れて、1899（明治32）年南明館として新装開店。1919（大正8）年に廃業、南明座（映画館）として再スタートしました。

　東明館（裏神保町1番地）1892（明治25）年、洽集館が焼失したあと、今の駿河台下に開業。煉瓦造りで、出店数80店を誇る陳列商品の多さでほかの勧工場を圧倒しました。神保町を代表するビヤホール「ランチョン」は、この東明館の一角に店を開いたのが始まりといわれています。

2.5　学生街の形成は、古書店と新刊書店の誕生へ

　先にも述べましたが、大学や専門学校が開校すると、教科書を売り買いする商売が成り立ちます。現在の神田神保町二丁目には、法学専門誌『ジュリスト』や『六法全書』で名高い出版社・有斐閣があります。創業者は、武蔵国忍藩（現在の行田市）の武士でしたが、江戸幕府が瓦解して芝の本屋で修業をし、その後神保町で 1877（明治 10）年に古本商「有史閣」として創業。ほどなく法律書の出版社になりました。

　そのほかにも、現在も神保町を代表する有名書店や出版社のいくつかが、今と同じ場所で創業しました。

　書店や古書店では、1881（明治 14）年、三省堂書店と中西屋書店（丸善）が開業。1886（明治 19）年、冨山房開業。1890（明治 23）年、東京堂書店開業。1903（明治 36）年、新潟県長岡市で開業した一誠堂書店が、3 年後の 1906（明治 39）年に神保町に移転。当時は、古書店と新刊書店がはっきり区別されていませんでした。三省堂書店の創業者は、今の明治大学の場所に屋敷があった亀井家でしたが、大政奉還で静岡に行き、1873（明治 6）年に東京に戻って麹町で下駄屋を開きました。そこで類焼に遭って、神保町で 1881（明治 14 ）年に古本屋を開業するとともに、出版事業も始めたのです。

　ちなみに、三省堂書店が関東大震災後、新店舗で蘇ったのが、1929（昭和 4）年。このとき打ち出したコンセプトは「学生のデパート」でした。書籍のほか、文具・学生服・化粧品・雑貨などを取り扱い、プレイガイドも設置していました。

　この時代の主な出版社の誕生を見てみると、1877（明治 10）年、有斐閣創業。1887（明治 20）年、博文館（東京堂）創業。1896（明治 29）年、新声社（今の新潮社）創業。1897（明治 30）年、実業之日本社創業。1909（明治 42）年、講談社創業。1913（大正 2）年、岩波書店、ダイヤモンド社創業。1914（大正 3）年、平凡社創業やオーム社創業。1922（大正 11）年、小学館創業。1923（大正 12）年、文藝春秋創業。1926（大正 15）年、集英社創業。1941（昭和 16）年、二見書房創業。1945（昭和 20）年、角川書店（現 KADOKAWA）創業。1948（昭和 23）年、中央経済社創業。1959（昭和 34）年、日本文芸社創業などとなっており、下線を引いた出版社は今でも千代田区内に会社があります。

　こうして名実ともに"本の街"としての名声を築き上げてきた神保町ですが、江戸時代、出版社や書店が立ち並ぶ中心街は日本橋界隈でした。

　歌麿や写楽の出版プロデューサーとして名高い蔦屋重三郎が進出したのは、日本橋通油町。神保町は江戸の出版文化の発展によってできた街ではなく、明治になって大学や専門学校の学生や教師という新たな読者層に支えられて誕生した街なのです。と同時に、「思想の変革・技術の変革・流通の変革」という時代の波に乗って発展をしていくのです。

2.6　明治・大正と二度の大火に見舞われ、その後の復活劇！

　「火事と喧嘩は江戸の華」と言われますが、「学生に次いで神田の名物は火事であろう」と書いたのは、文豪・谷崎潤一郎の弟で英文学者の谷崎精二（「神保町辺」／『大東京繁昌記　山手篇』1928（昭和3)年刊　所収）です。神保町は1880（明治13)年、1881（明治14)年のほか、たびたび大火に見舞われました。

　1892（明治25)年4月9日夜半、「明治の神田大火」が発生。「火元は猿楽町で、神保町から錦町にまで燃え拡がって、冨山房、東京堂などが焼失した」とあります。また、1913（大正2)年2月20日夜半に、「大正の神田大火」が発生し、その被害は「明治の大火」を上回る甚大なものでした。それは一夜にして三崎町から神保町、猿楽町一帯を焼き尽くすものでした。

　こうした数々の大火をくぐり抜け、1914（大正3)年からは第一次世界大戦の好景気にも乗って「出版の興隆とともに、業界は栄えに栄えた」と『東京古書店組合五十年史』には記されています。

　しかし、1923（大正12)年9月1日午前11時58分に起こった、マグニチュード7.9の関東大震災で神保町一帯は焼け野原と化し、大正初期の近代建築の代表だった東京堂本店も焼失しました。死者・行方不明者は、じつに10万5000人ともいわれています。

　大震災でそのほとんどが廃墟となった神保町。しかしこの街は、そこから驚異的な力で立ち上がり、『東京古書店組合五十年史』にも、罹災した神田の古書店の「ほとんどが同年内にバラック建の仮店舗で早々に営業を開始していた」とあります。

そして、大学図書館や公共図書館の蔵書が焼失してしまったため緊急の需要が増えて、古書業者は関西方面へ出向いて買い入れを行い、その需要に応えていったのです。

2.7　路面電車が開通したことで、神保町へ人が来る

神保町の発展は、路面電車網の整備が大きい要因で、最盛期には神保町交差点に7系統の市電（都電）が走りました。最初に敷かれた軌道は、小川町から九段上に至る現在の靖国通り上で、1904（明治37）年12月。また、現在の白山通りを最初に電車が走ったのは神保町―春日町間で、1908（明治41）年4月のことでした。

震災による帝都復興計画では、九段坂の勾配が緩やかになり、拡幅された靖国通りと接続されると、神保町は以前にも増して交通の要衝となりました。

この電車網の発展と靖国通りができたことで物流が整備・拡大され、書店街復活の大きな要因になりました。それに伴って飲食店や商店も活気づいて、街に賑わいが戻ってきたのです。

また、商店街の中心地が南神保町から駿河台下˙神保町交差点にかけての靖国通り沿いに移り、現在の古書店が立ち並ぶきっかけとなったのです。

また、この時期に建てられたのが、建物の表面にタイルや銅板、モルタルなどで意匠を凝らした「看板建築」です。今では取り壊されてビル化し、現存するのは僅かになりましたが実に趣のある建物です。

世界一の古書店街には東京古書会館があります。1916（大正5年）現在の駿河台下の場所に古書会館の前身が出来ました。現在ここでは曜日ごとにジャンル別の古書の売買が行われ、「東京古典会」「明治古典会」のように独特の名前がついています。

2.8　数多くの作家たちが愛した神保町の"原風景"

神田猿楽町のお茶の水小学校（旧・錦華小学校）の一角に『明治十一年　夏目漱石　錦華に学ぶ』と書かれた石碑があります。夏目漱石（本名／塩原金之助）は錦華小学校に学び、駿河台の成立学舎で英語を学んだあと、表神保町の東京

帝国大学予備門に入学して猿楽町に下宿し、学校に通っていました。作品の中で多くの作家たちが愛した神保町、街の様子を描いています。

『それから』『門』そして『こころ』では、先生が友人Kと女性をめぐる決定的なやりとりのあとで逃げるように外出する場面。

> 「私は猿楽町から神保町の通りへ出て、小川町の方へ曲りました。私が此界隈を歩くのは、いつも古本屋をひやかすのが目的でしたが、其日は手摺れのした書物などを眺める気が、何うしても起らないのです」。

この『こころ』を岩波書店から出版し漱石全集を何回も刊行します。

2.9　芥川が谷崎を誘って、カフェで暇つぶし!?

世界最大の書店街である神保町には、夏目漱石のほかにも多くの作家が住み、また訪れました。森鷗外の『雁』や『渋江抽斎』、二葉亭四迷の『浮雲』など、文学作品にも神保町は頻繁に登場します。

24歳の若さで亡くなった樋口一葉は1888（明治21）年の秋、高輪から表神保町に引っ越し、神田淡路町に転居するまで同所で暮らし、『十三夜』にはその当時のことを描いています。

1886（明治19）年に日本橋蠣殻町に生まれた谷崎潤一郎も、東京帝国大学生だった頃は、一家で神保町に住んでいました。その谷崎と一緒に神田の古書店街をひやかしながら、裏神保町のカフェで暇つぶし(!?)をしたのが芥川龍之介です。

「裏神保町」とは、現在のすずらん通りと靖国通りに挟まれた一角で、「表神保町」「裏神保町」とも、明治から大正期に書かれた小説や随筆によく登場します。すでにその頃はカフェがたくさんあって、古書店街を散策中に多くの作家たちが立ち寄っていたのでしょう。

また、司馬遼太郎は『街道をゆく36　本所深川散歩・神田界隈』の中で、次のように書いています。

「同じ神田界隈でも、自然地理学的にみて、高低がある。
明治大学やニコライ堂などのある駿河台が丘であるのに対し、界隈の南端
はひくい。
低所からふれる。いまの一橋講堂や共立女子大、あるいは学士会館がある
あたりである。
交叉点に立ってみると、このあたりは沼地ではなかったかという気がして
くる。帰宅してしらべてみたところ、どうやら家康の関東入国のころはそ
のようだったらしい。沼といっても、まわりの地形からみて、ごく浅い遊
水池程度だったかとおもえる」

　ほかにも、漱石と大学で同級になり、猿楽町に下宿していた正岡子規、ド
イツ語学校に通うため現・西神田二丁目にあった西周宅に下宿していた森鷗外、
寺田寅彦、永井荷風、斎藤茂吉なども神保町と所縁があり、小説や随筆で描写
しています。
　逢坂剛、鹿島茂、森まゆみなど、現在も足繁く神保町に通い詰めて、"神保町沼"
を抜けられない作家・文人はたくさんいます。突き詰めれば、神保町という街
は「文学」とは切っても切れない恋仲なのではないでしょうか。

2.10　カフェ街「新天地」には、ジャズが溢れていた

　時代は昭和に入り、神保町で急速に発展していったのがカフェ街（喫茶店街）
でした。喫茶店といっても、当時のカフェーは純喫茶ではなく、アルコールも
あり、女給の色気を売りにする店もありました。それが学生街に建ち始めたの
です。
　このカフェ街は靖国通りの南側にも北側にも点在していましたが、最も大規
模に展開していたのは、すずらん通りの南側にあった「新天地」と呼ばれるエリ
アでした。
　谷崎精二「神保町辺」には、「銀座のカフェへは紳士でないとはいり難い様に、
神田のカフェでは学生でないと肩身が狭い」と記しています。
　「新天地」に限らず、神保町周辺にあったカフェが学生（＝モダンボーイ）を対

象にした店で、『大東京うまいもの食べある記』には、女給さんも「ずぶの素人臭い女」や「断髪の少女」が多かったとあります。その彼女たちが「コッテリと塗って、よく明治の校歌の斉唱です」とは、なんとも楽しげな光景ではありませんか。それが、今も学生街風の喫茶店が多く残るこの街の特徴なのかもしれません。

2.11　中国人留学生が闊歩したチャイナタウン神保町

　"食"もまた、神保町の学生街を前提に発展していきました。どれも「学生向の安直な物ばかりである」と苦言を呈した人もありましたが、カレーなど特色ある店が増えました。そして神保町の食に欠かせないのが中国料理店です。日清戦争後の1895（明治28）年に来日した中国人留学生たちが、日本の大学で学ぶために、大学が多く集まるここ神保町界隈に住み始めるのは自明の理でした。

　留学生向けの日本語学校もあったため、「中国人留学生の街」という側面を持ち、彼らの胃袋を満たすために故郷の味を提供する中国料理店が次々にオープンしたのです。

　そして、1899（明治32）年、神田今川小路に留学生相手の郷土料理店を始めた「維新號」を皮切りに、1906（明治39）年に「揚子江菜館」が、1911（明治44）年に「漢陽楼」が開店するなど、多くの中国料理店が集まりました。なかでも「漢陽楼」は、1917（大正6）年に留学生として来日した周恩来の伝記的自伝『周恩来　十九歳の東京日記』（小学館文庫）にも登場します。"中国革命の父"と呼ばれた孫文も、漢陽楼の常連でした。

　ちなみに中国最高級の食材・上海蟹で有名な「新世界菜館」は意外に新しく、第二次世界大戦後まもなくの1946（昭和21）年創業です。

2.12　映画館も花盛り、文化の香り高き神保町

　意外に知られていませんが、神保町はかつては映画の街でした。映画は当時「活動写真」と呼ばれていて、東京で最初に公開されたのは1897（明治30）年3月、神田錦町三丁目にあった「錦輝館」だといわれています。錦輝館は1891（明治24）年に建てられた集会や演説会のための貸席で、場所は現在の神田税務署

181

付近にありました。

　上映された活動写真について、永井龍男(明治37年、猿楽町生まれ)の自伝小説『石版東京図絵』には、「外国の風景とか、外国婦人のダンスだとかいう、ごく短い実写フィルムが、ただ人間が動き汽車が走って見えるということだけで、ものすごい反響」を呼び、「高額な入場料にもかかわらず、昼夜二回の興行を、数日間日延べするほどの大当たりをとった」と書いています。

　また、永井荷風『濹東綺譚』の冒頭にも錦輝館が登場します。

　　「明治三十年頃でもあろう。神田錦町にあった貸席錦輝館で、サンフランシスコ市街の光景を写したものを見たことがあった。活動写真という言葉のできたのも恐らくはその時分からであろう」

　残念ながら錦輝館は1918（大正7)年に失火で焼失しますが、その後、常設の活動写真館が相次いで建てられることになりました。

　1941（昭和16)年の地図では、神保町一丁目に「神田日活館」、二丁目に「東洋キネマ」「銀映座」、駿河台下小川町三丁目には「南明座」「大都座」があり、昭和30年代になっても、神田日活館、東洋キネマ、銀映座、南明座は健在でした。宮沢賢治が神田日活館で映画を見たことを『神田の夜』という詩に残しています。しかしそのすべてが、今はありません。1929（昭和4)年に建てられた「神田日活館」は、洋食のランチョンやスマトラカレー共栄堂の並びにあった映画館でした。残念ながらこの映画館は、1969（昭和44)年に閉館となります。

　長く"映画の街"として親しまれた神保町ですが、今その流れは、1974（昭和49)年から世界の埋もれた名作映画の発掘上映を行っている「岩波ホール」や、昭和の懐かしい映画を中心に上映している小学館直営の「神保町シアター」（吉本興業運営のお笑い劇場「神保町花月」併設)などに引き継がれています。

2.13　空襲にも見舞われるも、奇跡的に焼失を免れた古書店街

　昭和の初め、1929（昭和4)年に始まった世界恐慌は、経済問題だけにとどまらず、第二次世界大戦のきっかけをつくったともいえる大事件でした。「（昭和）5年頃からの不景気風は神田古書店街にも容赦なく吹き荒れた」「暗殺事

件の頻発、マルキシズムの弾圧、七年の満州国独立、五・一五事件……」と『東京古書店組合五十年史』にありますが、迫りくる戦争の影が、本の街に影響しないわけはありません。

　途中、やや景気が回復した時期もありましたが、1941（昭和16）年12月、太平洋戦争が始まると物資の調達が難しくなり、物価上昇を抑えるために政府の指示であらゆる物に公定価格ができました。古書も例外ではなく、商工省から通達があり、公定価格が決められ、警視庁からも市場の名称を「交換会」に変えられたりする干渉がありました。古書組合員も勤労動員に駆り出されたりして、「商売としては最低の路線をたどった」と『五十年史』は伝えています。

　やがて東京は大空襲に見舞われ、神保町周辺にも被害が及ぶようになります。1945（昭和20）年2月15日、3月10日、4月15日、5月24、25日と神保町周辺への空襲がありましたが、古書店街の主要な場所だけは、奇跡的に焼失を免れたのです。

　文芸評論家の野田宇太郎は、「東京に神保町があるといふこと」（『日本古書通信』第388号/1976年8月）で、セルゲイ・エリセーフというロシア人学者の進言によって、神保町が意図的に空襲の標的から外されたという説を提示しています。いくつかの証言もあり、映画も作られました。

　また、経済学者の大塚金之助は、『終戦直後の東京の古本屋街―1945（昭和20）年―』というエッセイで、終戦直後の神保町界隈を次のように記しました。

　　「この古本屋街のうち、駿河台下から神保町交叉点までの北側は戦災で全焼し、神保町交叉点から水道橋へ向う両側の古本屋も一軒のこらず焼けていて、のこったのは、駿河台下から神保町交叉点までの南側と、神保町交叉点から九段下までの南北両側とである。そのうちのあるものは疎開し、あるものは閉店していて、約半分ぐらいが営業している」

　戦災は免れたものの、本の品薄状態は続きます。しかし終戦によって新制大学の本の需要は高まり、また、旧家から貴重な本が放出されて、神保町は再び不死鳥のように蘇ります。

　主要な部分がなんとか戦災を免れた古書店街――昭和初期の姿・形を今も残しているのは、空襲を免れた奇跡的な幸運と、人々の本に対する愛情の賜物といえるかもしれません。

183

2.14　学生街の変化と古書店の変化

　さて戦争が終わり終戦後の経済発展とともに本の街・神保町も活況を呈します。新制大学の書物を揃える需要に応えて古書店は力をつけました。戦時中、特に戦後に出た貴重な日本の古典籍を扱って業態も変えて行きました。

　1961（昭和36）年第1回神田古本まつりが開かれ全国に波及しました。神保町ブックフェスティバルも2020年に開かれれば第30回を迎えます。

　昭和の高度成長期、学生街にも微妙な変化が起こっていました。1965（昭和40）年刊の東京ガイド誌『世界のショー』（新風社）には「近頃の神田」と題して、学生数や新校舎の増改築がめざましいなか、「表通りからちょっと横にはいれば、かならずマージャン屋の看板が一つや二つは目につく」「そのかわり、神保町の古本屋街で、なけなしの金をはたいて参考書を買うような学生はめっきりへったようである」と綴られています。

　戦前と異なるのは、「学校と学生の街だけに夜は、どこの商店も早く店をしめてしまい、歓楽はよその街にゆずっている」とあることです。戦前の「新天地」が神保町に再建されることはなく、その代わり、ジャズやクラシックを聴かせる音楽喫茶や今も残る「さぼうる」「ラドリオ」「ミロンガ」「神田伯刺西爾」「茶房きゃんどる」といった"純喫茶"文化が花開きました。

　神保町の歴史で欠くことのできない出来事が大学紛争です。1968（昭和43）年、折からのベトナム戦争の泥沼化を受けて、世界的に本格化した学生運動の波が日本にも押し寄せました。学費値上げに端を発した「日大闘争」が激化し、夏には全学ストに突入。連日のデモが書店街でも繰り広げられました。これを「神田カルチェ・ラタン闘争」と呼びますが、翌1969（昭和44）年1月の東大安田講堂事件の際も、駿河台周辺は騒然となり、書店街も大きな被害がもたらされたことが伝えられています。

　また、昭和30年代から40年代にかけては慢性的な交通渋滞に悩まされていたので、1972（昭和47）年に靖国通りの岩本町から九段下までの区間上に、高架道路を建設する話が持ち上がりました。

　しかし、地元の商店や事務所は、街の景観を損ない、街を沈下させる恐れのある高架道路に一致団結して反対の声を上げました。その結果、高架道路建設

計画は中止され、神保町は今の街並みが保全され3本の地下鉄が通る交通の要になったのです。

2.15 昭和から平成の30年を経て、令和の時代も

1986（昭和61）年ら1991（平成3）年にかけてのバブル景気は、神保町の地価を異常に引き上げました。しかし神保町は、皆で知恵を出し合って、この難局を乗り越えました。

デジタル情報化時代になり、書物のあり方も大きく変貌を遂げていますが、その中でも神保町の古書店は、「古書交換」という世界でも例を見ない市場を通して"古書"という情報を共有し、世界に目を向けて発信しています。WEBサイト「日本の古本屋」の運営、市場取引の電子化、古書会館の戦後3度の建て替えなど協同組合の利点をだして時代に合わせた取り組みをしてきました。また海外との取引も盛んに行うようになっています。

また、伝統ある新刊書店も複合施設化して多様な客層を取り込む新機軸を打ち出したり、出版界では神保町に出版クラブビルができて、それぞれの企業体が知恵を出して活性化を図っています。神保町にある多くの大学も「社会連携」という部署をつくって神保町の街のあり方に、共に知恵を出し合っています。

昭和から平成、そして令和の時代になり、ますます変貌を遂げる"本の街"神保町ですが、街の力を結集して古き良き時代の風情と人情を失うことなく、これからも発展し続けていくことでしょう。

共立女子大学・明治大学・東京大学・日本大学・東京都市大学・法政大学の「神保町の街づくり」の研究成果をまとめた冊子を出し、古書店街の将来像を考えるシンポジウムも行っています。

〈謝辞〉

この文章は「本の街・神保町を元気にる会」刊行「神保町が好きだ」第13号（2019年10月11日刊）を要約したものです。

転載をご快諾いただいた「本の街・神保町を元気にる会」の関係者の皆様に厚くお礼申し上げます。

2020年7月　八木壯一

資　料

出版・古書業界・日本古書通信・八木書店関連年表

2020 年 6 月 15 日　八木壯一編

和暦	西暦	社会経済・出版界	古書業界・特価本業界・八木書店
●明治・大正・昭和初期の出版・古書業界			
明治10年	1877年	有斐閣、古本業として創業	古書業界が警察の管轄となる。八品商取締規則（古着、古鉄、質屋、小衣商、古銅鉄商、古本商、両替商、紙屑屋の8業種を対象）施行。。新刊書籍商と古書籍商の分離。
明治14年	1881年	三省堂書店古本業として創業	
明治20年	1887年	東京書籍出版営業者組合結成。博文館創業	山の手一円に古書店が出来る。
明治23年	1890年	東京堂書店創業。近代日本出版流通の出発。	神田神保町が古書街となって行く。
明治25年	1892年	博文館大部数雑誌『太陽』の見切り本扱い卸問屋出来る。低正味実用書辞書など扱い戦後まで続く。	明治13年、14年に続いての神田の大火
明治34年	1901年	『太陽』に見切り本目録掲載。卸屋の見切り本目録、多数発行される。	巌松堂書店創業
明治36年	1903年		一誠堂書店創業
明治41年	1908年		八木敏夫誕生
明治42年	1909年	大日本雄弁会講談社設立。	
明治43年	1910年		神田書籍商同志会の設立、古書組合設立の基礎となる。
明治44年	1911年	講談社創業。	
大正2年	1913年	岩波書店創業。古書の正価販売、後に書籍の定価販売。	大正の神田の大火。
大正4年	1914年	雑誌・書籍の定価販売を実施	八木福次郎誕生
大正5年	1915年		神田小川町に東京図書倶楽部新築、現在の古書会館の場所。
大正9年	1920年	全国書籍商組合連合会創立。日本中で定価販売実施される。	東京古書籍商組合創立、設立時の組合員約400名。神田南明倶楽部で古書即売展開催、以後定期的に開催。
大正11年	1922年		東京古書組合月報発行以後継続刊行される。
大正12年	1923年		教科書市開催。9月1日関東大震災により東京図書倶楽部、神保町古書街震災被害甚大
大正13年	1924年		倶楽部再建。震災後の組合員464名。
大正14年	1925年		北海道筒井家の蔵書売立など諸名家の売立がその後相次ぐ。

大正15年	1926年	円本ブーム起こる	
昭和2年	1927年	岩波文庫創刊	古本業界は献本教科書ブーム。八木敏夫、神戸福音社入社
昭和4年	1929年		八木敏夫、一誠堂書店入社
昭和7年	1932年	特価販売は出版社の随意となる	月報に古本相場、見切り品一覧表を掲載。全国古書籍商連盟創立。反町茂雄、弘文荘創業。
昭和8年	1933年	図書祭記念特売実施	八木福次郎、古今書院入社

●昭和戦前期の出版界と古書業界

昭和9年	1934年		『日本古書通信』創刊。
昭和10年	1935年	アルスなど独自ルートで特売目録掲載品を販売。	新図書倶楽部落成。日本古書通信社『全国古本屋聯合綜合古本販売目録』創刊。
昭和11年	1936年		相場公表禁止。八木福次郎入社、六甲書房名で古書売買、特価本卸。
昭和12年	1937年	日中戦争勃発	『日本古書通信』一般誌へ転換。
昭和13年	1938年	この年まで特売図書祭りは続けられる。	富岡鉄斎蔵書大売立、空前の出来高。『日本蒐書家名簿』刊行。
昭和14年	1939年		組合員数1478人。市会42を数える。

●戦時の統制経済の中の出版界と古書業界

昭和15年	1940年	日本出版文化協会設立	
昭和16年	1941年	日配創設（全国の取次統合される）。太平洋戦争勃発	古書籍公定価格実施、商工省より発表。八木敏夫古書通信の読者である商工省前田担当者とのつながりで組合理事として公定価格制定に尽力。『古書籍公定価格一覧』刊行。『読書と文献』創刊（日本古書通信改題）
昭和17年	1942年		組合傘下の交換会は全て直轄となる。
昭和18年	1943年		加賀前田家の「尊経閣叢刊」組合で買受売立。
昭和19年	1944年		八木敏夫出征・『読書と文献』休刊。
昭和20年	1945年	終戦	空襲により古書会館全焼。神保町はエリセーセフの進言により爆撃から免れたと言われている。

●戦後復興期の出版界と古書業界

昭和21年	1946年	左翼系雑誌、総会屋雑誌乱立、日本読書新聞創刊。出版界「日本出版協会」（石井満）と「日本自由出版協会」に分裂。	新円切り替え。旧家、華族から貴重書の大量放出。貸本漫画が隆盛に向かう。絵本、実用書,風俗誌等も多く出版される。多くの百貨店に古書部設立。八木敏夫は上野松坂屋古書部創設、以後銀座、静岡、名古屋など経営。
昭和22年	1947年	公正取引委員会設置、独占禁止法施行	明治古典会設立。上野松坂屋古書展開かれる。『日本古書通信』復刊。
昭和23年	1948年		旧華族の蔵書、諸文庫の暴流続く。東京古書会館新築。
昭和24年	1949年	日配解散、日販・東販設立、全国出版協会設立、図書新聞創刊	新制大学設立で古書需要旺盛、員数合わせ納本等。新古物営業法公布。 全国出版物卸商業協同組合設立、上野松坂屋特価本部開設。
昭和25	1950年	朝鮮戦争勃発。文庫本ブーム（角川文庫、新潮文庫）	和漢洋総合古書展など開催される。夜店禁止。上野松坂屋特価本部卸部などが百貨店での新本特価市を全国で開催。
昭和26年	1951年		古書業者の勉強会、文車の会発足。
昭和27年	1952年		古物営業法一部改正。八木は神保町に移転。

| 昭和28年 | 1953年 | 新刊点数2万点突破。『昭和文学全集』(角川書店)ブームなど。独禁法改正・著作物再販制度認められる | ネオなど大阪資本の貸し本業が盛んとなり古書組合内で対応を考える。㈱八木書店に名称変更。新刊取次ぎ業務開始。 |
| 昭和29年 | 1954年 | 『カッパブックス』(光文社)など新書ブーム | |

●昭和高度経済成長期の出版界と古書業界

昭和30年	1955年	高度経済成長始まる	古物営業法一部改正
昭和31年	1956年	「出版再販契約書」を実施、再販契約維持励行委員会発足、『週刊新潮』発刊	全国百貨店60店ほどとの契約を結んで新本特価市を開く。
昭和32年	1957年	河出書房倒産、日本書籍出版協会成立、『週刊読書人』創刊	八木書店などで第二出版販売設立。
昭和33年	1958年	ダイエーチェーン展開開始。週刊誌発刊ブーム『週刊少年サンデー』『週刊少年マガジン』など後のマンガブーム	量販店のバーゲンブックフェア始まる。
昭和34年	1959年	ソノシート発売。活版より写植増加。無線綴じ開発。	古書組合古物営業法の関係も有り、買い入れ確認の徹底を呼び掛ける。
昭和35年	1960年	60年安保闘争激化。	第一回神田青空古本まつり(テレビ普及、読書離れ)。限定本ブーム始まる。上野寛永寺で東京古典会創立記年大入札会開かれる。
昭和36年	1961年	平凡社『国民百科』発刊	八木書店古書部開店。
昭和37年	1962年		文車の会第1回白木屋大古書展。三都古典会連合会発足。
昭和38年	1963年	鉄腕アトムテレビ放映開始	日本古書通信社分離独立。
昭和39年	1964年	新幹線開業。東京オリンピック。出版倫理協議会(出倫協)発足。雑誌『ガロ』(青林堂)発刊	日本近代文学館開館(1963年4月)。その後地方に文学館、郷土史館等設立、古書の需要が起きる。初版本ブーム始まる。古書組合・神田支部史刊行。
昭和40年	1965年	中央公論社『日本の歴史』発刊	
昭和41年	1966年		東京古書会館竣工。明治百年記念催事(明治古典会、文車の会、西武百貨店で開催,)
昭和42年	1967年		日本各地の百貨店で古書展が開かれる。
昭和43年	1968年	河出書房倒産。学生運動盛ん。	日本近代文学館初版本の復刻版刊行開始。古書会館での古書展は金土に変更。八木書店船橋商品センター開設。
昭和44年	1969年		浅草古本市など各地で古本市開催。
昭和45年	1970年	大阪万博。三島由紀夫割腹自殺。CTS組版始まり1970年代末に普及。絵本の多様化。70年安保。よど号事件発生。	東京古書組合・南部(五反田)会館出来る。都電神保町から消える。学生運動激化(神田カルチェラタン)、限定本ブーム。「古通豆本」発刊。
昭和46年	1971年	第三次文庫ブーム(講談社文庫、文春文庫、集英社文庫など)。	弘文荘三越第1回古書展開催。『日本古書通信』通巻500号。八木書店単独古書目録発行。『天理図書館善本叢書』刊行開始、20年かかけて全92巻を完結。プリズムカメラを使用、ダイレクト製版。

昭和47年	1972年		都営三田線開通。 八木壮一、古本まつり宣伝20年余担当。 東京古書組合・西部（高円寺、）北部（池袋）会館も完成。
昭和48年	1973年	高度成長終わる。 オイルショック。用紙不足。	
昭和49年	1974年	セブンイレブン第1号店開店。三省堂会社更生法申請	「東京古書組合50年史」刊行
昭和50年	1975年	月販会社隆盛	復刻版ブーム、文車ブレテイン刊行開始。
昭和51年	1976年	地方・小出版流通センター創立。出版業界売上げ1兆円超える	
昭和52年	1977年		文車の会分科会「古典を読む会」始まる。『全国古本屋地図』発行。 八木書店本社小川町に移転。日本近代文学館と提携してマイクロ版近代文学館シリーズを刊行開始、『新潮』索引をCTSで組む
昭和53年	1978年	公正取引委員会（公取）橋口委員長、再販制度の見直し表明。筑摩書房倒産	『神田古書籍商史続編』刊行。 複写機80万台、その後急速に普及。 テレビ台数2800万台と記載。
昭和54年	1979年	第一次新書ブーム	風俗誌、ビニ本ブーム。横浜・有隣堂伊勢崎町店で大規模バーゲンブックセール、以後全国の書店で展開
昭和55年	1980年	時限再販・部分再販を盛り込んだ「新再販契約」が認められる。80年代は雑誌の時代	
昭和56年	1981年		ふぐるまブレテイン発刊（古書業者の勉強会機関誌）
昭和57年	1982年	日本で酸性紙問題起こる。 CD製造開始。	「全国出版物卸商業協同組合史」刊行。 『神宮古典籍影印叢刊』刊行。カラー撮影、カラースキャナーで製版
昭和58年	1983年	ファミコン発売（任天堂）、86年以降ブーム	中性紙で天理善本『日本書紀兼右本』刊行、『全集叢書総覧 新訂版』発行
昭和59年	1984年	第四次文庫ブーム（筑摩、文春など）	八木書店八木壮一社長就任、創業50周年
昭和60年	1985年	「出版物の価格表示に関する自主基準」が認められる。『週刊少年ジャンプ』400万部突破	古書業界、映画パンフ・ポスターブーム
昭和61年	1986年	写真週刊誌ブーム	マンガ本人気、専門店増加。
昭和62年	1987年		八木書店神田小川町本社新築。。
昭和63年	1988年	『週刊少年ジャンプ』500万部。雑高書低傾向顕著に 80年代の後半より、急速にDTP編集普及する。。	「ハイドコレクション」クリスティーズでオークション。海外で日本古典籍多数出品。 明古七夕市で啄木短冊が話題に。古典会大市で岩佐又兵衛風奈良絵本『村松物語絵巻』8000万円で落札。 竹下首相のふるさと創生1億円予算で古書の需要も起こる。 八木書店で『正倉院古文書影印集成』刊行開始。 第二出版猿楽町本社新築。

189

●平成の出版界と古書業界

平成元年	1989年	消費税3％課税	自筆物ブーム
平成2年	1990年	出版不況が言われ始めた。PCサーバーの普及、低価格化。バブル崩壊。デフレが長く続く。	『全国古本屋地図』、三省堂で週刊ベストセラーノンフクション部門1位、第二出版浦和商品センター設立。マーケティングが強く言われるようになる。
平成3年	1991年	政府規制等と競争政策に関する研究会（鶴田委員会）が「独禁法適用除外見直し」発表。ブックオフ設立(価格破壊)。	八木書店「義太夫年表近世編」毎日出版文化賞受賞。第1回神保町ブックフェスティバル開催。
平成4年	1992年		古書組合の出来高がピークとなる。八木壮一、古書組合副理事長2年間務める。
平成5年	1993年		八木書店『尊経閣善本影印集成』刊行開始。八木書店船橋商品センターB棟完成(自動倉庫)。
平成7年	1995年	阪神淡路大震災。新刊点数5万点突破。Windows95発売。金子委員会、再販適用著作物の取り扱いについて発表。イギリス再販崩壊。『週刊少年ジャンプ』653万部	古書業界のOA化進む。古書目録発行増加。古書店の事務所化増加。八木書店古書部改装、単品管理を始める。CD-ROM版近代文学館「文章倶楽部」発売。PICT（Mac OSで標準的に用いられていた画像ファイル形式）研究会参加。

●ネット時代の出版界と古書業界

平成8年	1996年	出版界売上ピーク	「日本の古本屋」開設(8月)「ブックタウン神田」立ち上げ(10月)。古書組合員2600店、ほか大型リサイクル店1000店。
平成9年	1997年		ネットサイト「日本の古本屋」が交換会事業と共に組合の二大事業となって行く。
平成10年	1998年	公取委「規制研」報告書公表、弾力運用6項目発表、出版界「弾力運用レポート」発行	パソコン、スマホの普及により情報の多くが本よりインターネットになって行く。古書組合員より売上減少の声が上がり始める。『弘文荘待買古書目』CD版発売。
平成11年	1999年		八木敏夫死去。近代文学館シリーズCD版『太陽』発売。
平成12年	2000年	再販維持契約委員会が再販研究委員会に変更。漫画雑誌多く創刊。日販経営危機報道。	アマゾンジャパン立ち上げ。八木書店・船橋商品センター単品管理開始。謝恩価格本フェア書店で実施。
平成13年	2001年	自主基準、再販契約書改定。公取、再販当面存置発表。鈴木書店倒産。	謝恩価格本ネット販売実施。
平成14年	2002年		アマゾンマーケットプレイス立ち上げ。ネットアドバンスで八木書店が近代文学館シリーズ配信開始。
平成15年	2003年		新古書会館竣工。古書組合のIT化、OA化の推進が進む。
平成17年	2005年	電子辞書330万台、600億円。出版点数8万点。出版界売上げ2兆2627億円	DVD版近代文学館シリーズ『文芸倶楽部』発売。
平成18年	2006年		八木書店第54回菊池寛賞に『徳田秋聲全集』受賞。

平成19年	2007年		八木書店が『続群書類従』完成会の出版継続を引き受ける。WEB版近代文学館シリーズ「太陽」等配信開始。
平成20年	2008年	iPhone発売。リーマンショック起きる。	株式会社日本古書通信社設立。
平成21年	2009年		青空古本まつり50。バーゲンブック（BB）ジャンコードラベル添付始める。捺印、赤線の代わりに非剥離BBシール添付。
平成22年	2010年	iPad（タブレット型コンピュータ）発売。	八木書店で東大寺文書『越中国射水郡鳴戸村墾田図』買入、販売、翌年重文、次の年国宝に指定される。
平成23年	2011年	東日本大震災。公取竹島委員長「再販見直し現在なし」と発言	八木書店バーゲンブックのECサイト開設。
平成24年	2012年	楽天kobo、キンドルなどデバイス多く出る。スマートホンの普及。	『日本古書通信』通巻1000号。八木福次郎死去。

●これからの出版流通はどう変わるか

平成25年	2013年	電子書籍と店の構成の編集力を強く言われ始める。	八木書店、緊急デジタル事業に参加。電子書籍『群書類従』（全133冊）をテキスト化（紙面の画像表示＋フルテキスト検索対応）され、総合化、学術的研究への提供。一覧性、編集力を評価される。
平成26年	2014年		新刊書店他の業種からもバーゲンブック（BB）の買い切りにチャレンジする店が増えている。
平成31年 5月より 令和元年	2019年		一般書の古本相場は厳しい状況が続いている。版本など古典籍も図書館の電子化により売れ行きが変わって来た。
令和2年	2020年		コロナの非常事態宣言により東京では古本業が指定業種になり、ほとんどの店が5月は閉店で有った。市場もクローズとなり、販売、仕入れの機能が無くなった。市場の機能の大事さを改めて認識した店が多かった。ここ数年古書市場は中国の購買力が大きな力となって来たが、コロナの影響でどうなるかは不透明である

●お断り

　この年表は、2013年2月20日に開催された日本出版学会・出版流通研究部会（現・出版産業研究部会）での報告「八木書店と私の50年」の付属資料として配布した年表に、その後の変化などを追加したものである。したがって、「古書業界」の歴史をまとめたものではない。出版業界全体が、厳しい状況下に置かれているが、古書業界もまた厳しい局面に遭遇している。神保町とともに生きてきた、私どもの経験が、何らかのお役に立てば幸いである。

（古書とともに… 八木壯一）

古書販売と古書籍を伝える面白さに魅せられて

八木　壮一

　東京・神保町に生まれ育ち、創業者の父・八木敏夫の背中を追うように古書販売の世界に飛び込んで、50 年が経過した。いつの間にか、「古書販売の面白さ」に魅せられてしまった。八木書店は神保町にある 200 店舗近くの書店の中で、唯一「古書と新刊書」の両方を扱っている書店である。特長は以下の３つである。
　　（1）　きわめて専門的に特化した特徴のある商品の開発
　　（2）　先端技術への積極的な投資
　　（3）　多角的な事業展開による経営の安定化
　　　　　①バーゲンブック事業　②新刊取次事業　③古書販売事業　④出版事業
　八木書店では新刊書の取次ぎ、バーゲンブックの販売という事業の柱がある。
　日本での新刊図書は、再販売価格維持契約を結ぶことで、定価販売が維持されているが、出版社の判断により価格を自由に設定してよい図書（自由価格本）も販売されている。このような本をバーゲンブック、アウトレットブックなどと呼ぶ。バーゲンブックは古本や古書ではなく新本の一種である。この業態の在り方も時代とともに変化しており、八木書店も変革をしてきたしこれからも変化を目指している。

■貴重な史料を掘り起こし伝える影印本

　八木書店では『正倉院古文書影印集成』を出版している。正倉院文書は約 1200 年保管されてきた基本的な日本の古代史資料である。精密な写真と印刷、そして劣化の少ない日本では初めての中性紙の研究開発を依頼して使用して実現した企画本である。大学、図書館や研究所など日本古代史の研究者にとっては垂涎の的になり、全部揃えると相当な価格だが、おかげさまで、事業としても成功した。
　古典籍では質量ともに日本一の所蔵機関である奈良・天理図書館の貴重書を 20 年かけて全 92 巻にて複製した『天理図書館善本叢書』は空前の企画であった。現在は高精細カラー版として天理の貴重書、加賀の『尊経閣』、各種『日本書紀』、3 種の重要文化財『定家本源氏物語』などを刊行し、デジタルアーカイブと違った位置で存在価値を高く評価されている。また『太陽』や『文藝倶楽部』といった近代研究には欠かすことのできない近代文学雑誌のデジタル化、経産省の出版物電子化推進事業に参画して実現した『群書類従』のフルテキスト化、データベース構築も手がけ、これらは歴史的な価値が高く、ジャパンナレッジにて web 公開している。
　一般的な国文系の古書の販売とともに八木書店の古書部は美術倶楽部の会員である特徴も生かして事業を行っている。奈良時代の東大寺文書を市場で手に入れて国に納め翌年「重文」、さらに、翌年「国宝」に指定された貴重書も扱えた。本書掲載の「紙魚の昔がたり」で述べた以降も幾つかの貴重書を扱う幸運にも恵まれた。

第6章

再販制度と出版業界の歩み
—なぜ、再販制度は必要なのか—

この章の概要

　本章は、再販制度の基本知識を解説している。再販制度とは、「メーカーである出版社または発売元が、小売販売価格である本の定価（本体価格）を決め、版元ー取次ー書店間で再販売価格維持契約を結ぶことで、定価で販売をする制度」をいう（独占禁止法23条に基づく定価販売制度のこと）。

　再販商品として定められている著作物には「書籍、雑誌、新聞、レコード、音楽用テープ、音楽用CD」がある。現行の再販制度は、6品目に限って定価で販売しても「独占禁止法の違反にはならない」という除外規定である。

　　第1節　再販制度の基礎知識
　　第2節　再販制度と出版業界
　　第3節　電子「書籍」の再販について考える

〈謝辞〉本章の第1節・第2節及び章末の「再販年表」は、出版業界紙『新文化』のWeb版コラム欄で、2008年に連載された論文である。執筆者の上野幹夫氏はすでに彼岸に渡られているが、上野佐和子氏の許諾を得て再録させていただいた。
第3節は、2013年8月下旬号の出版業界誌『出版ニュース』に掲載された鈴木藤男氏の論文であるが、著者の許諾を得て再録させていただいた。
掲載にご協力いただいた「新文化」並びに「出版ニュース」編集部に感謝申し上げます。
（出版メディアパル編集部）

第1節

再販制度の基礎知識

上野　幹夫

（出版業界紙「新文化」Web版コラム連載より収録）

1.1　独占禁止法と再販制度

　独占禁止法(正式名称は「私的独占の禁止及び公正取引の確保に関する法律」という)は、事業者が他の事業者と共同して商品の対価を決定し維持することを、不当な取引制限に当たる行為として禁じている。

　このことを出版業に即していえば、卸売り・小売り段階での安売り乱売やそれに伴う商品の質の低下を避けるため、出版社が契約により取次会社、書店と共同して価格を決定し維持すること(再販売価格維持行為)により全国一律の価格で販売することを例外的に認めて、独占禁止法の適用除外とする制度である。

　1947年(昭22)に制定されたわが国の独占禁止法では、再販売価格維持行為を不公正な取引方法として禁じていた。1953年(昭28)の独占禁止法改正により、著作物の再販売価格維持行為を法律に明記して原則違法である再販制度の対象から除外し、さらに公正取引委員会が指定する日用品などの指定商品が適用除外の対象とされた。適用除外となったのは、1.公取委が指定する指定商品と、2.法定商品である「著作物」である。

　適用除外とされるのは、後で述べるように再販制度実施のためにする「正当な行為」である。そのような行為でも、一般消費者の利益を不当に害することとなる場合と生産者の意に反して販売業者が実施する場合には独占禁止法の適用があり、生活協同組合などの取引には、再販制度を導入できないことになっている。

　独禁法23条の規定では、「著作物を発行する出版社又はその発行する物を販売する出版社が、その物の販売の相手方である取次会社あるいは書店とその物の再販売価格を決定し、これを維持するためにする正当な行為」についても、これを適用しないことになっている。これが第23条による著作物再販の適用除外である。

　この条文の規定によって、著作物（出版物）は定価販売が可能となっている。ここで第4項にいう「正当な行為」とは再販売価格維持契約を締結し、再販売価格の遵守を契約上の義務とすること、つまり出版社と取次会社、取次会社と書店、取次会社と取次会社というように、相手方がその販売先と再販売価格維持契約の締結を義務づけること、さらに契約違反に対する制裁等がある。

　再販制度は、そもそも独占禁止法違反であるから、出版物の定価販売を可能にするには、独占禁止法の適用除外として再販契約の締結を認める必要がある。

　指定商品についていえば、現在指定がすべて取り消されている。法定商品である「著作物」は具体的には、書籍・雑誌、新聞及びレコード盤・音楽用テープ・音楽用CDの6品目に限定して解釈・運用されている（⇒ 210ページ参照）[注1]。

1.2　適用除外再販

　わが国の独占禁止法では、商品の販売において、その対価を共同して決定し、維持すること、つまり当該商品の再販売価格を決定し、維持する行為は不公正な競争方法（不当な取引制限）に当たるとして、原則禁止している。

　著作物の場合は、第23条に一項を設け、法の規定によって再販維持を認めている。公正取引委員会の指定する商品であって、その品質が一様であることを容易に識別することができる商品、かつては、1000円以下の化粧品、医薬品の一部等9品目に及んだが、現在、公正取引委員会の指定する商品は存在しない。独占禁止法の適用除外として再販制度が認められる商品は著作物のみである。著作物は法律に明記された再販商品として定価販売が可能となる（このことが法律に明記されているので法定再販といわれることもあるが、この表現

は誤解を招きやすい)。上記したように、もともと商品の販売において、対価を共同で決定し維持すること、つまり再販売価格の決定・維持ということは独占禁止法により不当な取引制限であるとして禁止されている。いわば再販制度は独占禁止法違反であるとして禁止されている。

　現在、適用除外の対象とされる商品は、著作物のみである。この適用除外を規定した同じ第23条第5項で、再販売の相手方たる事業者には法律の規定にもとづいて設立された団体を含まないとしている。いわゆる除外団体で、農協をはじめとする共済組合、協同組合以下多くの団体が再販売価格維持契約の当事者にならないのである。契約をしないから定価販売を守る責任はなく割引で安く売ることができる。

　上に述べた適用除外再販の骨組みを要約してとりまとめると、以下のようになる。

(1)再販制度を実施できる商品は、一般消費者により日常使用されるものであり、かつ自由な競争が行われていると認めて公正取引委員会が指定したものに限定される。ただし著作物については指定を要しない。公正取引委員会が指定した再販商品は、昭和28年以降9品目に及んだが、現在では、法が規定する「著作物」のみである。

(2)適用除外とされる行為は、その品質が一様であることを容易に識別することができる商品(商標品)の生産者などが単独で指定商品の再販売価格を決定し維持するためにする正当な行為に限定される。著作発行物についても同様とする。

(3)適用除外とされる行為であっても、一般消費者の利益を不当に害することとなる場合および販売業者が生産者の意に反して割引を行う場合には独占禁止法が適用される。

(4)特定の法律に基づく消費者の相互扶助組織(生活協同組合)などとの再販契約は適用除外とされない。

(5)再販契約を実施したものは、公正取引委員会に届出る義務を負う。ただし、著作物については届出を要しない。(届出は、現時点ではいずれにしても必要なくなっている。)

1.3 再販契約の内容 著作物再販の仕組み

再販契約は、個々の出版社の判断により、取次会社に小売店の指導・管理を委嘱して定価販売を維持するための契約である。定価厳守の義務に違反した場合の制裁が、その中心的な内容になっている。これと並んで、再販契約を締結しない者とは取引しないことも重要な内容である。

再販契約の締結関係について述べると、再販契約は一般には、契約商品取引の経路の順を追って締結される。したがって、取引が行われている場合には、取引が行われている各当事者間で取引に先立って契約が取り交わされる。（契約は、出版社⇔取次会社⇔小売店）。いずれの場合でも契約は単独でなされなければならない。

万一、集団的に契約がなされると、共同実施として独占禁止法違反となる。

すべての出版物の小売価格を拘束するか否かは出版社の判断しだいで、すべての出版物の小売価格を拘束する制度ではない。

1.4 部分再販と時限再販

〔部分再販〕

出版社が「新刊発売時」から小売価格を拘束しない販売方法。再販契約を取次会社と締結している出版社であっても、その書目は非再販として扱われる。

これをやさしく表現すると、「本は、出版社がきめた定価で売ることになっています。出版社がお客様に定価で売らなくてもいいと考えた本は、価格、価、頒価などの表記をして再販の対象からはずし、書店が価格をきめて売っています。これを部分再販といい、読者サービスの一つです。」ということになる。

〔時限再販〕

出版社が再販出版物を「新刊発売後」に非再販に切り替える販売方法。新刊時に一定の年月経過後は価格拘束を解くと表示する時限再販と、新刊発売後の経過をみて非再販に切替える方法とがある。出版社が行う「謝恩価格本フェア」のような開催期間・販売箇所を限定して、非再販にする方法も時限再販の範疇に入ると解釈される。

これをやさしく表現すると、「一定期間は、出版社がきめた価格で売り、そ

の期間経過後は書店がきめた値段で売るやり方をいいます。」いう事になる

　部分再販・時限再販など非再販商品とする場合、出版社の考えは大きく分けて次の２つの方向がある。

　１つは、生活習慣定着型非再販といってもよいようなもの。

　非再販扱いの表示をして、小売店サイドの判断による、ある程度の割引販売はいたし方ないとの考えで実施する弾力運用。小売店への出し正味は変更されずに、通常の出版物と同じ掛け率で出荷される例が多い。

　もう１つは、積極的非再販といってよいようなもの。

　割引の効果が期待できる出版物を販売戦略上、非再販にするもので割引原資を出版社が提供するのが一般的である。

1.5　著作物再販制度当面存置と是正６項目

２つの文書

　平成13年３月23日、公正取引委員会は、著作物再販制度を当面存置するのが相当とする結論を出し「著作物再販制度の取扱いについて」と題する文書を公表している。そうした文書が公表される３年前の平成10年３月に、公正取引委員会は、鶴田研究会（正式には「再販問題検討のための政府規制等と競争政策に関する研究会」（座長　鶴田俊正専修大学教授）からの提言を受け、1.競争政策の観点からは同制度は廃止の方向で検討されるべきものであるが、2.本来的な対応といえないものの文化の振興・普及と関係する面もあるとの指摘があり、3.この際、それぞれの業界において各種弊害の是正に真剣に取り組むべきものであり、同制度を廃止した場合の影響を含め引き続き検討し、一定期間経過後に制度自体の存廃について結論を得る旨の見解を公表している（平成10年３月31日付け公正取引委員会の「著作物再販制度の取扱いについて」と題する公表文参照）。

　公取委が平成13年３月に発表した文書において、それぞれの関係業界に各種の弊害の是正に真剣な取組みを行っていくべき次のような６項目を掲げ、着実な実現を図っていくことを求めている。

> ●是正6項目
> ○時限再販・部分再販等再販制度の運用の弾力化
> ○各種の割引制度の導入等価格設定の多様化
> ○再販制度の利用・態様についての発行者の自主性の確保
> ○サービス券の提供等小売業者の消費者に対する販売促進手段の確保
> ○通信販売、直販等流通ルートの多様化及びこれに対応した価格設定
> 　の多様化
> ○円滑合理的な流通を図るための取引関係の多様化及びこれに対応し
> 　た価格設定の多様化

　この文書において、競争政策の観点からは著作物再販制度を廃止し、著作物の流通において競争が促進されるべきものと考えるが、文化の振興・公共面での影響が生じるおそれがあるとし、同制度の廃止については当時の時点では国民的合意が形成されるに至っていない状況にあり、現当時の時点において独占禁止法の改正に向けた措置を講じて同制度を廃止することは行わず、当面存置することが相当であるとした。

　この平成13年3月23日文書内容の要約は次のとおりである。
　　(1) 当面同制度を存置することが相当。
　　(2) 現行制度の下でも消費者利益の向上につながるような運用も可能であり、これに向けた取組みも見られるが、硬直的な運用もみられるとの指摘もある。
　　(3) 運用の弾力化の取組みが進められることによって価格設定の多様化の方策を一層推進することを提案し要請。
　　(4) 著作物の流通についての意見交換をする場として協議会を設ける。
　　(5) 著作物再販制度の対象となる著作物の範囲は従来からの6品目に限る。
　平成10年3月31日、公取委は「著作物再販制度の取扱いについて」と題する文書を公表し、「再販問題検討のための政府規制等と競争政策に関する研究会（座長　鶴田俊正専修大学教授）」に多様な観点から検討を依頼したところ、基本的には廃止の方向で検討されるべきものと考えられるが、文化・公共的観点から配慮する必要があり、この際、各種弊害の是正に真剣な取組みを開始すべきとの提言を受けたと述べ、この提言等を踏まえ、以下のように取り扱うこと

とする結論を得たとしている。

　著作物については従来取り扱っている対象品目の6品目とする。

　著作物再販制度の対象となる著作物の範囲についてはこれを廃止した場合の影響等も含め引き続き検討を行うこととする。現行再販制度を当面、継続運用していく方針を明らかにした。

　同時に、早急に措置を講ずべき事項としての業界への是正6項目を示し、消費者利益の確保の観点から、その達成度を検証する組織として、著作物再販協議会を設置し、第1回・6月に出版、新聞、レコード、CD等業界関係者と有識者を集めて協議されている。さきの6項目は出版業界にとっても、再販存置に関して重要な指導項目であり、再販制度の運用上も心すべき極めて重要な指針である。

● 　書籍・雑誌の再販制度に関する共同談話（書協・雑協・取協・日書連）

《 著作物再販制度維持は国民的合意 》
　公正取引委員会は、平成3年以降、独禁法適用除外制度見直しの一環として行ってきた著作物再販制度検討の結果、本日、「同制度を存置することが相当」との結論を公表しました。
　この結論は、先般公取委が実施した制度見直しに関する意見照会に寄せられた2万8000件を超える意見のうち約99％が制度維持を求める意見であったこと、著作者団体等も制度維持を求めていること、多くの地方公共団体の議会においても同様の意見書が採択されていること、さらには超党派の多数の国会議員が結束して制度維持を支持する熱烈な決意を表明していること等々からしても、当然の結論といえましょう。しかしながら、今回の公取委発表文の中に「著作物再販制度の廃止について国民的合意が得られるよう努力を傾注する」とあることは、国民的世論に背くことと言わざるを得ず、遺憾であります。
　私どもは、当初から書籍・雑誌等出版物に関する再販制度の意義と必要性を広く訴えてまいりました。ここに国民各位の理解と支持を得、制度維持となったことに感謝の意を表明する次第であります。
　書籍・雑誌等出版物の発行、販売に携わる私どもは、その文化的使命を自覚し、制度の弾力的運用と流通の改善に努め、読者の期待に応えるよういっそう努力する所存であります。
平成13年3月23日

（出版業界紙「新文化」Web版コラム連載より収録）

第２節

再販制度と出版業界

上野　幹夫

2.1　再販制度はなぜ必要か

再販制度の是非を論じるについて、まず議論の対象とされるのは、出版物の文化性であろう。その文化性とは取りもなおさず文化と人間との間の営みそのものであり、そこに凝縮された一点一点が新しい価値の創造とでもいえるのではなかろうか。出版物は刊行された著作物の内容によって価値がきめられるが、それはあくまでもその中身そのものであり、他の商品のようにその物の市場メカニズムによって決まるものでもない。すべての出版物が一般にいうような物の市場交換価値とは異なったものであり、著作物の価値はなにであるかを充分に検討してその価格は決められる。

再販制度がその時代の文化に根を下ろしていく様子を論じるに当たって、本も石鹸もトイレットペーパーも同じく文化だといわれたことがある。むしろ、文化の価値の尊重と競争政策とのあいだには、相互に相容れない部分が存在するとの認識の上にたって議論を絞り込まないと混乱してしまう。混乱ばかり増えてしまう結果となる。

再販制度は、書店を守る制度であるかのような捉え方をする議論があるが、あくまでも究極的には憲法で保障されている言論の自由や、国民の知る権利を守るための制度であるという考え方が前提となるべきものである。あくまでも著者と読者をつなぐための制度であるとの観点に立って運用すべきものであろう。再販制度を、国民の知る権利を守るための試金石と位置づけて、再販存置

が決まるまでの議論を一歩超えた階段を登るための方法手段を考えるべきであろう。

2.2　著作物再販協議会における論点、争点

　公正取引委員会は、再販存置を決めるに際し、著作物の流通についての意見交換をする場として、公正取引委員会、関係事業者、消費者、学識経験者等を構成員とする協議会を設けることを提言し、これらの参加者を経て著作物再販協議会をより有効なものにしたいとの考えであるように思われる。

　雑誌の分野ではかなりの点数の雑誌で表記がいまだに「定価」を採用しており、ルール違反の恐れがあるものが存在する。著作物再販の対象品目は明確に限定されていて、書籍、雑誌、新聞及びレコード盤、音楽用CD、音楽用テープの6品目に限られている。例えば、DVD等が付くセット商品について再販契約上の表示である「定価」表記をした場合に、独占禁止法違反の恐れがでてくる。

　2004年6月に公取委より出版業界に対して価格表示について具体的な改善指導がなされ、かなり徹底して実施されているものと思われていた。今回は公取委の要請を受けて、複合的な付録付雑誌がどのように改善されているか、業界内の実態を調査した。調査結果で気になるのは、DVDやCD-ROM、また組み立てパーツ等の付録付雑誌の多くが「定価」表記になっていることである。

　こうした調査の対象をみると、出版社側もセット商品の発行に際しあまり深く考えずに、従来からの生活習慣に従い漫然と表記を「定価」としてきたきらいがあるように思われる。そうしたことが今回の調査の結果に表れているものとも受け止められる。

● 再販出版物の価格表示等に関する自主基準(抜粋)

イ．出版社が再販出版物に付する小売価格には「定価」との表示を用いるものとする。

ロ　発行後、出版社の判断により、出版物を再販契約の対象から外したときは、出版社が「定価」との表示を抹消する。

ハ．再販契約の対象から外したことを示す明らかな措置(押印)を出版物自体の一定の場所(地)に加えたものは、定価との表示が抹消されたものとみなす。

2.3　取引条件としての契約条件

　わが国の出版業界の取引形態は「委託」制度を中心として発達し、活発に活動してきたといっても過言ではない。出版業界で通常用いられている取引条件には、一般的にいって次のようなものがある。それらが、長年の取引の繰り返しと積み重ねによって、商慣習として熟成され、一般化して理解されているのが現実である。以下のような理解は出版業界としては広く認められている。

（1）「委託」と「注文」
　「委託」は、納品後6カ月間返品自由、6カ月後返品期限切れとなる。精算は原則納品6カ月後納品部数から返品部数を引いた分につき行われる。

　まず、一般には納品の際に「委託」と「注文」とに大別される。
　この「注文」を「買切」と呼ぶ場合もある。
　「注文」も「買切」も、実際は「返品条件付き買切」であり、これを出版業界では「買切」と呼んでいる。実際は最終的には返品を受け入れるという点（むしろ受け入れざるをえないという点）で、広い意味での「委託」である。これは、「注文」で納品したが、やむをえない事情で返品を許容しなければならない場合が含まれている。典型的な例が受講者の数が決まらない教科書・テキスト類の学校の採用品である。
　民法の契約の考え方からすると、注文は契約の申し込みであり、それに対する承諾があって契約が成立する。承諾は当該注文品の出荷という事実行為で示され、契約が成立する。注文短冊を当該注文品にはさんで出荷するときに、個々の契約が成立する。

（2）「委託」と「注文」の違い
　実務的に見た場合、「委託」か「注文」かの違いの大きな点の一つは、納品の精算に関してである。一般の取引の世界では、取引条件として精算がいつなされるかは、契約の大きな要素であるから、精算を明確にするために精算条件を明確にすることが当事者間にとってはまず必要である。
　そこで、大きく分けて「委託」と「注文」に分類し、「委託」の場合の精算は、納

品6カ月後、「注文」の場合は納品後1カ月後というように大枠での標準を決め、それが出版業界の商慣習として定着している。取引条件は、個々の当事者間で決められるから一概には言えないが、この標準を取引基本約定書に規定する取引として、通常行われているのである。

　出版業界の取引慣行には、他の業界とは異なった独特のものがあるようだ。これも、長年にわたる先人の知恵の産物である。絶妙の仕掛けといってもよいかもしれない。

　取引条件として一般に使われているものには「委託」「注文」「買切」がある。「買切」は原則返品はできないが、今後の取引のことを考えると、杓子定規にいかないのが現実である。

　現在、実際に出版業界で使われている取引条件を列挙してみると以下のごとくである。

　1 委託、2 注文、3 常備、4 延勘

2.4　ブックハウス神保町とバーゲンブック

　倉庫に眠っている既刊書を再び市場で流通させる、新たなルートがスタートした。年間を通じて定価の40％～70％引きで謝恩価格本を提供する実験を始めた。いわゆる現実の書店のリアル店舗としての実験である。2005年実験店舗ブックハウス神保町がオープン。公取委から要請のあった「謝恩価格本ネット販売フェア」の常設化について、弾力運用の効果をさらに積極的に高めるリアル店舗が開設された。「再販制度の弾力運用」と「ICタグの実験店舗」を標榜して、2005年10月12日オープンしたものである。

　扱い品目としては、(1)謝恩価格本、(2)自由価格本、(3)部分再販本、(4)児童新刊本、(5)「サライ」、「ラピタ」等のグッズ、その他として名作童話や仕掛け絵本など楽しい児童書を子ども達が自由に手にとって遊べるショールーム的な店である。

　この店のコンセプトについては、朝日新聞の記事によると以下のように集約される。

　1.再販制度を堅持する使命を担い、2.次代の読者を育てるため、3.出版社が

事実上経営する、4.採算無視で、5.大胆な店内のレイアウトを実現し、6.IC タグの実証実験の場ともなる、7.神保町の新名所、これにつきるであろう。

（ブックハウス神保町は、実験店としての役割を終え、2017 年 2 月 20 日をもって閉店した。）

2.5 景品表示法及び不当景品表示法

正式には「不当景品類および不当表示防止法」の名称を「景品表示法」と略している。この法律は独占禁止法の定める慎重な規制手続ではなく、簡易な手続によって迅速に事案を処理する目的で、独占禁止法の特例法として定められている。虚偽・誇大な表示ならびに過大な景品付販売が広く行われると、消費者は品質の良くない商品を買わされる恐れがある。このような行為を「不公正な取引方法」として禁止して良質廉価な商品を適正に選択できるようにする法律である。

2.6 景品表示法と小売景品規約

正式には「出版物小売業における景品類の制限に関する公正競争規約」の略。

景品表示法の 12 条において、小売景品規約が定められて、出版物は「出版物小売業公正取引協議会」のもとで運営されている。

概要は以下、出版小売業が提供できうる景品[注1] として、

1. 個別懸賞による場合

　ア．最高額は 5000 円未満では取引価格の 20 倍、5000 円以上は 10 万円

　イ．総額は売上げ予定総額の 2%

2. 懸賞の方法によらないで提供する景品類（総付景品[注1]）の最高額

　100 円または取引価格の 7% のいずれか高い価額とする　　（⇒注 2 を参照）

3. 期間制限 = 年 2 回　合計 90 日以内

ポイントカードは通年で実施する方法が一般的であり、対価の減額ではなく、

＊1　景品表示法に基づく景品には、(1) 一般懸賞に関するもの、(2) 共同懸賞に関するもの、(3) 総付景品に関するものがあり、提供できる景品類の限度額等が定められている。

＊2　消費者に対し、懸賞によらずに提供される景品類は、「総付景品」「ベタ付け景品」などと呼ばれており、総付景品の限度額は、「取引価額が 1,000 円未満の場合は 200 円、1,000 円以上の場合は取引価額の 10 分の 2」と改正 (2007 年 3 月）改正された。

景品の提供の方法で行ったとしても期間制限の項目に抵触する行為とみなされる。

2.7　時限再販本と八木書店グループ

　日本のバーゲンブック流通の草分けは、1934年、創業者の八木敏夫が神保町の古書店一誠堂から独立し、『日本古書通信』を創刊するとともに古書店六甲書房を開業したことにはじまるとされている。創業時から『日本古書通信』に出版社の見切り品を扱う卸売り店の目録を掲載するともに自らも出版社の過剰在庫を買い取り、同業の書店に卸したりした。

　昭和55年(1980)新再販契約が日本の出版業界に取り入れられて以来、見込み生産に売れ残りが生じるのは仕方のないことである。そもそも本の値引き販売には3通りあると考えられている。第一には、出版社のつけた定価を引いて売る値引き販売、次に、最初から安く売ことを前提にした、現在の感覚でいう部分再販本、三つ目は、定価拘束を外して自由価格で販売する、現在でいう時限再販本である。

　昭和55年10月、再販売価格維持契約委員会(再販委員会)が再販売価格維持契約書の改訂ヒナ型を発表した。「定価」と表示した書籍のみが再販の対象になり、その表示の抹消を取次店、小売店など販売先へ通知した場合には時限再販商品としてメーカーである出版社が末端価格の拘束を解いた商品とする、また価、￥など定価以外の表示の書籍、雑誌は販売店の自由価格で販売してよいとされた。

　しかし、実際問題として抹消手続の煩雑さ、通知手続の義務化などは非再販商品流通の抑制効果をねらったこととして公取委から指摘され、出版業界はその弾力運用を書籍のバーゲンブックを扱ってきた八木書店等を交えて検討を重ねた。

　昭和57年(1982)7月に八木書店は、出版社400社に非再販本販売の案内状を送り、以後、年に数回イベントなどの折をみて案内を続けている。

　昭和59年(1984)7月、再販委員会が「出版物の価格表示等に関する自主基準」、「実施要領」等をも作成し、公取委がこれを了承している。

第３節

電子「書籍」の再販について考える
公正取引委員会への異論

鈴木　藤男

（出版業界誌「出版ニュース」2013 年 8 月下旬号より収録）

　「電子書籍」を巡るさまざまな動きのある昨今、出版人はもちろん、著作物とりわけ書籍に関心を寄せるすべての人は、いまこそ再販制度の意義を確認し、わが国の言論と表現、そして出版の未来を約束するものとして認識をあらたにしておく必要があるように思う。

3.1　市場経済では語ることのできないのが「著作物」

　書籍にとって、再販の意味するものとは何であろうか。

　再販制度は独禁法の例外規定として設けられており、出版社が設定した書籍の価格すなわち「定価」を、その書籍が読者の手に渡るまで維持してよろしいとする一種の特権と言えるだろう。なぜ著作物の価格だけがこのように保護されているのであろうか。それを考えるために、先ずは独禁法が対象とする市場経済というものの本質から迫ってみたい。

　そもそも市場とは、「反復消費」と「代替消費」が前提となる経済競争が行なわれる場と規定しても差し支えないだろう。そこでは売り手と買い手が常在し、売り手が、買い手に商品を繰り返し購入させようと工夫するのに対し、買い手のほうは牛肉が高ければ豚肉を買うし、同様の機能や性能、用途の商品ならばより安価な売り手のものを求めようとする。かくして反復消費と代替消費が行なわれる過程で商品の需給は調節され、価格も調節されてゆく。市場におけるこうした自由な競争を保障しているのが、まさに独禁法にほかならない。世の中のほとんどの商品はこのような反復性や代替性を前提とした市場性を有して

おり、それはスーパーマーケットの生鮮食料品から無体物である金融商品まで同様である。

　ところが、著作物とくに書籍という商品には、この前提条件が決定的に欠落している。たとえば、誰もが同じ本を繰り返しは買わないであろうし、高価だからといって別の内容の本に代替できるわけでもない。一人の読者における購読行為は、一冊の本に対する一回限りの消費であり、そこで求められているのは広範な検索利便性と将来にわたる購読機会の公平な享受なのである。巷間よく聞く「出会ったときが新刊」という言葉も、そのことを読者の心情の側から語ったものだ。一方、書籍に反復消費と代替消費がないということは、自由で闊達な競争行為が発生する余地に乏しく、一般的な市場経済の概念では捉えることができない商品であることを示している。書籍の販促の現場で所謂マーケティング理論が意味をもたないのもこのためだ。こうした点に、書籍というものがもつ、独禁法が定める垂直カルテルの禁止に抵触しない特性が見えてくる。つまり、著作物とりわけ書籍は、一般的な市場経済で売買されている商品とはそもそもの性質を異にしているのだ。これこそが、流通や販売といった経済活動の側面から見た場合の、書籍を再販品目として独禁法の規定の例外とした大きな理由であることを先ず指摘しておきたい（ちなみに独禁法の施行に際して、「本は違う」として例外規定の先鞭をつけた英国の判断は卓見であった。1889年以来の慣行に従い著作物を独禁法の縛りから除外した英国と同じ英語圏でありながら、当初から例外措置を講じなかった米国との違いは象徴的である）。

3.2　再販は、何を保護してきたのか

　著作物、とりわけ書籍という商品の特性が市場の自由な競争染まないことを確認したが、では書籍の価格を維持することで、何が保護されているというのであろうか。

　従来、この問題を論ずるに、維持される書籍の価格は出版社が設定する定価なのだから再販は出版社の価格決定権を守るものだとか、あるいは取次や書店の利潤を守るものだ、といった議論がされてきたように思う。その結果、書籍の再販は、しばしば出版界や書店業界の既得権を保護するものと理解され、読者の不利益を生むものと批判されてきた。

　しかし、こうした批判は、再販制度を一般的な流通問題として短絡的に捉えたことによる皮相な議論である。再販の意義を巡っては、これまでにもさまざまな議論が行なわれてきた。書籍の価格が全国一律であることによって読者の「知る権利の平等」が達成されていることや、あるいは日本人の驚異的な識字率は高い教育水準の普及とともに書籍の再販制度が寄与しているなどの点が指摘されてきたのは周知のとおりである。何れの論も的を射たものだが、じつは再販制度が意図していた真の目的とは、第一義的には著作者の保護であり、最終的にはそれが読者の利益の確保につながる、という確信であったはずなのだ。このことについて吟味してみよう。

　著作者が著作物を創作して出版社などを通じて公表するとき、その著作物の発行にあたって、著作者・著作権者に対して著作物の利用の対価が支払われることは言うまでもない。わが国では、書籍の発行に際して「印税」という名の著作権使用料が発生している。この印税こそ、著作者にとって次の執筆に向けた生活の糧であり、あらたな作品に挑む意欲となるのだが、その支払いの前提である書籍の価格が販売動向によって変動したらどうなるであろう。著作者たちの関心は、書籍の価格と「売れる」作品の創作に向けられるだろう。出版社が「売れ筋」作品を中心に発行点数をしぼり、著作者がその意向におもねて作品を創作するならば、わが国の出版物は、まちがいなく多様性を喪失するにちがいない。その事態こそ、出版の本当の危機であり、読者にとっての不利益でなくて何であろうか。

　再販の本来的な意義として、書籍の定価制が著作者を保護していること、それが著作物の多様性を担保し、ひいては読者の利益につながっているとの観点は重要であると思われる。著作物とは「思想又は感情を創作的に表現したもの」と言うのは日本国著作権法の定義だが、まさしく著作物とは、著作者がこの世に公表を試みた唯一無二の創作物である。そして、その代表的な表現手段が言葉なのであり、著作者が心血を注いで表現した言葉は、彼の命そのものなのだ。だからこそ著作者と著作物は保護されなければならないのである。ひとたび著作物の多様性が失われれば、それは表現の多様性の喪失を意味するだけでなく、われわれ日本人の思想や感情を脆弱にさせ、結局、言語としての日本語を衰弱させてしまうだろう。なぜなら、言語とはそれを用いるわれわれ自身の思考様式そのものであり、言葉の力は、著作者の自由で多様な表現の中にこそ生まれ

てくるものだからである。

　以上、わが国で書籍が再販として遇されている情況を通じて再販の意義を考察してみた。煎じ詰めて言えば、日本語による著作活動を支援し、著作物の価値と多様性を維持し、著作者の生活と矜持を保持してもらうために、制度として著作物の再販を容認している、ということである。再販という特権は、出版社のものではなく、取次や書店のものでもなく、本質的には著作者の権利なのであり、結局は作品の享受者である読者の利益につながっていると心得るべきなのだ。著作物を具現化したものが書籍なのだから、出版社はもとより流通過程に携わる取次や書店が再販を維持するのは、彼らの当然の義務なのである。

　ただし、再販制度の意味は、定価販売すなわち価格拘束をしてもよろしいという例外規定であって、そうしなければならないという硬直的な規定でないことも同時に理解しておかなければならない。価格拘束と割引販売は全くリンクしていない。著作者の了解を得て出版社が割引販売を行なうのは再販を毀損することにはならないことを付言したい。

3.3　電子書籍についての奇妙な言説

　これまで述べてきた書籍における再販の意義は、昨今話題の電子書籍についても当然のごとく当てはまるものと考えられる。両者は共に「書籍」であり、そして何よりも「著作物」だからだ。ところが数年前より、電子書籍は再販品目ではない旨がまことしやかに語られている。

> **Q：電子書籍は、著作物再販適用除外制度の対象となりますか**
> A：著作物再販適用除外制度は、昭和28年の独占禁止法改正により導入された制度ですが、制度導入当時の書籍、雑誌、新聞及びレコード盤の定価販売の慣行を追認する趣旨で導入されたものです。そして、その後、音楽用テープ及び音楽用CDについては、レコード盤とその機能・効用が同一であることからレコードに準ずるものとして取り扱い、これら6品目に限定して著作物再販適用除外制度の対象とすることとしているところです。また、著作物再販適用除外制度は、独占禁止法の規定上、「物」を対象としています。一方、ネットワークを通じて配信される電子書籍は、「物」ではなく、情報として流通します。したがって、電子書籍は、著作物再販適用除外制度の対象とはなりません。
> （出典：公正取引委員会ホームページ「よくある質問コーナー」Q14、傍点は筆者）

その言説の出処を探ると、前記のような奇妙な論理に遭遇するのである。

この言説が不可解なのは、次の二点で、著作物の本質を無視している点である。

（１）電子書籍は、「物」や「情報」ではなく、正真正銘、「著作物」そのものである。

（２）著作物は、その形態が有体物であろうが、無体物であろうが、著作物である。

早い話が、有体物の著作物の代表が書籍であり、無体物の一例が電子書籍なのである。

著作物とは「思想又は感情を創作的に表現したもの」（日本国著作権法・第二条第一項）であり、それが著作物であるか否かを、「物」か「情報」かによって議論することはできない（著作物は、ときには無体物であることが常態なのであって、たとえば「口述」は著作物の公表の一形態であり、サーバーに蓄積された送信可能な情報も著作物である）。だいいち、自らの著作物を巡って「物」か「情報」か、などと議論されているのを著作者が知ったら、著作者の仕事と人格権を侮辱する気かと怒り出す人もいるにちがいない。それくらいに、これは頓珍漢な議論なのだ。

そもそも電子書籍は、既に書籍として発行されている著作物を電子書籍化する例が示すように通常の紙の書籍と不即不離の関係にある。ある著作物を出版社が発行するときに、通常の書籍は再販だが、電子書籍のほうは再販ではないというのは極めて具合が悪いのだ。たとえば、電子書籍が実勢価格で売られるなら、それを見た著作者はどう感じるだろう。書籍の定価が崩れることを怖れたり、自分の作品はもう紙の本では売れなくなる不安に襲われたりするのではないか。それだけでなく、作品の電子書籍化を許諾しないと言い出すかもしれない（実際にいま、著作者たちはこのことで苦慮していると思われる）。これでは電子書籍時代の到来など、とても覚束ないではないか。だから、著作物再販適用除外制度の運用では、電子書籍も当然に再販の対象としておくべきなのである。

電子書籍が再販の対象ではないとする公取委の判断は、何かの「勘違い」ではなかろうか。あるいは、公取委においては著作物再販適用除外制度の対象を上記の６品目より増加させたくないという思惑があるのかもしれない。それなら考え直す余地は十分に残されている。「電子」書籍も「紙」の書籍も、どちらも同じ「書籍」なのだから、合わせて一品目とすればよいのである。公取委が著作物の再販制度の本義を再考され、尊重されることを、強く望みたい。

3.4　著作権法との符合、そして出版のこれから

　独禁法と著作権法は別物であり、わが国で再販制度が明文化されたのが1953年なのに対して、著作権法の歴史は遥かに古い。しかし著作物の再販・非再販を論じるとき、この両者の間には極めて密接な関係性が浮かび上がってくる。

　独禁法は、第二次大戦の終了直後に自由主義経済圏の各国において施行されたが、そのとき著作物の再販を選択したのは英、仏、独の各国とわが国であり、非再販としたのは米国であった（英国はその後、制度として再販を放棄したが、出版業界は再販の精神は堅持するとの決定をした）。じつは仏国も一時期、再販を放棄したことがあったが、その結果、出版物の発行点数の減少が確認されたため、直ちに再販に戻して現在に至っている。この間、独国は一貫して再販を堅持した。わが国では、公取委と出版業界がこれまで二度に亘って激しい論議を行なったが、結局、今日まで一貫して再販が維持されてきた。

　著作物を再販とする仏・独・日と、非再販の英・米が対立している図式は、まさに各国の著作権法の違いに重なっている。よく知られているように、著作権法には大きく「大陸法」と「英米法」の二種類があり、前者が、著作者の人格権を権利の根幹に置いているのに対して、後者は、著作者の人格権じたいを認めない。したがって、法律の目的もおのずから異なるものとなり、前者が「著作者等の権利の保護を図り、もつて文化の発展に寄与することを目的とする」（日本国著作権法・第一条）ものであるのに対して、後者は著作物の売買や利用を通して産業の振興を図ることを目的としている。再販・非再販の対立と、著作権法の精神の相違が見事に一致するのは、偶然ではなく必然なのである。

　つまり、われわれ日本人は、著作者も読者も、出版人も書店人も、皆、前者の価値観と法体系のもとに著作物に携わってきたはずだったのだ。再販の意義は著作者の保護にあり、それが読者の利益につながる、と筆者が論じてきたのも同じ文脈であった。

　再販制度と著作権法の符合を見るにつけても、電子書籍という著作物は、やはり従前の著作物と同様に再販として扱われるべきとの感をあらたにするのである。

　著作活動と出版業の健全性は、何をもって評価すべきであろうか。

　それは、著作物の内容の善・悪、硬・軟でもなければ、売れる・売れないという下世話な尺度でもなくて、そこにどれくらいの「多様性」が担保されているか、その一点に尽きるように思われる。昨今、訳知り顔に発行点数の過剰を嘆く人が多いが、見当違いなのである。出版物の数が多いこと、すなわち著作物の中身が多様なことこそが、その国の出版と文化にとって最も肝心なのだ。発行点数の減少を理由に、一旦は放棄した再販を直ちに元に戻した仏国の判断と見識を、いまこそわれわれは学ぶべきではなかろうか。

　ところで、著作物とは「思想又は感情を創作的に表現したもの」（著作権法・傍点は筆者）であった。すると、表現されたものがすべて「著作物」とは言い得ないということになる。もちろん権威や権力による検閲や価値付けはもってのほかだが、作品がどれくらい「創作的に表現」されているかは、じつは著作者の自負だけでは決まらないのではないか。話は逆で、ある作品が出版されると、その時から、真に「著作物」の名に値する作品の創作性が読者によって見い出されてゆくということではなかろうか。作品の価値とは、読者が育み、鍛えていった結果とも言えるだろう。そのためにも、読者の前に並ぶ著作物と著作者は多数かつ多様に存在しなければならないのだ。著作者を保護するとは、読者の利益とは、そのような機会の可能性が常に確保されているということである。

　つまり、出版物の主人公は二人いるのだ。一人は著作者であり、もう一人は読者である。その舞台は、読者が作品と出会ってゆく「時間」そのものだ。「反復消費」と「代替消費」のない書籍という商品を扱う出版業や書店の営みは、彼らを支えるサポーターとして存在しているのではなかったか。

　これからの出版は、こうした自覚から再出発するように思われてならない。

　昨今の「出版物に係る権利（隣接権）」騒動の反省に立って、今後は、可能なかぎり著作者に権利を集中させることが必要となるだろう。また、電子書籍を再販の対象とすることが必須となるであろう。そうした体制が整うことで、はじめて著作者たちは、自らの作品の電子書籍化を進んで許諾してゆくにちがいない。

　わが国における電子書籍時代の到来と、出版の未来は、そこに懸かっていると思われる。

（元・新潮社／元・パブリシングリンク社長）

【追記】　改めて、出版業界と再販制度を考える

鈴木　藤男

　1947年独占禁止法の施行以来、出版物の再販制度は2度存続の危機にあった。最初の危機は1978年、公取から流通上の問題で読者（消費者）の利益を損ねているという指摘である。この時業界が公取に対峙したのは、日本書店商業組合連合会の松信泰輔会長だった。それから23年後の2001年に、再び前回と全く同じ理由に加えて、定価販売の硬直的運用も指摘を受けた。この時業界を代表して公取に対峙したのは、日本書籍出版協会の渡邊隆男理事長である。つまり、1回目は書店が、2回目は出版社が公取の指摘に取り組んだのである。

　2回目の指摘に対して出版界は、様々な議論を重ねた結果、全国の書店店頭に向けての書籍情報の開示は、取次会社の努力もあって方法論的には目途が付き始めていた。一方、物流は、既存の流通ルートで議論しても読者に満足してもらえるようなシステム構築は絶望的と言わざるを得ないのが実情であった。しかしこの時微かな希望の光を放っていた構想が業界の一部に持ち上がっていた。それが70万点を1か所で管理して全国の書店からのシングル・オーダーに対応する須坂流通センター構想である。2003年3月渡邊理事長は公取に対する最終協議の場で、出版界を代表して次の3点を速やかに実現すべく努力することを約束して再販維持を獲得した。

　（1）　書籍データベースの構築
　（2）　書籍の割引販売の実施
　（3）　須坂流通センター構想の実現

　僅か17年前の書籍の情報と流通は読者の利便性を著しく損ねていて、公取としても黙認出来る範囲を越えていたのは認めざるをえない。とはいえ公取が指摘する問題の解決に当たっては容易ならざる状況ではあったのだが、実は思わねカタチで全面的に解決することになる。今では本を買うのが不便だと嘆く読者は皆無だろう。

　ここに至って再販制度は盤石かと誰もが思うかもしれないが、実は必ずしもそうではない。近年、著作物とは言えない商品が業界に多く出回るようになったのだが、それらがISBNコードをソースマーキングして出版界で流通している。著作物に与えられている再販という特権に便乗した商品の隆盛は、業界の喉に刺さった小骨となる危惧は払拭できない。

（2020年5月30日　記）

資料　出版再販問題略年表

資料作成・上野幹夫

西　暦	主　な　出　来　事
1953年	○独禁法改正で、著作物再販制度を認める
1978年	○公取委・橋口取委員長が出版物再販制度の見直しを表明
1980年	○時限再販、部分再販を盛り込んだ新再販契約が発効
1991年	○「政府規制等と競争政策に関する研究会」(座長：鶴田俊正専修大学教授)が「独占禁止法適用除外制度の見直し」を公表
1992年	○公取委、指定再販商品を98年までにすべて取り消すこと、再販が認められる著作物の範囲の限定・明確化を立法措置で対応するとの見解を公表
1993年	○公取委が書籍、雑誌、新聞等の流通実態調査を実施
1994年	○規制緩和推進計画で独禁法適用除外制度の見直しを閣議決定
1995年	○書協・雑協が公取委に「再販制度の意義」を提出 ○与謝野馨文部大臣の呼びかけで「活字文化に関する懇談会」が、文部省・文化庁、書協、雑協、新聞協会で発足 ○「政府規制等と競争政策に関する研究会」の「再販問題検討小委員会」(座長：金子晃慶應大学教授)が、「再販適用除外が認められている著作物の取り扱いについて」(中間報告書)を公表 ○書協・雑協等が行政改革委員会規制緩和小委員会(宮内義彦座長)に意見書を提出 ○イギリス、大手出版社が正価本協定(NBA)を脱退し、再販制が実質的に崩壊 ○出版4団体代表が橋本龍太郎総理大臣に再販維持を要望 ○行革委が「規制緩和の推進に関する意見(第1次)」で「引き続き検討」と発表
1996年	○公取委が景品規制の一般規定に係わる関係告示及び運用基準の改正を施行 ○日本学術会議が「著作物再販制度の存廃問題について」の伊藤正男会長談話を発表 ○行革委・規制緩和小委員会が「公開ディスカッション－再販売価格維持制度の見直し」を開催 ○行革委が「結論に向けた検討」を「規制緩和の推進に関する意見(第2次)」で発表
1997年	○「再販問題を検討するための政府規制等と競争政策に関する研究会」が、江藤淳、清水英夫、内橋克人の各氏を加え検討を開始 ○イギリス・制限的取引慣行裁判所がNBAは公益に反すると判決 ○著作物の再販制維持懇談会(出版、新聞、レコード等)が、「著作物の再販撤廃に反対する総決起集会」を日比谷公会堂で開催。活字文化議員懇談会が緊急アピールを発表 ○衆議院消費者問題等に関する特別委員会で、渡邊隆男書協理事長、田中健五雑協理事長、中村義治日書連副会長が参考人として意見陳述 ○行革委が「維持すべき『相当の特別な理由』があるとする」論拠はないとの最終結論
1998年 ○ ○	○「再販問題を検討するための政府規制等と競争政策に関する研究会」が報告書を公表 ○小学館、『週刊ポスト』を定期刊行物で初の時限再販。7社が期間限定で価格拘束を外す「謝恩価格本フェア」を実施するなど弾力運用策が相次ぐ ○公取委、「著作物再販制度下における関係業界の流通・取引慣行改善等の取組状況について」(第1回)を公表
1999年	○公取委、「著作物再販制度下における関係業界の流通・取引慣行改善等の取組状況について」(第2回)を公表
2000年	○出版4団体で構成する「再販売価格維持契約委員会」が、公取委の指導で「出版再販研究委員会」に改称するなどの規約を変更 ○公取委と出版界との「書籍・雑誌に関する再販対話」が2月から6月まで6回開催 ○公取委、「著作物再販制度の見直しに関する検討状況及び意見照会について」を公表し、関係事業者、国民各層から意見を募る

2001年	○公取委が、「著作物再販制度の取扱いについて」を公表し、再販制度存置の結論 ○出版再販研究委員会が「出版物の価格表示等に関する自主基準」及び「同実施要領」を改定、再販売価格維持契約書ヒナ型（出版－取次間）の改定版を作成 ○大脇雅子参議院議員の「著作物再販制度の取扱いについて」の質問主意見書に対する答弁書 ○公取委が、第1回「著作物再販協議会」（座長：石坂悦男法政大学教授）を開催
2002年	○出版再販研究委員会、取次－小売間の再販売価格維持契約書ヒナ型の改定版および覚書ヒナ型を作成
	○公取委が、第2回「著作物再販協議会」を開催 ○出版物小売業公正取引協議会、改正規約（総付景品の最高額を100円または取引価格の7%、3年以内の見直し規定）を施行 ○ドイツ、「書籍価格拘束法」を施行、新聞・雑誌も競争制限防止法の適用除外 ○日書連、ポイントカードサービスは「明らかな値引きで再販契約違反」として、出版社に中止の指導を求め、訴訟も辞さない方針を決める ○筑摩書房、東洋経済新報社、主婦の友社、文藝春秋、集英社、工業調査会が、ポイントカードに関する見解を発表
2003年	○出版物小売業公正取引協議会、公正競争規約における「景品・値引きの判断について」を公表 ○三修社、東京布井出版が、ポイントカードに関する見解を発表 ○衆議院産業経済委員会で、公取委の竹島一彦委員長がポイントカードは「値引き」と答弁 ○消費者団体、公取委、出版業界等で、「再販ラウンドテーブル」（第1回）を開催。12月まで5回開催し休止 ○公取委、第3回「著作物再販協議会」を開催 ○出版社共同企画「期間限定謝恩価格本ネット販売フェア」（第1回）をインターネット上で、出版社24社が参加して実施 ○河出書房新社、「謝恩価格全集セール」を実施
2004年	○取次各社、書店等販売店にポイントカード中止の要請を個別に行う ○出版再販研究委員会、「再販売価格維持契約書ヒナ型におけるポイントカード制の解釈について」を確認。「ポイントカードは値引き」および「ポイントカード制に関する〈公取委の見解〉等の経緯」を公表 ○出版社共同企画「期間限定謝恩価格本ネット販売フェア」（第2回）を、出版社52社が参加して実施 ○公取委、第4回「著作物再販協議会」を開催。公取委事務局から再販制度の運用における留意事項について、(1) 再販契約の実施において弾力運用を阻害するような行為は問題であること、(2) 著作物再販対象商品と非対象商品のセット販売について、問題になる場合があるとの指摘があった ○出版社共同企画「期間限定謝恩価格本ネット販売フェア」（第3回）を、出版社67社が参加して実施 ○衆議院経済産業委員会で、再販問題について質疑。竹島一彦公取委委員長が、「公正取引委員会は、前々から、再販制度に対しては原則に戻すべきである、すなわち適用除外制度は廃止すべきであるという見解」と答弁 ○書協・雑協が「再販関連」会員説明会を開催。公取委・野口文雄取引課長が「再販制度の適切な利用に当たっての留意点」について講演
2005年	○出版社共同企画「期間限定謝恩価格本ネット販売フェア」（第4回）を、出版社80社が参加して実施 ○公取委、書協・雑協会員を中心に「著作物再販対象商品と非対象商品とのセット商品等に関するアンケート」を実施 ○公取委、第5回「著作物再販協議会」を開催。公取委事務局から、セット商品等に関するアンケート結果の報告、非再販出版物の流通拡大・表示のあり方等について指摘 ○出版再販研究委員会を開催し、委員会規約を改正。事務局は、委員長が所属する団体に置くこと、議長代行の委嘱、議決規定の削除など

2005年	○出版社共同企画「期間限定謝恩価格本ネット販売フェア」（第5回）を、出版社82社が参加して実施 ○時限・部分再販実験店「ブックハウス神保町」が開店 ○公取委、新聞、教科書、海運、食品かん詰、オープン懸賞の5つの特殊指定の見直しを表明
2006年	○出版物小売業公正競争協議会、臨時総会を開催し、規約および施行規則の一部変更を承認 ○知的財産戦略本部コンテンツ専門委員会報告書を公表。音楽用CDの再販見直しを盛り込む ○出版社共同企画「期間限定謝恩価格本ネット販売フェア」（第6回）を、出版社93社が参加して実施 ○衆議院経済産業委員会で、音楽用CDの再販制度、新聞の特殊指定について質疑 ○公取委、教科書業および新聞業等の特殊指定の取扱について公表。教科書など4つの特殊指定廃止、新聞業は結論を見合わせる ○知的財産戦略本部、「知的財産推進計画2006」を決定。非再販商品の流通の拡大及び価格設定の多様化、音楽用CD再販の運用実績と効果の検証 ○公取委、第6回「著作物再販協議会」を開催。公取委事務局から、「書籍・雑誌、音楽用CDの購入に関する消費者モニター調査結果」、特殊指定の見直しについて報告、雑誌のセット商品等の価格表示について指摘 ○出版社共同企画「期間限定謝恩価格本ネット販売フェア」（第7回）は、99社が参加して実施

謝辞：上野幹夫氏の「出版再販問題略年表」は2006年までで終了している。2007年以降の主な動きは、「出版再販・流通白書2019」（出版流通改善協議会）から補足させていただきました。

2007年 3月	◇公取委、「一般消費者に対する景品類の提供に関する事項の制限」（総付景品）の一部を改正し、1,000円未満を200円、1,000円以上を取引価格の2/10とする
2008年 6月	◇公取委、第8回著作物再販協議会を開催（19日）⇒ 公取委事務局から、「書籍・雑誌の流通・取引慣行の現状」が出され、従来の〈再販制度の弾力運用と流通改善〉から緊急性を要する流通改善にしぼられた。なお、公取委は資料作成にあたり事前に、出版社、販売会社、書店へ対してヒアリングを実施
2009年 2月 9月	◇公取委は今春設立が予定されている消費者庁との管掌分担を考慮したため今年の著作物再販協議会を中止すると発表 ◇書協・小峰理事長宛てに日書連・再販研究委員会の岡嶋成夫委員長名で「再販契約を結ぶ意義再確認のお願い」の文書が手渡され、口頭でも小峰理事長に要請
2010年 7月 9月	◇出版再販研究委員会委員長交代。書協・相賀理事長が委員長に就任 ◇公正取引協会主催の「平成22年度12月月例懇談会」（20日）で公取委・松山隆英事務総長が講演の席上「著作物再販を当面見直す予定はない」と明言
2011年 1月	◇公正取引協会主催「公正取引委員会竹島委員長講演会及び平成23年度賀詞交歓会」（11日）の質疑応答で公取委・竹島一彦委員長が「再販制度に関する世論は当時とあまり変わっておらず、関係者も努力しているところであり、いま（見直し）議論する考えはない」と明言 ◇以後、公取委、出版業界からの著作物再販ヒアリングを毎年開催（2011年2月16日、2012年1月25日、2013年1月28日、2014年1月27日、2015年1月28日、2016年2月29日、2017年2月27日、2018年5月14日）
2012年 9月	◇公取委の竹島委員長、任期満了で退任（26日）
2013年 3月	◇空席だった公取委の新委員長に、杉本和行氏（元財務次官）が就任（5日）
2017年 11月	◇再販売価格維持契約書ヒナ型（出版―小売）を37年ぶりに改定 あわせて、（出版―取次）（取次―小売）も一部改定
2019年 2月	◇公取委、出版業界からの著作物再販ヒアリングを実施

● 索 引

編集後記…小林一博先生を偲んで

　能勢仁さん、八木壯一さんとの三人四脚で歩み始めた『平成の出版が歩んだ道』の執筆・編集作業は、旅の途中から出版業界で活躍された「八木敏夫さん・反町茂雄さん・上野幹夫さん（上野佐和子さん）・鈴木藤男さん」の先輩方のご協力を賜り、「本の未来を考える」愉しい旅となった。

　本章を編集しながら、出版界の大御所的存在であった小林一博先生とその著書『出版大崩壊』中で述べられた多くの提言を思い浮かべていた。小林先生なら、「どのようにまとめるであろうか」と、心の中で対話しながら編集を終えた。

　1970 年代後半から 90 年代にかけて小林先生から学んだ多くの知恵が無ければ、本書は別の形の本になったといえよう。　　（出版メディアパル　下村昭夫）

◎著者略歴及び執筆分担

◎能勢　仁（のせまさし）【執筆分担：第 1 章〜第 4 章】
　1933 年：千葉市生まれ
　　慶應義塾大学文学部卒業・高校教師を経て
　　多田屋常務取締役、ジャパン・ブックボックス取締役（平安堂 FC 部門）、アスキー
　　取締役・出版営業統轄部長、太洋社勤務
　1996 年：ノセ事務所を設立
　　本の世界に生きて 60 年、世界中の本屋さんを見て歩き、書店に情熱を注ぐ。

◎八木壮一（やぎそういち）【執筆分担：第 5 章】
　1938 年（昭和 13 年）：東京都千代田区神田神保町生まれ
　　立教大学経済学部卒業、証券マンを経て
　1963 年八木書店入社、1984 年八木書店代表取締役に就任
　2012 年（平成 12）より八木書店会長・第二出版販売会長・八木書店ホールディン
　　グス社長、日本古書通信社社長に就任。
　　全国古書籍商組合連合専務理事、ABAJ(日本古書籍商協会) 会長、
　　全国出版物卸商業組合専務理事などを歴任
　　古書業界の発展と、「本の街　神保町を元気にする」ため、日夜奮闘中

◇　各章の協力執筆者

第 5 章 1 節　「紙魚昔がたり　八木敏夫 vs 反町茂雄対談」
◎八木敏夫（やぎとしお）
　1908 年：兵庫県加古郡二見町東二見（現在の明石市）生まれ。
　1929 年：神田神保町の一誠堂書店に入店
　1934 年：日本古書通信社を創業・独立。六甲書房（八木書店の前身）を設立。
　1984 年：八木書店創立 50 周年を期して、社長を退任、会長に就任
　1999 年：一生を社業の成長と古書業界、BB 業界の発展に尽くし、91 歳で逝去。

◎反町茂雄（そりまちしげお）
　1901 年：新潟県長岡市生まれ。
　1927 年：東京帝大卒業。神田神保町の一誠堂書店に住込店員として入店。
　1932 年：一誠堂書店から独立。古典籍、洋古書買収、出版の 3 本柱を社是に出発。
　1991 年：店舗を構えず、目録「待価古書目録」発行で一生の仕事とし、90 歳で逝去。

第 6 章 1 節・2 節　「再販制度の基礎知識」再販制度と出版業界」
◎上野幹夫（うえのみきお）
　1960 年：大阪大学法学部を卒業後、日商産業（後の日商岩井）に入社。70 年退社。
　1975 年：東京布川出版を設立、実務的な法律関連書などを多数発行。
　　　　　日本書籍出版協会常任理事、著作権委員など歴任。再販問題で活躍する。
　2014 年：81 歳で逝去。

第 6 章 3 節　「電子「書籍」の再販について考える」
◎鈴木藤男（すずきふじお）：1943 年静岡市生まれ
　1966 年：大学の商学部を卒業後、新潮社に入社して 41 年間勤務。
　1989 年：書籍バーコードを業界標準化して普及促進に成功。
　2007 年：新潮社退社後、電子書籍の制作会社パブリッシングリンク代表に就任
　2016 年：パブリッシングリンク退任。現在に至る。

◎著者略歴

◎**能勢　仁（のせまさし）**
　　ノセ事務所代表
　　書店クリニック・出版コンサルタントとして全国の書店の再生に活躍
〈主な著書〉
　　『昭和の出版が歩んだ道』共著（出版メディアパル）
　　『世界の本屋さん見て歩き』（出版メディアパル）
　　『平成 出版データブック』（ミネルヴァ書房）など出版・書店実務書多数

◎**八木壮一（やぎそういち）**
　　八木書店会長
　　神田古書店連盟顧問、「本の街　神保町を元気にする会」理事などで活躍
〈主な著書〉
　　『昭和の出版が歩んだ道』共著（出版メディアパル）

『平成の出版が歩んだ道』
ⓒ 能勢仁・八木壮一　2020

2020 年 7 月 20 日　第 1 版　第 1 刷発行

著　者：能勢仁・八木壮一

発行所：出版メディアパル　〒 272-0812 市川市若宮 1-1-1
Tel&Fax：047-334-7094
e-mail：shimo@murapal.com
URL：http://www.murapal.com/

カバーデザイン：荒瀬光治　　編集：出版メディアパル　　組版：高田信夫
カバーイラスト：毬月絵美　　CTP 印刷・製本：平河工業社

ISBN 978-4-902251-38-8　　　　　　　　　　　　Printed in Japan